画说我的一生

ARS IN CHINA

（上）

刘海鸥 作品

美国华忆出版社
Remembering Publishing, LLC

Copyright © 2023 by Remembering Publishing, LLC. USA

My Forty Years in China（*Volume I*）

Liu Haiou

ISBN： 978-1-68560-048-8 (Print)

978-1-68560-049-5 (eBook)

Remembering Publishing, LLC
RememPub@gmail.com

画说我的一生（上）

刘海鸥 作品

出　版： 美国华忆出版社
版　次： 2023年2月第一版，第一次印刷
字　数： 133千字

All rights reserved.
No part of this book may be reproduced in any form or by any electronic or mechanical means including information storage and retrieval systems, without permission in writing from the publisher. The only exception is by a reviewer, who may quote short excerpts in review.

作品内容受国际知识产权公约保护，版权所有，侵权必究

上册目录

从自我改造到自我觉醒　　方惜辰	I
一个知识分子灵魂升华　　高忆陵	XIII
拒绝谎言，反抗逼迫　　何与怀	XV
一、梦一般的记忆碎片 （1947-1951）	1
二、排排坐，吃果果 （1951-1953）	14
三、串来串去的小姑娘 （1952-1955）	34
四、谁跟我玩儿，打火燎 （1952-1955）	54
五、一年级的小豆包 （1953-1955）	70
六、家园，滋养我们成长的沃土 （1955-1958）	87
七、我们是共产主义接班人 （1956-1959）	113
八、再见了，自由不羁的元素 （1959-1962）	133
九、我们走在大路上 （1962-1965）	169
十、清水里泡，血水里浴，碱水里煮 （1965.9-1966.5）	199
十一、世界归根到底不是我们的 （1966.5-1966.10）	217
十二、大寨"禁果" （1966.10-1966.11）	251
十三、洪湖水，浪打浪 （1966.11-1966.12）	267
十四、走与工人结合的道路 （1967.1-1967.3）	292

从自我改造到自我觉醒

——海鸥《画说我的一生》读后（代序）

方惜辰

海鸥是旅澳华文作家兼画家，这本书又在海外问世，所以，我请了两位海外著名作家为之赐序。受邀者之一，北美的一位著名媒体人，刚看了前三集就谢绝了。理由是不喜欢海鸥小时候的任性。我后悔"敲门"时太仓促，如果把海鸥获奖的小说和油画先给这位朋友发过去铺垫一下，介绍《画说我的一生》（下面简称《画说》）受欢迎的程度，也许会得改变她的印象。

话说回来，最应该给《画说》写序的，应该是我。首先，海鸥给《记忆》带来了光荣——《画说》在《记忆》上连载了28期，不但赢得了墙内的中国读者，而且为研究中国的欧美大学所关注。更重要的是，海鸥是用连环画重写国史的第一人，是她创造了现实主义的画风，是她找到了连环画的新路。作为《记忆》主编，向墙内外的读者介绍一下海鸥，谈谈我的读后感，责有攸归，事无旁贷。

一、让连环画回归现实

《画说》是一部由600多幅画组成的连环画，画的是上世纪50年代到80年代海鸥在中国大陆的生活经历。画法是传统的线性白描，构图是传统的散点式，叙述方法也是沿袭传统的倒叙、插叙、旁白等文学手法。唯一违背传统的，就是这些画的思想指向——贯穿这本画册的主线，是毛时代对人与社会的改造——中学时的思想革命化，出身对她的迫害，父母挨整，姐妹插队，她在中学教书的种种遭遇。这其中的重点，就是她按照党的教导，对自己从思想一闪念到生活中一举一动的监督和改造。

改开以来，涌现的画家无数，画技画法画风林林总总，画展画集画册目不暇接，谁见过这样的连环画？谁见过如此直面毛时代的画家？谁见过如此理性的自我解剖？我有几位画家朋友，他们也直面现实，但是没有一个人肯用几年的工夫去画这种不能在大陆问世的连环画。

海鸥不想成名成家，不想在技巧上出新出奇，她只是想画出真实的自我和真实的中国。她崇尚的是现实主义。

在中国连环画的百年历史上，写实一直是个弱项。民国时期著名的连环画家也曾写实，叶浅予的《王先生》系列和《小陈留京外史》，张乐平的《三毛流浪记》，赵宏本的

《上海即景》《天堂与地狱》《阿Q》《桃李劫》等连环画也都以揭露性和批判性受到广泛欢迎。但是，整个毛时代，这些画家全部投入到歌颂革命英雄的宣传队伍中去。他们的笔下没有了民生的苦难，只有忠君爱党的政治热情。他们的艺术细胞中，没有了正常的美感，有的只是"高光亮"的"革命美学"。后毛时代，这些画家载誉而退，他们在党多年，洗脑彻底，已经丧失了反思历史的勇气。

与张乐平、叶浅予不同，海鸥画的不是漫画；与赵宏本不同，海鸥不是用别人的脚本，而是自出机杼。海鸥的白描技法，比刘继卣、顾炳鑫差得远；海鸥的构图造型，不过是贺友直、丁斌曾的小学生。但是在写实这一点上，这些连环画名家在海鸥面前，应该汗颜。

后毛时代，尤其是"六四"之后，一些老党员、老干部、老知识分子、老艺术家良心发现，意识到不但自己上当受骗了，而且也成了制造骗局的一份子。创作《翻身的日子》《唱支山歌给党听》的作曲家朱践耳，在改开后陷入深深的内疚之中——农民并没有翻身得解放，"城乡二元"将他们打入社会的最底层。党不是母亲，而是主子，人民只是党的工具和奴仆。这种持久且不能轻易为人道的痛苦，或许也存在某些著名的老画家内心的深处。

文革四十周年的时候，美国的一位华人政论家冯胜平提出了一个重大命题：凡是亲历文革的都是"文革人"，都有罪，都应该为十年浩劫负责。他忘记了毛时代一直受迫害的，数以千万计的"黑五类"，忘记了以各种方式反抗专制，牺牲了生命的志士仁人。他不知道，还有海鸥这种人的存在。

二、真实性与政治环境

为了写这篇序，我把能找到的海鸥写的书全看了。以我的看法，海鸥的小说不如评论，评论不如纪实。也就是说，虚构性和想象力不是海鸥之长，她的长项在于以非虚构方式写真人真事。我编辑过数百篇传记、回忆录和纪实性作品，长期的阅读让我麻木，以至厌倦。只有海鸥的百年家史《半壁家园》，令我欲罢不能。以至顾不上收听每天不落的自媒体的新闻报道和时事评论。吸引我的是什么呢？除了作者的表达能力，最重要的是真实。何与怀博士说，她"可以携带她的《半壁家园》进入世界华文家族写作史的殿堂"。我要补充的是，《半壁家园》将在当代中国文学史上占有一席之地。

所有写传记和回忆录的人，都告诉读者，他们要把真实的历史留下来。即便是连北大文革的基本事实都弄不清的"国学大师"季羡林先生，也拍着胸脯如是说。我相信大多数作者都有这样的愿望，也都努力这样做。但是，我敢断言，比起海鸥在求实求真上下的工夫，他们中的绝大多数人都会自愧不如。

最近，大陆出了一本很不错的书《寻常百姓家》，作者么书仪，社科院文学研究所研究员，北大教授洪子诚的夫人。此书真实地记述了她的父母家人在毛泽东时代的经历。黄子平有这样的推荐语："寻常百姓家的日常生活，即使在非比寻常的非常年代，也是视而不见地默默流逝着，流逝了。幸好有么书仪老师用水洗过了一样新鲜无华的文字，精准幽微的细节,从忘川中为我们撷取了如许'有情的历史'。"

"如许'有情的历史'"竟能通过审查,让我吃惊不小。常识告诉我,作者为了它能在大陆出版,一定煞费苦心。洪子诚的序,在隐约含混之间,透露了个中消息:

> 因为回忆中涉及许多人和事,它们并不都适合"秉笔直书",带着很不情愿的心情做详略增删的处理,选择恰当的措辞和表达,也都让她苦恼而费尽心思。
>
> 本书在回顾往事的时候,坚持的是"不虚美,不隐恶"的信条,"真实"是认定的前提,也是最高的标准。她(指么书仪——本文作者)确实也是按照她自己对"美""恶""真实"的理解来处理所写的生活情境的。
>
> 我是这些文字的最初读者,我对回忆的"真实"既存有疑惑,有时也会产生那样的想法:必要的时候"虚美"和"隐恶"也在所难免,甚至需要。因此,在具体写法上,就常会发生争辩。这当然会影响到书中的一些叙述,也就是在她最初确立的"真实"的坐标上,有些地方的标准有所降低。"降低",当然不是说真假不辨,以假乱真,而是说有所节制。

如果把海鸥的《半壁家园》与么书仪的《寻常百姓家》做一比较,你就会发现这两本书的异同,作者都是毛时代的亲历者(海鸥1947年出生,么书仪1945年出生),都是文革后的第一批文科研究生,都在细节的真实性上下了大功夫,不同的是,么书的细节"精准幽微"。海鸥的细节精准,但不"幽微"——她挑选的细节锐利、隽永,启人心智,与这些细节配套的评论,一针见血,发聋振聩,全不懂得"节制"。举个例子——

海鸥的爷爷刘荫远[1],当年的西安首义元勋,1949年以前,一直在国民政府中担任要职。但是,他唯一的儿子刘长菘[2](海鸥的爸爸)加入了共产党,致使刘荫远在国民党内颇受非议。上世纪三十年代末,刘长菘大学毕业,回西安见父亲。刘荫远给儿子下了"最后通牒":你只有两条路,要么离开共产党,要么永远别回家。刘长菘毅然与父亲断绝了关系。从此,父子分道扬镳,音尘两绝。

尽管如此,海鸥的爸爸却始终得不到党的信任。他1935年入党,参加过一二·九运动,在西南联大时因领导学生运动被捕。出狱后,做了随军翻译,因部队经常转移,流

---

[1] 刘荫远(1890--1961),安徽濉溪人。毕业于陆军大学第四期,后入莫斯科中山大学。毕业回国后,历任皖北民军司令,陕西省参议员,国民政府军事委员会参议。1945年9月,授陆军少将。1949年退居台湾,任国大代表。蒋介石曾两顾茅庐,请其出山参政。刘荫远告蒋实情:"我还有一个儿子在大陆,如果我出来任事,儿子就没命了。"蒋只好知难而退。1961年病故,公祭三日。蒋经国题写碑文,总统蒋介石和副总统严家淦分别颁送诔词:"谠论流徽""謇谔扬休"。立法院长于佑任亲书挽联:"辛苦拥中央欲消大陆新劫运,殷勤叙开国尤忆关西旧战场"。

[2] 刘长菘(1915--2001),安徽濉溪临涣集人,生于北京。曾在南京安徽中学、北平大学附中读中学。1935年12月加入中国共产党,任党支部书记。1936年2月加入抗日救国组织"民族解放先锋队"(简称"民先"),并被党组织派到华北中学组建"民先"。1936-1939年,先后在北平大学法商学院、西安临时大学、西北联合大学学习。1939年3月,因领导西北联大反解聘进步教授的斗争,被陕南国民党务督导专员办事处肃反组逮捕。两个多月后经释放出狱。1939年秋,自西北联大毕业,从事随军翻译工作。1949年后,任人民文学出版社译审,主持俄文翻译工作。以刘辽逸的笔名翻译了20余部苏俄著作,如列夫·托尔斯泰的《战争与和平》《克莱采奏鸣曲》《哈吉·穆拉德》《哥萨克》,果戈里的《外套》,普希金的《杜布罗夫斯基》,高尔基的《童年》,阿札耶夫的《远离莫斯科的地方》,法捷耶夫的《论创作》《论文学批评的任务》,及《前线》《太阳的宝库》等。

动性很大，遂与组织失联。此后再四请求恢复党的关系，无果。要求重新入党，被拒。海鸥爸爸晚年时，组织动员其入党，遭老人婉拒。改开之后，海鸥的姑姑从台湾来北京，问海鸥的爸爸："两个党的统治你都经历了，你认为这两个党相比怎么样？"这位著名的翻译家回答："两党相比，共产党比国民党最坏的时候还要坏"。

"九十年代中下期，爸爸台湾的侄子来京探亲，临走时爸爸请侄子到他父亲的墓前代为祭奠，并替他转告父亲一句话：父亲，我不是共产党。"2003年，海鸥到台湾："我跪在阳明山爷爷的墓前，替爸爸说了这句话：'爷爷，爸爸不是共产党'。"海鸥评论："当年爷爷曾迫使爸爸离开共产党，否则就断绝父子关系，爸爸选择了后者。时至今日爸爸却用这样的话告慰父亲的在天之灵，绝大的讽刺呀。"

为了这些细节的精准，海鸥录下了父亲的回忆，整理了双亲留下的信函日记，去了南京、杭州、上海、广州、安徽、西安，走访了父母两系的亲友及后人。并四次去台湾，到台湾国家图书馆查阅了与爷爷有关的史料，包括爷爷的好友徐永昌的回忆录[3]，当年的报纸和照片，还孤身一人，深入阳明山，寻找刘荫远的墓地……。

真实性是分层级的，所谓"细节的精准"，其实就是细节能否反映出当事人的处境和心态。而这完全取决于作者所处的政治文化环境。我无从知道，么书在哪些地方做了"详略增删的处理"，是哪些地方为"选择恰当的措辞和表达"，让书仪"苦恼而费尽心思"。但是，我相信，享有言论自由的海鸥在详略增删和措辞表达上的苦恼，不会受政治的影响，她的心目中，没有一个内化的书报审查官。换句话说，她不会降低她最初确立的"真实"的标准。

三、海鸥的自我改造

《画说》是海鸥的思想改造及转变史。改造是主要的。

海鸥有个性，她的个性主要表现在自由散漫：上课不但偷看小说，还会把鞋脱下来，第九集中有这样一幅画：讲台上，老师提问，一个女生光着脚尴尬地站着在课桌后面，桌子下面的大脚趾不知所措地翘着，好奇地四处张望，周围的同学窃笑。

把一个比胶囊还小的二极管收音机的铜丝连在暖气管上，"塞上耳机，手做托腮状，若无其事地听节目。这个简陋的小玩意只能听一个台，关键不在听什么，而在于上课捣蛋的刺激。"

她高中的"期末操行评定连年为'中'，评语还是小学初中那老一套——不遵守纪律，不尊重老师，自由散漫，骄傲自满……"。"阶级斗争紧锣密鼓的时刻，我的自由随意已经不属于个人品质问题而是思想意识问题，评语开始上纲上线，变成了'要注意资产阶级思想的腐蚀，加强改造思想'。"

---

[3] 徐永昌（1887--1959），山西崞县人，国民党军事委员会军令部长。1945年8月17日，率中国代表团参加在东京湾举行的盟军受降典礼，并代表中国政府在接受日本投降书上签字。此后，任陆军大学校长，南京政府国防部长。1949年年底，退往台湾。1952年，任台湾地区领导人办公室资政，晋升陆军一级上将。著有《求己斋日记》《回忆录》《杂记》《言论集》等。

从高二开始，海鸥就投身于思想革命化之中。她要与自由散漫做彻底的决裂。她向组织交心，写思想汇报，反省自己与无产阶级接班人的五个条件及工农兵的思想的差距——

我认认真真地写了一份，第一次对自己的成长过程进行了反思，我认为把自己的"坏"说得越严重，认识就越深刻。我的思想汇报写了四五页纸，通篇充满自责。我批判自己因为看西方古典小说听西方音乐接受的资产阶级思想，特别给自己加上了"个性解放、个性自由"的帽子。

海鸥的思想汇报成了老师批评她的口实，她的毕业的操行评语不但还是一个"中"，而且把她写得非常糟糕："里面仍是充斥着'要努力改造资产阶级，小资产阶级思想'一类的语言。在那样的年代这样的鉴定基本上就宣判了这个人的政治死刑。"她的高考成绩优异，但早在她埋头备考之前，老师就在她的档案里写下了四个字："不予录取"。

她被分配当了中学教师，在师院附中实习期间，她的自我改造达到了狂热的程度。为了培养"一不怕苦，二不怕死"的精神。她周末与解放军一道挖京密运河。在铁轨旁考验自己，"体会一下欧阳海抢救列车时的情景。"——

火车已经从我身边飞驰而过，我吓得夺路而逃。为此我心里竟难受了好久：难道我不敢去救人吗？这只是发生在千分之一秒内的事情，只要稍一犹豫，就可能人亡车毁。没有人会怪罪你，但是你怎么能经受住内心的自责？追根寻源还是脑中的"私"字作怪，有私心必然怕死，必须继续狠批自己的资产阶级思想。由此我学习英雄的事迹更加努力，《欧阳海之歌》看了好几遍，在

他抢救火车前的那一段心理描述，我抄录下来，反复朗诵。

她要"革心洗面，积极进步，和过去一切所留恋的东西决裂。"她意识到："更可怕的是无形的敌人——每个人心中的资产阶级小资产阶级思想，它们随时随刻将我们拉进资本主义的泥坑，因此要彻底改造思想。我始终热情高涨地投入各种活动。""我和大家一样，满怀革命理想，以革命前辈为榜样，向往着战争年代，渴望在非常时期献身革命。"

在第十集里，有这样一幅画：一个穿着病号服的少年，从病房门外进来，手捧着一个插着花的小瓶，递给一位梳着短发，挎着黄书包的女教师。海鸥对这幅画做了如下的说明：

一个学生病了住院。我到医院去探望他，见他独自住在一间高级小病房中（他爹是

某军种司令员），意志很消沉悲观。我安慰他说："到外边走走吧，春天已经到了，草也绿了，桃花已经开了，到外面吸口新鲜空气，你会觉得头脑清醒，心胸开阔的。"他很感动，我走时他主动和我握了握手，他曾是一个不和老师说话的傲慢孩子！

第二天我再去看他时，见他蹒跚地从外面走进来，拿着一个小瓶，里面装了几枝含苞的桃花，他说："我要把春天带进病房。"显然是我昨天的话起了作用。我立刻产生了不安的感觉，在他们改造客观世界和主观世界的道路上我扮演了一个什么样的角色呢？这是以小资产阶级的温情主义去进攻人家内心的薄弱环节，让他产生了不健康的感情，我决定今后宁可跟学生们谈严肃的思想，谈教条的理论，让他们感到生硬，感到暂时的失望，也要把无产阶级思想灌输给他们。

1966 年初，《解放军报》连续推出一论、二论、三论、四论、五论、六论"突出政治"的社论，《人民日报》悉数转载。海鸥一遍遍地学习，"我的日记本笔记本上写满了和学生开会的提纲记录，谈话的要领，全是一个中心：突出政治"。"对于我来说，突出政治就是改造我的非无产阶级的世界观，我必须和一切资产阶级思想断绝联系，首先把自己锤炼成一个无产阶级革命接班人，然后才能培养无产阶级革命接班人。从此，我对自己的一言一行一个思想闪念要问一下是否突出了政治。如果没有，就在头脑中展开猛烈的批判。"

然而，"小资情调"仍然没完没了地纠缠着她——

一天下午，我们正在开什么严肃的会，已经是 1966 年的 5 月份，文化大革命即将正式拉开帷幕。突然间从琴房传来小步舞曲的钢琴声，虽然弹琴的手并不高明，但那早已深入我心的旋律，又被激活起来。我立时觉得心都醉了，头也晕了，一切思想都被打乱了，不能思维了，人被音乐带走了。

海鸥心里有一种深深的失落感。但是，她不知道失落了什么。她所能做的，就是谴责自己的个人主义，怀疑自己不可救药。她画了这样一幅画：几个教师围着桌子学社论，一个蓝衣女性呆坐一旁，侧坐沉思，在她的后面，一女正在弹钢琴，五线谱从琴中悠然飘出。画面的上方，是蓝衣女性的想象——她手握钢枪，指着一个洋人的胸口——她要"狠斗私字一闪念"，杀死头脑中的全部小资思想；

我又为自己的陶醉隐隐不安。我觉得自己像在漫天大雾中行走，总也摸不清方向，只有犹豫和错误伴随着自己，难道就这么下去吗？我又像在一个大漩涡里挣扎，不知道什么时候才能爬出个人主义的泥坑。只要稍稍放松思想改造，它就冒出来，只要外界稍稍有一点诱发力，如今天的小步舞曲，它就跳出来，难道我永远要像堵枪眼一样地紧张绷着神经吗？难道我真是不可救药了吗？当天晚上我就学习毛著对"琴声事件"展开检查和批判，很快我就调整了心态：脑子中的一团混乱其实不乱，一条线就可以提拉起来，这是不符合时代要求的资产阶级小资产阶级思想，我必须毫不留情地用快枪迅速击毙。

文革来了，百分之百地相信党，相信党的报纸的海鸥义无反顾地投身其中——

我连着几夜没有睡觉，写大字报，支持学生，和学生老师互通有无。即使没有事干了，也不去睡觉，写日记写思想总结或捧着一本《毛选》读到天明。有的时候我夜间骑车到北大清华看大字报。

我第一次切切实实地感到世界要来一个翻天覆地的大变化了，学生造反的时代到了。革命的浪潮正在以势不可挡之力把我卷入激流，我要以最饱满的革命热情投身到斗争之中。但什么是文化革命，革谁的命，我从来没有好好想过，只有一个信念，跟着毛主席和党的战略部署走定然没错。我写了支持造反派红卫兵的大字报，又贴了《质问校领导》的大字报。

海鸥的革命热情得到了回报——师院附中的红卫兵贴大字报，揭发她谎报出身，冒充革干子弟，质问她是怎么混入团组织的，骂她"企鹅"（因为她胖）。红卫兵抡圆了铁锹毒打她，以至打断了锹把。她的家被多次查抄，父母的全部藏书，除了马恩列斯毛的著作，全部拉走。

海鸥离开了师院附中，离开那些抄家打人的红卫兵。为证明自己的革命，她到外地串连，步行长征，深更半夜为造反派送情报。面对顶着胸脯的长矛，她面不改色，喝退了武斗者，保护处于弱势的造反派。……她用了二百多幅图画，勾勒出文革初期的混乱与狂热。

1968年春节之后，海鸥被分配到一个公社中学。在那里，她度过了十年的光阴，学校的混乱，家族的离散，农民的赤贫，在她笔下一一呈现。尽管她敬业爱岗，无私奉献，仍旧自我洗脑，对党和毛忠心耿耿。像后毛时代的某些作家、学者那样，她歌颂苦难，相信只有经过在清水里泡三次，在血水里浴三次，在碱水里煮三次，自己的思想才能变得纯净起来。"自觉彻底地自我洗脑"成了她的日常功课，但是，她的潜意识中却是另一番景象——

在后半生中，我无数次地梦见永丰……或是房子怪异，要爬梯子，上了半截，梯子突然断了，退路没有了；或是发大水，永丰成了一片泽国，我摸索原来的道路

回家,却被包围在一片汪洋中;要不就是赶不上或错过了回家的公交车,最糟的是好不容易上了车,开了一大圈,发现又转回原地。总之梦境高度地概括了我在永丰期间内心深处的潜意识——绝望,绝望,绝望。

四、海鸥的觉醒

海鸥的思想转变,是从1976年的"四五事件"开始的。尽管毛泽东去世的时候,"我心中的毛泽东还是在神坛上,只不过在晚年时被身边的佞臣架空,一切坏事都是他们做的,并非毛的本意。"但是,她已经停止了自我改造,回归到了理性和常识。

1978年,她以优秀的成绩,成为北大哲学系的第一批研究生。

我对研究生完全没有概念,也不知道该怎么读。第一次开会时黄先生问我们各自准备研究什么题目,我说:"我想研究中国人为什么这样。"把大家逗笑了。我实际想说的是,中国人民群众在文革中到底扮演的是什么角色。

她首先想到了自己所扮演的角色——既然中共中央否定了"阶级斗争为纲",否定了"无产阶级专政下继续革命",从根本上架空了文化革命"成果"。那么,她就应该对自己这些年的思想改造有一个彻底的反省:

我实际上是困惑的,因为否定文革就是对我这十年生命的否定,这十年我即使没有百分之百也至少把自己百分之八十的青春精力热情投入了文革之中。我几乎脱胎换骨地换成了另外一个人,一个按照文革给我们指定的标准所变的新人——无产阶级专政下继续革命的斗士,然后一下子这些都是错误的,反动的。就像文革开始时一样,我又要否定自己的一切作为,来一个否定之否定,尽管没有人要求我这样做,尽管这样做是痛苦的。但是我不能这样糊里糊涂地翻来覆去,我必须搞明白,为什么我和百分之九十以上的中国人民能够一呼百应地疯狂地投入这个错误的运动,这和几千年中国社会的结构、中国的文化传统、中国人的民族性有什么关系。若是再碰上一次这样的革命(老毛说"这样的文化革命每隔七八年来一次"),我不能再把自己来一个否定之否定之否定了。

从这时起,她那自由散漫的天性,升华为独立之思想,自由之精神。1981年,她在毕业论文中剖析了"实践是检验真理的唯一标准"的错误。

我觉得"实践是检验真理的唯一标准"这个提法并不完全科学:如果说实践活动是一种标准,如同说吃饭是检验饭菜是否好吃或胃口好坏的唯一标准,睡觉是检验神经功能或睡觉环境的唯一标准,从语法和理论上都说不通;如果说实践结果是检验真理的唯一标准,语法上可站得住脚,而理论上和前一命题一样隐含着唯经验主义的导向。

"实践是检验真理的唯一标准"最早是毛泽东提出来的,它是胡耀邦为了否定"两个凡是"的一个命题作文。1977年秋,在南京大学哲学系副主任胡福明执笔写成第一稿之后,又经过了党内理论家多次修改,1978年5月10日发表在中央学校的内部刊物《理论动态》上,第二天《光明日报》就以本报特约评论员的名义公开发表。然后是各大报纸的转载。由此引发了全国性的关于真理的大讨论。邓小平有云:"《光明日报》刊登了一篇文章,一下子引起那么大的反应……不要小看实践是检验真理的标准的争论。这场争议的意义大了。"中共党史称此文"推动了全国性的马克思主义思想解放运动",是中共党史上"具有深远意义的伟大转折的思想先导",为中共"重新确立马克思主义思想路线、政治路线和组织路线,做了重要的理论准备。"

在官方为这一哲学命题大唱赞歌,理论界紧跟,全国的知识分子为其叫好的时候,海鸥对它发出了冷冷的一问。

改开之后的历史,证明了她的先见之明:"实际上'黑猫白猫论'就是这条命题的通俗表述,'黑猫白猫'在国民经济几近崩溃的时代是改善民生的权宜之计,但长此以往,它可能会导致实用主义的社会后果。"

"当今社会出现了很多弊端,从理论上说与片面强调'实践是检验真理的唯一标准'不无关系。"

直到三十年后,才有人想到"实践是检验真理的唯一标准"的理论缺陷。

五、罹患脑瘤之后,海鸥拿起了笔

海鸥的文字在国内的《当代》上发表,在海外多次获得世界华文大奖,她的油画在澳洲两次获奖。尽管每次得奖,她都抱着"山中无老虎,猴儿称霸王"的心态,灰溜溜地不愿示人。但是,这些奖项都在在证明她不是浪得虚名。

既能写又能画的人,历来不多,我们这一代(40后50后)更少。常听国内有所成就的人,在表彰大会上说,感谢党的培养,国家给了我荣誉云云。他们说的是不是真心话,暂且不论。至少这话不能用在海鸥身上——因为她的爷爷在台湾,她被排除在大学门外,尽管她努力工作,忠君爱党,得到的也永远是组织的冷眼。直到她因超生受尽屈辱,不得不去国离乡。

八十年代中国出了以曲啸为首的四大演讲家[4],"母亲错打孩子论"是他宣讲的核心思想。当年他在北大演讲的时候,一个比我小十二岁的同学,在底下嘀咕:"就欠红卫兵把他抽死"。曲啸从营口教育学院副院长调到中宣部,以局级调研员的身份,满世界演讲达2500场。被授予"五一劳动奖章""全国优秀教育工作者"称号。

---

4 其他三人是李燕杰、彭清一、刘吉。

  "错打孩子论"的逻辑是，母亲出于爱，错打了孩子。孩子因此经磨历难，而"艰难困苦，玉汝于成"。于是，张贤亮在《绿化树》中"歌颂苦难"[5]，徐葆耕在《清华精神生态史》中大讲"苦难铸就辉煌"[6]。照此逻辑，孩子取得了今天的成就，端赖于母亲当年的错打。具体到海鸥，如果没有党国对她的迫害和侮辱，她就不会出国，不出国就不能取得今天的成就。因此，海鸥应该感谢党，热爱党。

  《画说》里没提曲啸，没提"错打孩子论"，那时，海鸥正在为保住腹中的女儿苦苦挣扎。

  百度百科上说："曲啸到美国给留学生做巡回演讲。但在美国第一站就被爱国华侨，近代历史学家汪荣祖教授揭穿其谎言，令他不得不中断演讲计划回国。这个事件导致了曲啸心理崩溃。曲啸回国后也没有休养过来，不久就大脑出了毛病。1991年，在江苏省南通市演讲时，病倒在演讲台上，从此半身不遂，失去说话能力。"

  几乎与此同时，在澳洲攻读博士学位的海鸥患了脑瘤，医生给她做了开颅手术。从此她中断学业，在打工和做义工的同时，她拿起了笔，描述了"母亲"对"孩子"的一次次"错打"，"母亲"对"孩子"的改造。她揭示了"母亲"与"孩子"的真实关系，道出了苦难的来源，回答了隐藏在"错打孩子论"后面的"迫害有功"论。

六、《画说》的意义

  经历过毛时代的人们，时时会为毛粉之多而愤怒而惊诧。以至于有人提议，建立一个"毛时代特区"，请那些怀念毛的人们搬到那里去，重过计划经济、城乡二元、阶级斗争为纲的生活，重新体验"红太阳""斗批改""红色暴力""全面内战""上山下乡""五七干校"。

  历史不会照原样重来，但它可以通过宣传教育改头换面，移步换形。

  2020年9月17日，同济大学召开"上海高校课程思政教育教学改革工作推进会"，会议拿出了《实施意见》。其提出"要以专业类别为基础单位，结合不同课程特点、思维方法和价值理念，深入挖掘课程思政元素，研制课程思政教学指南，建立课程思政操作规范。""从制度规范层面，进一步巩固确立上海在课程思政建设中的先发优势，重点解决教师不主动做、不知道怎么做、不能长期坚持做的问题。"[7]

  复旦、同济、上海理工、上海应用技术大学纷纷推出了本校的特色产品。随后，华

---

[5] 张贤亮（1936—2014），中国当代作家，曾任宁夏回族自治区文联主席，作家协会宁夏分会主席等职。1957年7月"反右运动"期间，因创作了诗歌《大风歌》被错划为"右派分子"，押送农场"劳动改造"长达22年。1980年，发表了《邢老汉和狗的故事》《灵与肉》等短篇小说。1984年，发表中篇小说《绿化树》。1985年，发表长篇小说《男人的一半是女人》。2008年出版随笔集《中国文人的另一种思路》。2009年发表长篇小说《一亿六》。

[6] 徐葆耕（1037-2010），清华大学文学系主任，传播系代系主任，人文学院副院长，著有《反击》《邻居》等五部电影剧本，出版《西方文学：心灵的历史》《紫色清华》《西方文学十五讲》等学术著作。《清华精神生态史》是其遗作（北京，水利水电出版社，2011）。

[7] 同济大学新闻网。

东师大社出版了全国首本课程思政教学指南研究丛书。

《生物学科课程思政教学指南》的第一个教学实例，就是"政治认同感"：

在生物的分子世界里，小到一个原核细胞大到一个多细胞组成的高等真核生物，分子世界均遵循它们自身规律，忠实地将母本细胞中的 DNA 复制遗传给后代，保障了物种的稳定性。这里，便可以和一代代共产党人继承"红色基因"，坚持为人民服务，保障国家的长治久安的红色传承相关联，达到政治认同教育的目标。通过这个知识点的讲述，教师可以将分子世界与人类社会进行类比，告诉同学"为中国人民谋幸福，为中华民族谋复兴"就是我们中华民族的"红色基因"。

2022 年 4 月 15 日，大陆出版的《新课程报 语文导刊》的"作文指导版"上刊载了一篇文章，题为《红盖头》，作者余显斌。文章大意是，爷爷随身携带一个小铁盒，里面装着一个红盖头，那是奶奶和爷爷结婚时戴的，而奶奶是被爷爷亲手打死的——当年，爷爷帮游击队员筹集了一笔经费，可贪图享乐的奶奶想把经费带走，于是爷爷大义灭亲，开枪打死了他的枕边人。文后的"品读"写道："读过这篇文章的人不能不为这位亲手处决自己妻子的革命者的高尚人格、伟大的家国之爱动容。"

海鸥经历的思想改造运动，正在打着"强我中国"的旗号，披着爱国、民粹和伪科学的外衣，以更加精深和荒谬的方式，向那个以扭曲"三观"，践踏人性的毛时代迅跑。

不止一位朋友告诉我，他们的儿女担心孩子会成为红小兵和红卫兵，正在办移民手续——如此全方位地向"红色文化"的回归，使越来越多的大陆人加入了"run"的行列。

七、海鸥的担当

1990 年 5 月，留学澳洲刚刚一年另十一个月的海鸥，被查出脑瘤。开颅手术之后，在生死线上挣扎了几个来回的她，回顾匆匆走过的四十三年的岁月，一瞬间，她似乎活明白了：

回顾一生，为这个主义奋斗，为那个事业献身，到头来主义事业像倾斜的大厦，呼啦啦地坍塌下来，头脑中一片废墟。到老牛破车时才到异地寻找一块自己的立足之地，依旧自虐似地背负"神圣的社会历史使命"，心力交瘁，死而后已。一辈子活得真苦真累。……我们为什么不能活得轻松一些呢？像眼前的澳洲人一样，不去咀嚼历史，也不暇瞻顾未来，只追求此时此刻的快乐。

这本连环画告诉我们，死里逃生的海鸥，依旧在"咀嚼历史"，依旧在"瞻顾未来"。她无法让自己及时行乐，无法把自己变成真正的澳洲人。在出院之后的三十多年时间里，她念兹在兹的，就要用自己的亲身经历，揭示毛时代的真相，警醒国人不要忘记过去。女儿对中文的陌生，使她意识到，仅仅用文字难以吸引"读图时代"的孩子们。写完了《我在中国的四十年》之后，她又拿起了画笔，再一次背负起启蒙后代的"社会历史使命"。

很多人看不起连环画，以为它登不上大雅之堂。中国当代国画史上，也不见连环画一席之地。鲁迅提醒人们，西方教堂里那些伟大的壁画，"几乎都是《旧约》《耶稣传》《圣者传》的连环图画""连环图画不但可以成为艺术，并且已经坐在'艺术之宫'的里面了。"[8]

《画说》不能在大陆出版，是国家的耻辱，是民族的悲哀，是画家的遗憾。

但，这也是海鸥的骄傲与光荣。

22-10-7 初稿，10-11 三改

8　鲁迅《"连环图画"辩护》。

一个知识分子灵魂升华

——读《画说我的一生》

高忆陵

打开海鸥的《画说》，童年熟悉的一切扑面而来。我和她是培元小学六年的同学，我熟悉她那在脸上投射出阴影的长睫毛，跟她在教室外的台阶上挤过"狗屎"，曾长时间赖在她家看那满柜满抽屉的书，还曾一起循着墙上的印记找"特务"，一起演出《渔夫和金鱼的故事》《大灰狼》……海鸥的画充满了细节，当我看到她画的送水师傅车把上的棉套，不禁叫绝，一下子就被带到那个遥远的逝去的年月中。

上中学后，我跟她来往少了，但在《画说》中我惊奇地发现，我们在不同的时空中竟做着那么多相同的事情。不仅看一样的书，唱一样的歌，还一样投入阶级斗争，一样向工农学习，一样"无限热爱"，一样遭遇"唯成份"，一样拼命改造思想，一样在文革中造反，串连，折腾，被折腾……这些"一样"说明：海鸥画的其实不是"我的一生"，而是"那个时代"。那个时代真像一部大洗衣机（海鸥的比喻），我们就是其中的微不足道的物件，被无情地裹挟着搅拌着，一会儿上，一会儿下，一会儿东，一会儿西，谁都无法逃脱。

海鸥在小学的评语经常是"自由散漫"，操行评定常常是"中"。因为她从小就是个性鲜明有主张的人。万幸我们小学颇有民国遗风，老师呵护着我们，自由天性尚得以保存。随着社会上必须用某个人的思想统一全体人民的思想，随着虚幻的"共产主义接班人"目标的树立，随着我们青春期热血年代的到来，纯洁的海鸥就开始虔诚地改造自己了。她把自己身上那自由的、浪漫的、有创造力的东西当作小资产阶级思想意识去克服。用她自己的话说："我开始了自觉地彻底地自己给自己洗脑的模式。"

文革中她偶然听到小提琴的声音。"那曲子钻进了听惯铿锵歌曲的耳朵，简直让人晕眩，心醉，它带给我一种温暖，一种哀伤的感动。"同时，毛泽东思想宣传队的演出又听得她"浑身热血沸腾，深深被他们的革命朝气所感染，心里汹涌着向上的冲动。"海鸥接着说："我在这两种感受中挣扎着，觉得自己不可救药。""我性格中的自由元素与我渐行渐远。我开始像一块橡皮泥，被放进模子，渐渐塞满模子的角角落落。"我看到这里，真有点心酸。我们那个才华横溢，个性张扬的海鸥去哪儿了？她还能展翅飞翔吗？

在"不予录取"的打击下，在棍棒皮带的围殴中，在艰苦到非人的劳作中，在被鄙视被践踏尊严的环境压迫里，她都曾努力寻求这一切的合理性，使自己处在矛盾的自我否定的状态中，进行着痛苦的挣扎。十年文革中她几乎脱胎换骨地换成了另外一个人，一个按照文革指定标准变成的新人——无产阶级专政下继续革命的斗士。

1978年，海鸥考上了北大哲学系的研究生，这是她生命中重要的转折。我们这代人，在20多岁前学习能力最强的时期不幸与人类文明成果隔绝。30多岁才迈入北大课堂的海鸥被17世纪以来思想启蒙运动的光辉照亮了心灵，她的思想观点、方法以及思维方式发生了巨变，为她以后的人生打下了基础。当年北大的自由空气，北大教授的开放思想，使她的"思想改造"进入了一个否定之否定的过程，一点一点地找回了自我。她开始"动摇了二十多年来以权威形式灌输给我们的对某种思想体系的信念，动摇了我已经形成的融化在阶级划分中的黑白思维方式。"

万恶的计划生育政策终于成了压垮骆驼的最后一根稻草。海鸥不仅被逼上了绝路，也彻底认清了事情的本质，勇敢地站到了这个制度、体制的对立面。她终于获得解放，回归独立精神、自由思想，飞向了广阔的天空。

凝结着海鸥晚年心血的这部大作，值得细品细看。不仅从中看到荒诞社会40年里的方方面面，也看到个人在这时代中的沉浮与觉醒。

海鸥在清水里泡，血水里浴，碱水里煮，没有像猪肠子一样被洗白被吞噬，而是挣脱羁绊，完成了独立知识分子灵魂升华的过程。

我真为我的同学感到庆幸，也为她这部作品发出由衷的赞叹！

2022年9月25日

拒绝谎言，反抗逼迫

——《画说我的一生》读后

何与怀

2020年上半年，我在悉尼写了三万三千字的长篇评论《半壁家园与海鸥南飞——澳华作家刘海鸥和纪实文学写作》。这是我所有文学评论中最长的一篇了，我之所以投入如此大量精力，一个重要原因是刘海鸥在最近几年，连续撰写和出版了多部纪实文学大著，这让澳华文坛众多文友惊喜万分，其中当然包括我。

刘海鸥，笔名凌之，澳大利亚重要的华文作家，三十多年来，撰写和发表了随笔、小说、剧本，以及评论等许多作品，但最出色最大量也最重要的是她的纪实文学作品。我把刘海鸥誉为"澳华文坛纪实文学第一人"。

读者只要浏览一下我的评论，即可证明此言非虚。

例如：《半壁家园：刘辽逸家事百年》。刘海鸥追求历史真相，力图复原"半壁家园"，花费十几年时间，写出了家族的百年历史，同时也反映了辛亥革命以来中国所走的道路。读完这部近三十万字的长篇，我不禁欣喜地感觉到，刘海鸥可以携带她的《半壁家园》进入世界华文家族写作史的殿堂了。

《夕出阳关》是海鸥为她姐姐刘海燕写的五十万字的纪实文学。此书再现了她姐姐在新疆生产建设兵团的惨痛遭遇。"夕出阳关"这四个字，真是再确切不过，西出阳关的海燕的前途如同夕阳西下，不仅不见故人，而且面临的将是茫茫暗夜——她不属于这个世界。

《海鸥南飞》是"刘海鸥作品第二集"，是早些年出版的《海鸥南飞》的增订本。这些相关作品收编成一部具有连续性的长篇报告文学，记录刘海鸥在澳洲的生活，堪称之为中国中年女性移民澳洲的全景式展示。

此外，刘海鸥还编辑出版了或准备出版《游必有信：澳洲家书》：这是她来澳洲以后从1988年到1994年写给父母的信件，不仅记录她个人的生活，还记录了中国留学生的生活及澳洲社会发生的大小事件；《岁月留痕》是刘海鸥文集的第四集，收入各种各样的故人故事，其中多是回忆，忆父母，忆旧家，忆邻居，忆朋友，忆同学，忆活着的与逝去的人们。《她们的田野》是她家四姐妹合写的纪实文学作品，记录了她们与共和国同步的童年、少年和青年时期。《刘辽逸日记》是海鸥父亲刘辽逸日记的汇编。刘先生是中国著名的翻译家，书中详细记录了人民文学出版社的文革过程，有着很高的历史价值……

现在，摆在读者面前的是她一部图文并茂的《画说我的一生》。

刘海鸥没有学过美术，就是一个业余爱好者，画面可能不完美。此书便是以她的画作配上文字，描述她自1947年1月出生到1988年6月告别北京留学澳洲，这四十年间的亲历亲闻。

钱钟书在《管锥篇》中指出："史家追述真人真事，必须遥体人情，悬想事势，设身局中，潜心腔内，忖之度之，以揣以摩，庶几入情合理，盖与小说、剧本之臆造人物，虚构境地，不尽同而可相通。"这段话对于纪实文学作家把握"创作"的度，很有指导意义。刘海鸥的纪实文学写作，就完全是追述真人真事，而且不用"设"身局中，本来她就身在其中。《画说我的一生》和刘海鸥其他十部书一样，主要的内容是关于她的家族、她的家庭、她的生活的种种往事。这些记忆，不仅仅是"她的"，而且是"他们的"，是他们那一代人集体的记忆，非常真实，可以说是当代中国社会生活的某种缩影。这些记忆对刘海鸥来说非常珍贵，她把它们呈现给大家，读者可以从中发现自己生活的轨迹。

这些记忆的珍贵价值显然不单对刘海鸥个人而言。2021年11月1日，专门记述和研究当代中国社会政治现象特别是文革历史的《记忆》杂志负责人特别给刘海鸥来信说，《画说我的一生》特别受读者的喜爱，已经成为《记忆》的"镇刊之宝"。为了让这个作品在《记忆》上连载的时间长一些，编者做两次调整，先是把每期刊发的两章，改为一章，后来又将每章（30张图以上的）分成上中下或上下，分成三期或两期刊发，每期发图十二幅。因防火墙增高，网易126、163和新浪等信箱都被屏闭，很多读者收不到《记忆》，不得不让他们改用国外的或小众的信箱。这位杂志的负责人还说，相对国内的读者而言，国外的读者对刘海鸥这个作品的反应更热烈，更积极。欧美大学东亚系把它作为当代中国史的辅助教材。

可以从时代更广的角度来认识刘海鸥的纪实文学写作。

从文学史上看，每个时代总会有一种备受追捧的文体。今天，时代风云变幻莫测，国际局势紧张不安，中国国运堪忧，其复杂性有时甚至超乎常识、常理，人们很需要一些启发性的认知参照，例如优秀的纪实文学作品。如许多论者所说，纪实文学的长处在于既可以全景式描写和叙述，波澜壮阔地呈现；也可以局部取样，精雕细刻地创作，在介入现实、描绘人心、表现精神图谱和心灵世界方面拥有小说、诗歌等文体所匮乏的优势。纪实文学是非虚构文体，它的基本特征是真实性、及时性、时代性、知识性和信息性，通常具备文献价值、史志价值、思想价值、社会价值和文学价值。那些历史纪实，还常常带有解密和揭秘的性质，对于帮助人们认识历史真相、了解历史事件和人物的本来面目有所裨益。各种"纪实"文体的要求与特性有所不同，或者说，有所侧重。但总体来说，纪实文学的概念内涵应包括守真求实、融情于理、文史兼容等要点。这是它不同于虚构文学的独特品格，也是其评价标准的理论基础。

以"真实"为其生命的纪实文学写作，对当下中国的情形来说，具有特别的现实意义和历史意义。

所谓"历史"，包括三个组成部分：史实、史研、史评。加拿大的国际著名历史学家玛格丽特·麦克米伦为了防止人类走向狂热和灾难，在她撰写的《历史的运用与滥用》（The Uses and Abuses of History）一书中，从三个方面总结如何鉴别"有毒历史"。她以非凡的国际视野指出：

"当历史沦为了政治动员的工具时，就是一种被强化了的想象共同体，所有人都陶醉在这种神话之中无法自拔。"

非常不幸，历史沦为政治动员的工具，正是今天中国的现实。"谁掌握了过去，谁就掌握了未来；谁掌握了现在，谁就掌握过去。"英国作家乔治·奥威尔在他的政治小说《一九八四》道出了独裁的要领，今天的习记新极权统治已把这一要领练成了独门绝活。他们公然提出"历史姓党"，要求历史为加强自己的政权合法性服务。于是，他们大搞历史虚无主义，或掩盖或歪曲，不承认历史真相是客观存在的，实行全民族的遗忘运动。几年前，他们就曾经把十年文革浩劫轻描淡写为"艰辛探索"，近来为习某龙袍加身、个人崇拜更大造舆论准备。例如：为个人独裁和帝王世袭制找历史依据，力图论证中国历史上实行的领导体制是具有中国特色的先进领导体制，不是专制制度；用民粹主义抵制西方，提出义和团运动是反帝爱国运动，绝不允许对其妖魔化；胡说明清时期闭关锁国延缓了西方势力"血腥东扩"的步伐，是与时代相适应的外交决策，历史上有利于维护国家利益，以便为习某要实行重新闭关锁国制造舆论……。

知史可以明智。从过去看现在，从现在看将来，人们应该明白中共这些人的套路与伎俩，应该看清他们举什么旗，走什么路。为了防止这种"被强化了的想象共同体"，防止民众都陶醉在这种神话之中无法自拔，防止民族走向狂热和灾难，玛格丽特·麦克米伦在她的书中号召："一个真正历史学家的任务就是要挑战甚至揭露这种神话，这种神话的幻灭是一个社会走向成熟的必经之路。"在我看来，不单历史学家，这也是摆在所有真正的知识分子包括纪实文学作家面前的任务。法国作家阿尔贝·加缪在 1957 年 10 月荣获瑞典文学院颁给诺贝尔文学奖，理由是，"他在著作中以明察而热切的眼光照亮了我们这时代人类良心的种种问题"。加缪在题为《写作的光荣》的获奖辞中申明：

既然作家的使命是唤醒尽可能多的人，那么他的艺术就决不与谎言和奴性妥协，尽管这些东西到处充斥，滋生孤独。无论我们每个人有怎样的弱点，作家职业的高贵永远植根在两种艰难的介入中：拒绝谎言，反抗逼迫。

刘海鸥用她的勇敢坚毅，昭示了在强大的专制势力面前，一个渺小个体的巨大作用——用手中的笔，揭穿谎言，反抗逼迫。

2022 年 9 月 7 日于悉尼

一、梦一般的记忆碎片

（1947-1951）

出生在大连，两岁到北京。这个时期在我的记忆里只留下几个碎片，如梦如幻，还有一些小故事是爸爸妈妈不断重复地讲述，在我脑子里形成了画面。

1947年1月我在大连出生。

我的记忆开始得很晚,不像我姐姐海燕,她能把两岁的事情说得清清楚楚。而我的女儿又佳就更吓了我一跳,她言之凿凿地说,她生下来的第二天,看见我和三姨(我妹妹克阳)去婴儿室探望她,三姨俯身看她,她看见了一张大脸,而且她还描述了婴儿室的样子——灯光很暗。我向克阳求证这些事,她说又佳说的事情一点不差。而在这之前从来没有人对又佳讲过这些事。

回来说我的记忆。两岁以前,我们一家人住在大连。关于大连我没有任何印象,只是后来不断地听妈妈讲起我两岁前的一些事,比如我是出生在一家日本人开的医院里,正值过年,医院里没有什么医护人员,连暖气都没有,我一生下来就感冒了,打喷嚏流鼻涕,身上冻得发紫,小命差点没保住。

怎么一出生就和日本联系在一起呢,这曾经让我在孩提时代觉得耻辱。回想起来,为什么那么小就知道恨日本了,其实也很自然,抗战结束没几年,整个中国还处在痛恨日本人的强烈气氛中。

爸爸为我取名刘海鸥，我还有一个姐姐刘海燕，比我大两岁。爸爸是俄文翻译，思想进步，说海燕意为勇敢，海鸥意为自由。后来我们的性格真应了这两个名字。

一年后我又有了一个妹妹，出生时共军刚刚打下沈阳，故以攻克沈阳取名克阳。

大连是"解放区"。1945年苏军攻占东北，大连由中共和苏军共管。我可以说是"生在红旗下，长在红旗下的那一代了。"这一代将遇到什么，且看全文分解吧。

还记得一岁多时被开水烫坏了屁股。房间里有一个铜盆，放着刚烧开的水，我在屋里跑来跑去，一下子坐在铜盆里，穿的是开裆裤，屁股给烫烂了，哭得上气不接下气。父母立刻把我抱到医生那里，又是日本医生。妈妈说医生给了一种日本药膏，特灵，一抹就止住了疼痛。妈妈说我有极强的忍耐力，晚上我就不再哭泣，只有几声哀吟。后来我有病时妈妈总是很担心，她认为我病痛的实际程度要比表现出来的严重得多。

我以为忍耐是一种优秀品质。直至中年以后，才发现就是这种忍耐力掩盖了我的身体实情，使我的健康状况千疮百孔，而从精神层面上来说，忍耐有时候会摧毁意志和自信。

　　每个家长都会记得孩子小时候的几件事。爸爸嘴讷，不爱说话，但是讲得最多的是我的长睫毛的故事。有一次他抱着我坐电车，上来了两个俄罗斯姑娘，看见我她俩就用俄语议论："看那个小女孩，睫毛多长。"爸爸听得懂俄语，心里别提有多高兴了。这件小事他不知给我讲了多少次，直到我五十多岁，他还在津津乐道。爸爸妈妈一直为我有长长的睫毛而骄傲，照相时总要让我侧过脸去照出睫毛，还特地带我到紫房子照相馆照了一张侧面的相片，为睫毛留个纪念。

爸爸在大连的光华书店当编辑。1949年6月光华书店老板邵公文到北京三联书店工作，把爸爸也带了过去。

爸爸到北京不久得了伤寒症，妈妈就在当年的9月带着我们三个孩子从大连到北京照顾爸爸。

1949年10月1日是中华人民共和国的开国大典，妈妈带着我们上街看游行。就是说，我也见证了那个"历史时刻"，我不仅一定看到了欢天喜地的人群，而且一定从街上的大喇叭里听见了那句伟人用农村方言传播的历史声音，但是我什么印象也没有，之所以写下这一段，因为我也算是经历了一个历史阶段的开始。

妈妈那天大有斩获，在这个陌生的城市，忽然有人高喊她的名字，回头一看是邵公文的妻子黄慧珠，她正在参与筹建全国妇联。马上妈妈也有了工作——全国妇联儿童福利部。妈妈在妇联一呆就是一辈子。

爸爸先在三联书店当编辑，后来调到国际书店任副总经理。爸爸不喜欢做行政工作，只想搞回自己的本行翻译，1951年3月人民文学出版社一成立，他就成了出版社的第一批成员直至退休。

我们全家就算在北京落了脚。

1951年元旦，我们又多了一个妹妹刘元。

　　这时我已经开始有了记忆，第一个记忆是切破手指。大人切菜，菜刀追着手指，刀过菜碎，我饶有兴趣地在一旁观看。大人叮嘱过千万不可碰触菜刀，可切菜不是就那么简单吗？尽管三四岁，我已经知道大人经常危言耸听，吓唬小孩，所以我并不把大人说的话都当回事。一次趁大人不在，我拿起菜刀，案板上有一根葱，我挥舞着又沉又笨的大刀，把大葱剁成一段段，心里洋溢着成就感，原来使用菜刀是那么容易的一件事。随着大葱的粉身碎骨，我更加怀疑大人说话的正确性，我做出了结论：大人会用谎言哄骗孩子，以求安宁。就在为这个结论得意时，最后一刀落在左手食指上，削掉了指甲和一块肉，伤疤至今还清晰地留在手指上。尽管大人及时地进行了听话教育，但是效果不大，伤疤好了疼也忘了，在后来的一辈子里，我仍然要自己去尝试一切。

  还有一个记忆是妈妈在床上痛苦地翻滚（后来才知道那是妈妈怀四妹刘元的初期得了胆结石，痛起来翻天覆地）。我清楚地记得妈妈在床上打滚，姐姐海燕站在床边哭着念叨："妈妈你不要死呀，妈妈你不要死呀。"我则站在床边，眼睛盯住妈妈枕边的两个从里面画着画的小瓶子，一个是古代山水图，一个是古装小孩嬉戏图，机械地叨念："我要小瓶，我要小瓶。"海燕哭骂道："没良心，妈妈都快死了，你还要玩小瓶。"后来很久海燕骂我时还是以此事作为我没良心的佐证，一到这时我就哑口无言了。多年后，我才分析出来，我的心思根本不在小瓶，我整个身心都被死的恐惧控制了。我不知道什么叫死，从姐姐的哭叫中，我隐约知道，那痛苦的翻滚和死很近。

  那大约是1950年四五月的事情。后来妈妈做了切除胆囊的手术，胆中的结石就放在那个彩色的小瓶中。

最初的记忆如打碎的玻璃，零零星星，却都和房子有关。不知道为什么我从小就对各种各样的房子有深刻的兴趣和印象，后来的几十年，我梦见最多的就是房子，有一些在现实中从未见过的房间不断重复出现在梦中，甚至上百次，我总觉得它们一定和我失落的记忆有关，它们可能是大连的住房，或者是与我前世的某一生的住所有关。

最初在北京的住所是东总布胡同22号出版总署的宿舍，一个二层楼上。有大玻璃窗明晃晃的。家里空荡荡的，床上好像什么都没有，只是睡在木板上。我想这是不可能的，可五十多年后我和妈妈提起此事，妈妈却说，是的，就是什么都没有。

关于房子的第二个记忆是东四南大街的演乐胡同73号，1950年爸爸把安徽乡下的奶奶接到北京，就住在那里。1951年妈妈生刘元，在王府大街的大鹁鸽市胡同找了一间房子单住。从托儿所（那时不叫幼儿园）回来爸爸就直接把我带到演乐胡同，我和奶奶没有一点感情，她不喜欢我，因为我是女孩。奶奶也不喜欢妈妈，看不惯她每天要洗屁股，为此结论她是"南蛮子"，更糟糕的是妈妈生了四个女孩，没给刘家留下一个男孩。

我在托儿所憋了一个星期，最想见到的是妈妈，回到家却要面对冷冰冰的奶奶，感到十分凄凉。演乐胡同的家给我留下的印象是昏黄的灯光和失去亲人依靠的恐惧。

奶奶不习惯北京，不久就回乡下去了，一两年后去世。后来我才知道，奶奶的一生很悲凉，爷爷从军在外，和她结婚的同时在西安娶了二房，后来又娶了三房四房，奶奶一辈子被遗弃乡间，最后落得个地主婆的名分屈死。

　　星期天爸爸会带我去大鹁鸽市看妈妈和小妹妹。

　　胡同里有一条大黄狗，和我一样高。那阵北京还没有打狗一说，大大小小的狗在街上神气活现地行走。我绕不过去了，只能背靠墙根一点点往前蹭，狗盯着我，我看着它，嘴里念念有词："死样活气，死样活气……"这是妈妈的口头语之一，此时如护身咒语。就这样，我俩对峙着，直到黄狗失去兴趣，转身离开。

　　直到现在我还是相信咒语，我会念很多佛家经咒，尽管我并不崇拜任何宗教，也不追究经咒的内容和意义，它们给我的是平和与安全感，正如四岁的我并不明白"死样活气"的意义，但是对我有效，同时我也相信，只要直面险境，人总是有办法脱身的。

　　妈妈的屋子明亮而温暖，尿褯子挂得到处都是，有一股暖烘烘的奶腥味，我在屋里跳来跳去，虽有大人呵斥，心里踏实而愉快。最美的是有的星期天晚上我们可以留在妈妈这里睡觉。结果就有那么一个夜晚，我们正在大鹁鸽市酣睡，隔壁的木材加工厂突然起火。全家人从梦中惊醒，我清楚地记得窗户外面红通通一片，可以望见熊熊火光。爸爸妈妈拉扯着我们跑到附近的博氏幼稚园躲避。博氏幼稚园是有名的私立幼稚园，院长全老师是一个可亲可敬的妇人。那一夜我们一家受到了周全的照顾，吃点心喝茶说话。第二天早上离开时除了父母的感谢，心直口快的海燕道出了我的心声："等下次再着火，我们还上你这儿来。"

　　爸爸妈妈每个周末都要带我们逛公园，北海、中山公园、天坛、颐和园、西山……颐和园千变万化的山水，让我目不暇接。有几件事印象很深。一次我们捡了一个手工制作的小折叠扇子，特别之处是扇子是用纸币折成，妈妈说这是以前的金圆券，当时通货膨胀率，非常不值钱，但是可以留个纪念。这把扇子我们一直留到文革开始才毁掉。有一次妈妈的钱包在园子里丢了，里面刚好装着她一个月的工资，一家人十分沮丧，灰溜溜地离开颐和园。还没走出门口，一个男人举着钱包追上来，叫住妈妈问，这是不是你掉的？钱包失而复得，妈妈千恩万谢，那人笑笑离开。

　　还有一次在颐和园万寿山的后山，下了佛香阁有一条斜斜的下山路，我撒开丫子跑了起来，收不住脚了，越跑越快，一下子来了个狗啃泥，趴在地上起不来，身边一个解放军叔叔连忙把我扶起来，我恼羞成怒，哭着举起拳头打他，还喊着："打你，打你！"妈妈赶紧过来解围道歉。哈，这么小就知道把自己的错误嫁祸于人。

爸爸有时要给一些苏联代表团做翻译。有一次爸爸陪同一些苏联专家游颐和园，我们一家人也都去了。中午在听鹂馆吃饭，吃的是西餐。听鹂馆是颐和园最高档的餐厅，可那时真的很不讲究，大桌板靠墙摆着，座椅是长凳，或折叠椅，桌上的西餐具摆得零零落落，加上一些中式碗碟，弄得不伦不类。

西餐的第一道是面包，我不知道应该怎么吃，拿着西餐刀专心致志地把面包切成一个个小丁，苏联人看着好玩照了一张相，留下了我傻呵呵的样子。

二、排排坐，吃果果

(1951-1953)

尽管中山公园托儿所全市数一数二，小朋友的活动很丰富，但是我一直像一个局外人，从来没有喜欢过，因为从进去的第一天起，我首先懂得了，生活不总是自由自在的，有一种权威你必须服从，你必须和大家坐在一起排排坐，吃果果，否则就会遭到惩罚。

　　从大连到北京不久，我和海燕就进了中山公园托儿所——1949年后由全国妇联操办的第一个公立住宿托儿所，当时叫市立第二托儿所，现在叫市立第三幼儿园。托儿所的师资和设施均为一流，当时能进去的多是社会名流和高官子女。我之所以能上这个托儿所，纯粹是因为妈妈在妇联的儿童福利部工作，近水楼台先得月。

　　托儿所在中山公园里面，社稷坛的一角，东边是五色土，南边是一片百年古松覆盖的林荫道，道边一片芍药花。托儿所的墙外有一个小小的动物园，里面有孔雀、八哥，还有猴子。阿姨经常带我们去看孔雀开屏，孔雀见到人多，不慌不忙地转两圈，张开尾羽，引来人们一阵欢呼。我第一次看到八哥时，喊道："鹦鹉，鹦鹉！"那鸟儿竟开口说话："我是八哥。"在这之前我对鸟儿会说话是怀疑的，八哥的辩解让我大大惊奇了一番。

　　尽管我上的托儿所全市数一数二，小朋友的活动很丰富，玩游戏，做手工，唱歌跳舞，大多数小朋友十分享受托儿所的生活，但是我一直像一个局外人，从来没有喜欢过，因为从进去的第一天起，我首先懂得了，生活不总是自由自在的，有一种权威你必须服从，你必须和大家坐在一起排排坐，吃果果，否则就会遭到惩罚。

每星期一去托儿所前我必以无尽无休的哭闹反抗。爸爸有记载，在 1952 年 5 月 12 日星期一的日记里写道："海鸥闹别扭，不愿意穿皮鞋，我按住她的手脚，给她穿上后，抱她下地，她不站着，直打嘟噜。坐到地上又把鞋踢掉。气得我把她扔到沙发上。她神气倔强，嘴里还骂人'死王八蛋'。"爸爸不知道，我对上托儿所有多么的恐惧和抵触，尽管这时在托儿所已经呆了一年多了。

多数时间爸妈上班，由南院的王大娘送我去托儿所，我更是不服，每次大娘都要给我两个尖嘴西红柿什么的，哄骗道："今天不去托儿所，我带你到北海玩儿。"等上了三轮车，一听大娘告诉车夫"中山公园"，我就开始哭闹打挺，大娘死死搂住我，直到到了托儿所门口我才无奈地接受现实。

妈妈上班前会给我留两块糖，这两块糖就成了我和妈妈联系的唯一纽带，舍不得吃，就算忍不住吃了糖，糖纸也绝不扔掉，放在兜里感受着家和妈妈的温暖，一直保留到星期六回家才扔。

在托儿所我的全部心思就是日复一日地盼望着星期六的到来。对我来说最悲惨的日子是街上流行传染病如猩红热、麻疹、流感,托儿所立刻与社会隔绝,周末小朋友不准回家,只允许家长前来探望。

遇到这样的日子,我盼星星盼月亮地等待着父母,他们来了以后,一定会在我的小衣兜里装满吃的,甚至会带着我在公园里逛逛,去看看"塘花坞",那里有我永远也看不够,遐想不尽的喷水假山,奇花异草;要不就是到"水榭"坐一坐,那本来是一个坐看垂柳倒影的清幽之地,有了我们小孩子,就吵翻了天;或者去看金鱼,进中山公园正门往左手走,有几十大木盆金鱼供参观,什么珍奇品种都有;必定要去的地方是"来今雨轩"餐厅,印象中他们最拿手的是梅菜包子。

午饭后,我当天的幸福生活就结束了。饭后他们把一万个不情愿的我送回托儿所,就离去了。有时海燕的六一幼儿园、克阳刘元的妇联托儿所也同时隔离,爸爸妈妈一天要探三个班,来去匆匆,我捂着他们给我装满零食的小兜,心中无比凄凉地目送着他们离开。

  我不喜欢托儿所是因为整天都在牢牢的管束之下。比如说给你吃什么你就必须吃什么，没有愿意不愿意的选择。我最恨吃牛奶，特别是热奶上的那层皮，在托儿所每天早上都要喝牛奶，而且牛奶上面还要滴一管鱼肝油——另一种我更恨的东西——腥味十足。我勉强沿着碗边把牛奶一口气喝尽，留下奶皮粘在碗底。阿姨要是发现一定会逼着我把奶皮吃掉，我只好抓起已经冰凉的粘糊糊滑腻腻的奶皮，像吃药一样吞下，一天都感觉着它的凉、滑、腥，总想呕吐。后来我想了一个主意：通常喝完牛奶的小朋友依次把碗交到阿姨的桌跟前，落成一摞，我就等有人正要交碗时抢在他的前面放上我的有奶皮的碗，紧接着他的碗就落在我的上面，如果阿姨没有注意，就算混过这一关，可是阿姨往往会发现，我还得抓起那被别人碗底粘过的奶皮吃掉，更加恶心。

  还有洋白菜，我觉得它有一股令人作呕的奶味。每次吃洋白菜我都只扒白饭，把菜剩下。阿姨下决心治治我的毛病，有一天晚饭后单独把我留在饭厅，守着一盘我没动过的洋白菜，逼着我吃下去。她好话歹话不知讲了多少，我就是死不开口，两个人就在饭厅这么耗着，小朋友们已经睡觉，我终于屈服了，夹起一点菜放进嘴里，刚嚼了两下，便觉得翻肠倒胃地恶心，眼泪也冒上来。阿姨看我要吐，更难收拾，知道再逼也没有用了，只好放弃。

　　大便也是统一的时间，每天吃完早饭，全体小朋友一人一个尿盆坐在活动室里拉屎。几十个孩子像吵蛤蟆坑似的，边拉屎边唱歌。我早上往往没有屎，可是不把屎拉出来是不允许自由活动的。我想出了一个招子——趁屋子里乱哄哄，等某个小朋友拉完屎离去，我立即就坐到他的尿盆上，作出努力拉屎的样子。虽然人家暖烘烘臭烘烘的屎熏着屁股非常恶心，但可以换来一个自由。当然这些小把戏常常瞒不过阿姨，于是不把尿盆坐穿是没有结果的。

　　每到星期一,有的小朋友会带回一些水果交给阿姨保存,晚饭后阿姨把水果分为若干份,让带此水果的小朋友分给大家。分水果的小朋友一般把水果分给自己的好朋友,或阿姨眼中的好孩子。我不是好孩子,常常分不到一小块。我不知毛病出在哪里,特别羡慕分水果小朋友的小小权利,央求妈妈也给我带水果去。终于有一次妈妈给我带了两个苹果,我等待着分水果这个骄傲的时刻。好不容易盼到了晚上,阿姨把苹果切成小块,却让别的小朋友去分。几天后小朋友带来的水果都分完了,始终也没有轮到我分。我问阿姨:"我的苹果呢?"阿姨说:"真的吗?你也带苹果了吗?"我不是那几个总带水果的孩子,阿姨根本就不记得我也带了水果去。阿姨说:"没关系,谁分都一样,都是大家吃了。"她不知道其中的差别有多大,我的眼泪流出来了,妈妈的苹果,像妈妈的心一样给我安慰,结果全被别人分吃了。

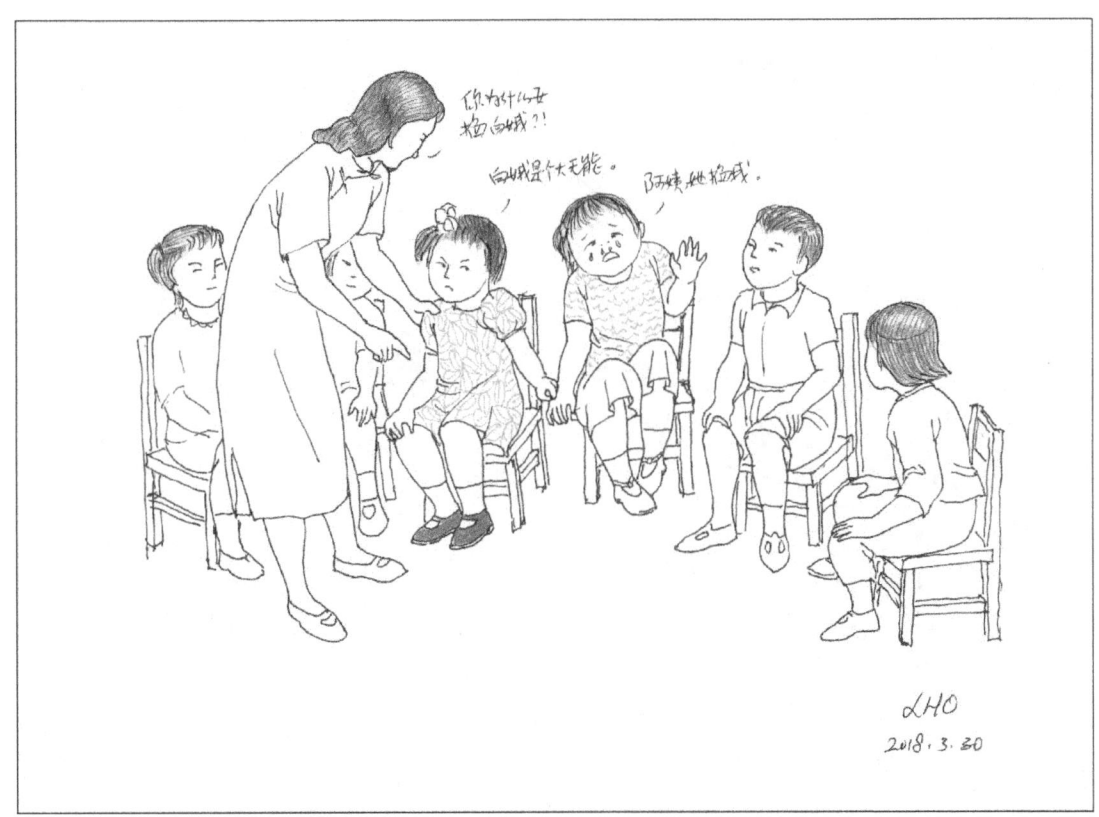

　　我不喜欢窝囊孩子。有一个小朋友叫白娥，她尿床流鼻涕哭死宝，呆头呆脑，什么也不懂也不会。阿姨带我们玩一个游戏，一个口袋里面装着各种各样的水果，让小朋友在口袋外面摸，能叫出其中一个水果名字，就赢得这个水果。我特别想玩这个游戏，但从来轮不到我，可能是阿姨想提携一下笨孩子，总是让白娥去摸，但是白娥一个水果也说不上来。我最瞧不起她，如果她挨我坐着或站着，我就会嫌恶地掐她的手，她就会咧开大嘴，鼻涕过河地大哭。阿姨向爸爸妈妈告状，爸爸问我："你为什么掐白娥？"我说："白娥是个大无能。"结果爸爸妈妈忍俊不住，把此话记在"海鸥语录"中。

　　人那么小就知道欺负弱者，难道恃强凌弱必是动物以至人类的天性，是进化过程中强者生存的规律决定的？现在想起来，真有些惭愧。

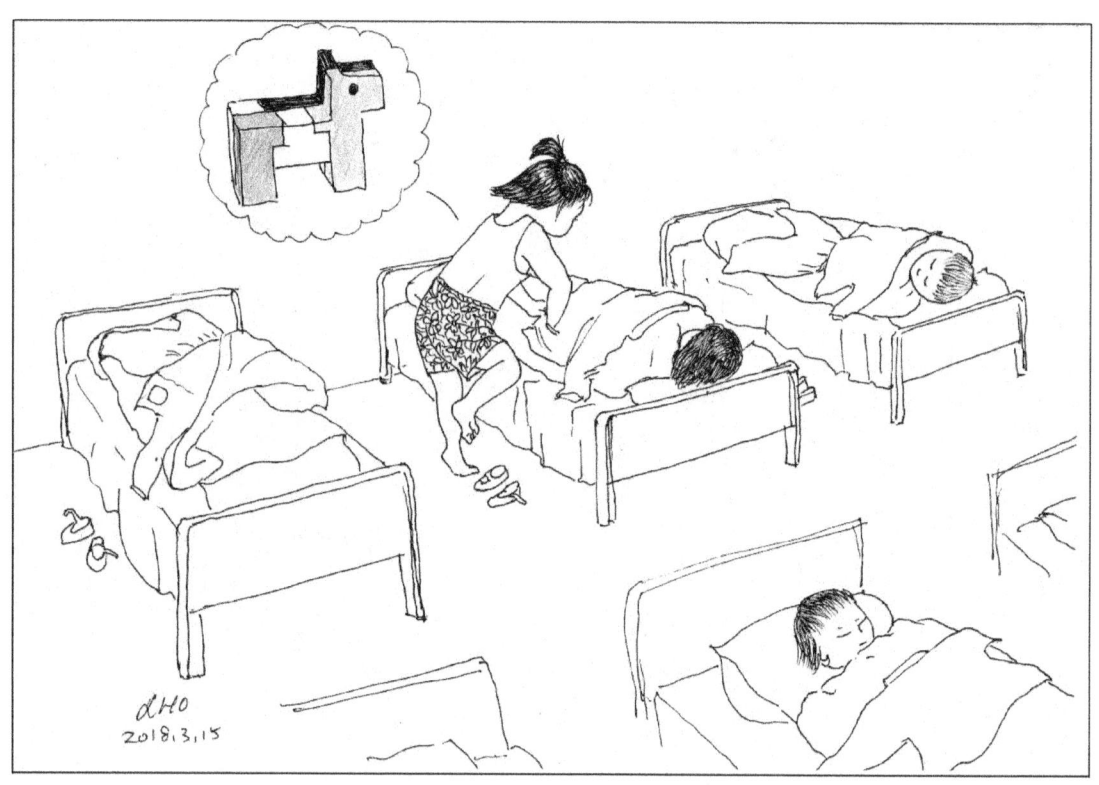

在我记忆中的一件大事是"偷小狗"。有一次一个小朋友带来了一个赛璐珞小狗，一寸大小，由红黄蓝白绿黑几种颜色的不同形状的小块组成，可以拆开，拆开后需要动一番小脑筋才能装上。赛璐珞小狗吸引了一群小朋友，小狗的主人高兴了会让她喜欢的小朋友组装一回。我天生好奇，跃跃欲试，却连摸一下都没有份（估计阿姨不喜欢我所以小朋友也不待见我），于是我决定把它据为己有。

夜晚趁小朋友都睡着了，我起身到小狗主人床前，从她的衣服兜里找到了小狗，在被窝里拆开，黑暗中组装不起来，便一把攥在手里心满意足地睡去。

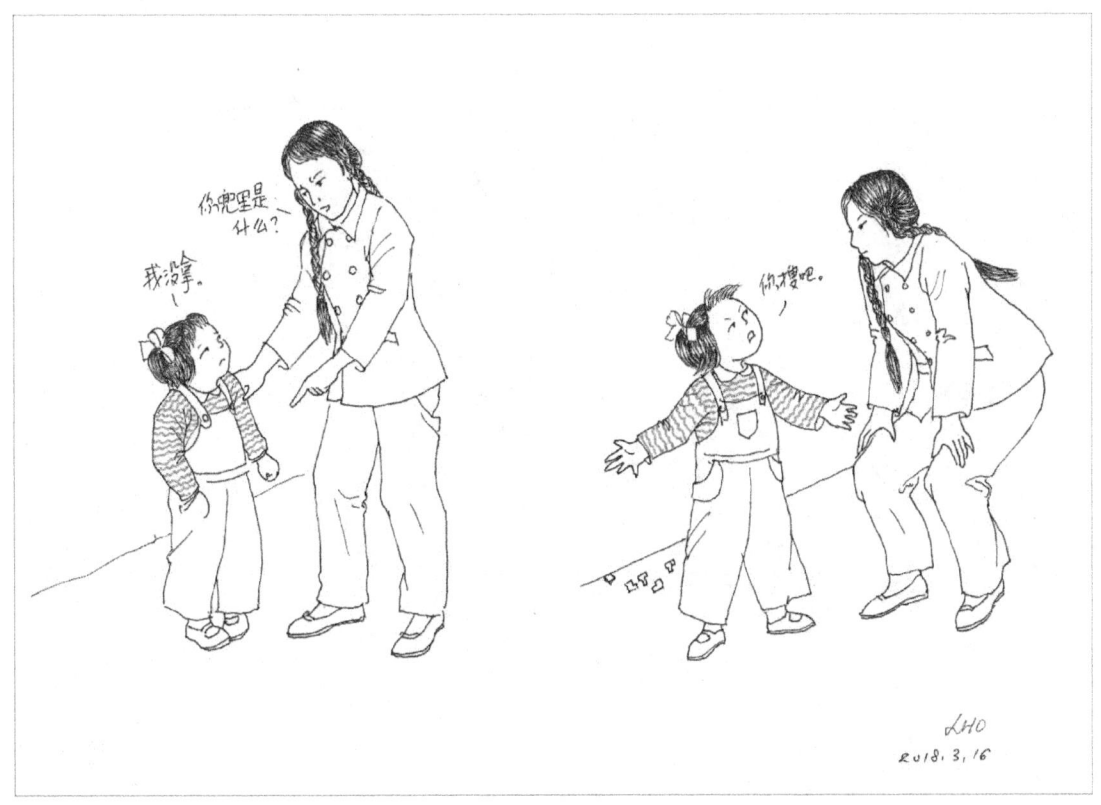

  第二天一早，小狗的主人哭闹小狗没了。不知道为什么阿姨一下子就选中了我为嫌疑犯。现在回想起来，"要想人不知，除非己莫为"是千真万确的真理，而一个小孩子想在大人面前掩饰自己的企图更是徒劳的。阿姨把我叫到活动室的一个角落，站在一个落地大镜子前审我，我一口咬定没有拿。从镜子里我可以看到一个顽劣的小女孩充满敌意，又面露怯色地对大人撒着谎。阿姨说要搜兜，小狗的碎块就在我的裤兜里装着，我手揣在兜里紧紧抓住小狗块，扭着身子抗拒搜身。

  正在这时有人通知阿姨去接电话，我知道这是唯一摆脱麻烦的机会了，忍痛掏出小狗碎块扔在了镜子背后。阿姨回来后，我立即摊开两手："你搜吧。"阿姨很奇怪我为什么突然转变，她肯定知道我做了什么手脚，看看地上，看看镜子后面，什么也没说，放我走了。

  "小狗事件"风平浪静，凭良心说，阿姨这件事处理得好，没有扣以"偷"的帽子大作文章，让我下了台阶。而我深深体会到了据他人东西为己有的耻辱感，从此绝不再犯。

  我始终没能够拥有一个赛璐珞小狗，也没能拆装别人的小狗，这愿望一直深埋在我的心里，三十多年后，我看见市场上有卖同样的赛璐珞小狗，买来一个，拴在我的钥匙链上，但是已经失去了拆装的兴趣。

　　就这样一个孩子,阿姨怎么能够喜欢呢,罚站成了我的家常便饭。通常是站在活动室的一角,然后阿姨就不管了,直到下一个活动开始时才解除惩罚。有时阿姨根本忘记了,什么时候偶然经过,看见我还站在那里才想起来。有一次我站得实在不耐烦,也没有人来过问,就大着胆子离开,阿姨看见竟熟视无睹。久而久之我被罚站时等阿姨一离开,我就又加入游玩的人群。

　　我上小班时,海燕上中班(她大班时转到"六一"幼儿园),在托儿所里有一个亲人心里既踏实又安慰,虽然我们在家经常打架,但在托儿所里总是互相保护不受欺负。一天我正在院里院外玩得欢,突然发现海燕伫立在一个角落罚站,我跑过去拉她说:"走吧,没关系的。阿姨不会再管你了。"她不敢,规规矩矩地站着,一动不动,我只好在旁边陪着她。

　　托儿所的事情虽然都是些琐细的小事，但是对我的小心灵来说，都是大事，是伤害。

　　对托儿所的恐惧连中山公园都受到牵连，对我来说中山公园成了托儿所的代名词。周末爸爸妈妈经常带我们出去玩，我最怕的是上中山公园，生怕他们顺便就把我送回托儿所了，经过爸妈千百次承诺不会送回托儿所，我才勉强跟去，一路上还要叨念着"我不上托儿所"。甚至上小学后，中山公园还是我的一块心病，听到这四个字就心有余悸。

　　五十年代初，新华社给我们全家照了一张在中山公园观鱼的相片登在中外画报上，题曰"中国的双职工在周末带着孩子到公园享受全家乐"；照片中我的脸上一片凄风苦雨，我脑子里一直在盘旋一个问题，拍完照是不是要把我送回托儿所了？

　　其实我所在的托儿所很好，至今还是家长们打破脑袋想把孩子送进去的精英幼儿园。问题出在我自己，我的自由天性不能受到束缚。

"新中国"建立之初,呼声最高的是"和平",那时中国有两张最著名的宣传画,一张是一个男孩和一个女孩抱着和平鸽,笑得很甜,下面是稚拙的儿童书法"我们爱和平";另一张是一个小女孩双手绞在一起,在墙上照出一个和平鸽的影子。花布图案也紧跟形势,我们穿的衣服上面也布满了和平鸽。我的一件衬衣是绿底白鸽的,海燕的衣服和我的图案一样,是蓝底白鸽。我们唱的歌是"小鸽子真美丽,红嘴巴儿白肚皮,飞到东来飞到西,快快飞到北京去……"

和平的呼声虽然响彻云霄，但地面上从来没有一时安宁。战争和政治运动如扑岸之浪潮，一个接着一个。托儿所这块小小的土地，也随着大浪颠簸。我们幼小的心灵已经开始和国家的命运相连。

1950年6月25日朝鲜战争爆发，当年10月中国人民志愿军应北朝鲜请求入朝参战，中国也处于紧张的战备状态。为了防止空袭，所有房屋的玻璃窗都要贴上米字条，这也成了托儿所小朋友手工课的一个内容，阿姨教我们怎样把报纸裁成长条（叠成长条，用舌头舔润折叠处，就可轻松撕开），抹上浆糊，然后依次递给站在窗台上的阿姨。

　　天空经常有飞机飞过，撒下一大片传单，红红绿绿的满地都是。阿姨带我们去公园捡传单，孩子们跑来跑去抢着捡起来交给阿姨，让她给我们念上面的内容，都是"抗美援朝保家卫国"一类的宣传。

　　我们那时唱的歌曲是："雄赳赳气昂昂，跨过鸭绿江，保和平为祖国，就是保家乡，中国好儿女，齐心团结紧，抗美援朝，打垮美帝野心狼！"(《志愿军军歌》)还有一支歌是："嘿啦啦啦啦，嘿啦啦啦，天空出彩霞呀，地上开红花呀，中朝人民力量大，打垮了美国兵呀，全世界人民拍手笑，帝国主义害了怕呀……"歌的最后一句是"把帝国主义连根拔呀么连根拔"。小朋友们最喜欢的就是这句，没人懂得什么是连根拔，只道是"铃狗巴呀铃狗巴"，脑子里想着带铃铛的巴狗，每天早上全体坐在便盆上，铿锵有力的"铃狗巴"喊声简直要掀翻屋顶。

　　仇恨美帝的宣传深入人心，每个小孩都会唱歌谣："一二三四五，上山打老虎，老虎不吃人，专吃杜鲁门。"杜鲁门、艾森豪威尔、美国兵之流在我们眼里简直就是恶魔的化身。

　　政府若有什么外事活动，常常从我们托儿所挑选孩子献花。我是一个健康漂亮活泼的孩子，献花总是有我一份。第一次去是给世界和平主义者戈登夫人献花。托儿所特地为我们做了红色灯芯绒的短裙，圆领胸前打褶。胸前缝了一排飞翔的和平鸽，白色，以银色的小珠片镶边。我生平第一次穿这么漂亮这么奢华的衣服，兴奋极了，以至当我们排队离开中山公园时见到游人在看我们，我得意得双腿跪地噌噌噌地用膝盖行走，被阿姨一把拽起，警告要把我遣回托儿所，我这才自律起来。

　　1952年，新华社和全国妇联的两位记者到中山公园托儿所挑选几个健康可爱的小朋友去照一张新中国儿童的宣传照片。我长得胖乎乎圆滚滚，大眼睛圆脸盘，被选上了"女一号"。

　　照相地点是长安街上一家私人诊所，诊所的医生是一位老先生，不适合照片的宣传目的，于是就由我们托儿所的易所长装扮了量身高的医生。她年轻漂亮，齐肩的短发别在耳后，很精干很帅气。

　　相片照得很成功，小朋友们坐在长沙发上，笑嘻嘻地看着我，我站在磅秤上背靠一根标尺，易所长穿着白大褂，给我量身高体重。我上身没穿衣服，露出健康的小胸脯。

　　我的裤衩又肥又大，照相时记者围着我忙来忙去，把裤衩在腰部卷了几圈，才算合体。我腿上有几块紫药水的痕迹，托儿所才建立，设备很简陋，没有蚊帐，北京也还没有开展爱国卫生运动，蚊蝇很多，夏天我的身上总是被蚊虫叮咬得一块块红肿，不过在刊登这张照片时，紫药水的痕迹都被修版去掉了。

　　照片刊登在《人民画报》上，下面的说明是："为了保护儿童的健康，人民政府已开始给孩子们进行定期的健康检查。"接着五十年代仅有的几家画报都转载了这张照片，新华社还以"新中国儿童健康成长"为题把照片发往东欧的一些社会主义国家的画报。一些日记本也用此照片当做插页。照片上的小朋友们成为新中国儿童的象征。

照片刊登后一年多后,全国妇联收到了一封从朝鲜战场的来信,是一位志愿军战士写的,还附有一张从日记本撕下的图片插页,上面印着那张检查身体的照片。照片下面有一行字:"看,我又长高啦。"信中说:"……记得一九五三年祖国第三届赴朝慰问团给我们带来一本画报,看见您们诸位小朋友的照片,我怀念着能和你通信,正巧今年春天在一位同志的日记本子上又看见啦,因此我用我一本最心爱的红本将那位同志的本子换到了我的手。我当时就在我那小小的屋里给您写的信……高殿臣"。

这封信正寄对了地方,妇联轻而易举就找到了我。那时我刚刚上小学,用歪歪扭扭的字迹开始给高叔叔写信并寄了几张生活照片。高叔叔也送给我一张他的照片,一寸大小,背景是朝鲜的冰天雪地。

他的一个战友十分羡慕,请他介绍和海燕成为笔友。那个战士姓邹,叫什么忘记了。

通信联系什么时候中断的,我记不清了,大约是在志愿军全部回国以后。几年以后我翻看家中保留的信件,发现了高叔叔寄来的第一封信,深受感动。我把他信抄在我的日记本上。我非常想与高叔叔恢复通信联系,可是志愿军已经回国,到哪去找呢?遗憾只能深藏心中。高叔叔的信在文革中丢失了。所幸的是他的照片和抄录他信件的日记本仍然保留至今。

(图中左边是高殿臣,右上是登着量体重照片的小本子,右下是我日记上抄录的高叔叔的信)

国内也不安宁，1951年底开始到1952年，全国上下开展大规模的"三反五反"运动（三反：反对贪污、浪费和官僚主义。五反：反对行贿、偷税漏税、盗窃国家财产、偷工减料和盗窃经济情报）。运动深入人心，连我们小孩跳皮筋时唱的都是："猴皮筋我会跳，三反运动我知道，反贪污，反浪费，官僚主义我也反对。"被抓出来的三反分子叫"大老虎"。有一次爸爸吃饭饭粒掉在桌上，孩子们立刻同声谴责"爸爸浪费，爸爸是大老虎"。

我对老虎究竟好坏很疑惑，它不是还吃"坏人"杜鲁门呢吗？

　　1953年有一天（3月5日），我听见一个阿姨眼睛红红地悄悄对另一个阿姨说："斯大林逝世了。"那时我只有六岁，但是也知道斯大林是中国人民心目中伟大的导师，也懂得"逝世"是什么意思，这得益于父母每天早上醒来第一件事就是打开"话匣子"听新闻。还有我们整天唱的歌"胜利的旗帜哗啦啦地飘，千万人的呼声地动山摇。毛泽东，斯大林，毛泽东，斯大林，像太阳在天空照……"我立刻把这个惊人的消息向大家宣布："小朋友们，斯大林逝世了！"为能抢先报告这消息而激动得声音发颤。小朋友很懂得发生了什么事，都乖乖地不敢吭声。看见阿姨在哭，一些小朋友也哭了起来。以后的一两天阿姨带我们做小白花。

　　1953年的3月9日，中国政府在天安门广场举行了重大的全国祭奠斯大林仪式。托儿所的阿姨和小朋友全体肃立，胸前戴着小白花，静听天安门放礼炮二十一响。中山公园挨着天安门，炮声把窗户的玻璃震得哗哗响。阿姨们低头哭泣着，小朋友中也这里那里传出嘤嘤的哭声。我心里知道这时候要严肃，要沉痛，要哭，极力想挤出几滴眼泪，无奈眼泪无论如何也出不来，我不明白其他的孩子为什么能涕泗交流，这使我心里充满自责。中班一个最淘气的男孩小胖子眼睛都哭得红肿了。这个小胖子是我的死对头，我们见了面就要掐架，有一次我们扭打成一团，他竟把我的手臂咬下一块肉。后来妈妈看到了追问是怎么回事，我坚决不说，怕她到托儿所找小胖子算账，太丢脸。我心中奇怪，应该是好孩子才哭，这个小坏蛋为什么哭得这么悲伤？我并不知道斯大林有多伟大，也并不特别尊重和爱戴他，但是根据当时的宣传感到他比毛主席还"大"，是"老大哥"，而断定这是与日常生活不同的重大事件，所以我的行为必须和其他人一致。我"沉痛"地低着头，始终没有流出眼泪。

二　排排坐，吃果果（1951—1953）

三、串来串去的小姑娘

（1952-1955）

五十年代初我家搬到了景山后街碾儿胡同 43 号，我儿童时代的认识启蒙及对人世的探究都始于这个院子。这个胡同，这条街。

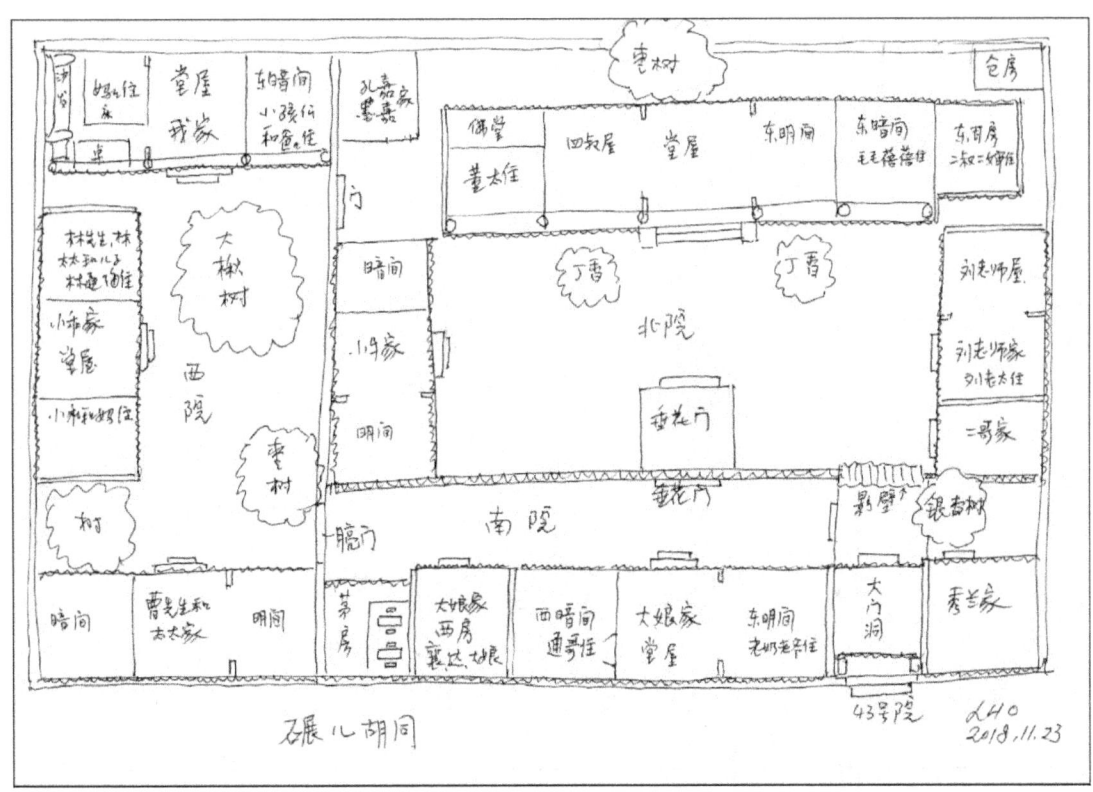

  1952年我家搬进了碾儿胡同43号，这是一个典型的北京四合院。大门在院落的东南角，坐北朝南，门前两步石阶，左右两个石兽护门。红漆大门上刻着"忠厚传家久，诗书继世长"的门联。迈过高门槛，大门洞的右手有一间小房，过去应该是听差住的房间，用现在的话说是传达室，那里住着秀兰一家。左手是一溜四间南房，住着王大娘一家。房前一道墙将四合院隔出南院和北院。

  通往北院的二道门里还有一道垂花门——一座正方门廊。院内北房五间，住着房东董太太和她的儿孙们。东西厢房各三间，东屋刘老太和她的儿子住了两间，还有单独一小间住着我的堂哥玉海（我称其二哥）。西屋是小牛一家。

  北屋的后面还有一个狭长的后院，有一棵枣树，也许还有一些花草。靠西的角落有一个小屋子住着墨嘉一家人。东边的角落是一个小仓房。后来读鲁迅先生的《从百草园到三味书屋》以及《风筝》，我脑子里出现的就是这个后院和那个小仓房。

  院子的西边还有一个西院，东边以小牛家的后墙为界。南北西各有三间屋子。南屋住的是曹老先生和太太，西屋住着林先生一家人，北屋就是我们家了。

  爸爸妈妈上班，无暇管我，任我恣意放纵。我最喜欢的事情是走门串户，走街串巷，诗意说法是像个自由飞翔的小鸟，通俗地说就是一个胡同串子。邻人们大概会觉得我是一个讨嫌的孩子，其实我还不能表达出来的是在我的眼睛里那些院子那些胡同如同一个合目养神，不再开口说话的老人，沧桑而且神秘，我渴望探究其中的秘密，这种渴望延伸了很久，我上小学后，放了学爱在不同的胡同里游逛，遇到大宅门，便贸然而入，前后穿行，浮想联翩。

  我的童年的认识启蒙及对人世的探究就始于这个院子，这个胡同，这条街。

西院里就我们一家有台无线电收音机,北京人叫"话匣子"。买话匣子不容易,要到派出所开证明才买到。那阵共产党刚刚夺取政权,据说有大量美蒋特务潜伏下来,怕美蒋特务用收音机接收台湾信号或改装成发报机,故严控市场收音机。

每天一大早话匣子打开,传出来的声音全院共享。先是新闻,不是朝鲜战场上的战事,就是三反五反的报道。然后是歌曲,最常播的是《王大妈要和平》"王大妈要和平,要呀么要和平,她每天动员妇女们来呀么来签名……"二战后全世界的和平呼声响彻云霄。这支歌的创作大概与刚在波兰召开的第二届世界保卫和平大会有关。还有歌唱土改的歌,1950年开始了全国性的土地改革,地主富农的土地和财产被没收,分给了贫下中农。一个男声总在唱:"三头黄牛一呀么一匹马,不由得我赶车的人儿笑呀么笑哈哈……大轱辘车呀咕噜咕噜转呀,转呀,转呀,转呀,嘿,转到了咱们的家。"多少年后,想起这支歌,心里着实为那个"赶车人"惋惜——1953年一俟土改基本完成,就开始实行土地集体所有制,收回了农民刚分到手的土地牲口和其它生产资料,那些大牲口怕是还没暖了圈就又归了公。每早必播的另一首歌是花腔女高音周小燕的《燕子》,这是一首歌颂新生活的歌曲,在我听来其内容总是含混不清的,一开头就是长长的一声"眼珠啊——(实际上是'燕子啊'),"眼珠怎么了,为什么要如此高歌,百思不得其解,加上跳跃的花腔,能不令人恐惧吗?

最让我不解的是为什么一个小盒子能吹吹打打这么热闹,邻居王大娘说,因为匣子里有小人。这太吸引人了,幼年时我总是认为在我们这个世界上还有一个小人国,话匣子证实了小人国的存在。我常想象如果抓到了这些小人,我会怎么样摆布他们,当然想象力超不过玩过家家的内容。一天我费尽气力挪开话匣子,扯开挡布,探头到后面,真是令人失望,只看见落满灰尘的一堆电器零件和电线。

我家在西院的北屋。三间屋子，两明一暗。

进门是堂屋，一个水缸摆在右侧，缸沿上挂着一个铜水舀子。五十年代初期的北京还没有自来水管道系统，北京市民吃的用的是井水，家家进门摆着一个大水缸。每隔一两天有个驼背的老头推着一辆木头水车送水。水车停在门口，取掉水箱上的木塞让水流进水桶里，然后驼背老头挑着水桶给各家的水缸灌满。我觉得，老头背上的大鼓包，一定是挑水压出来的。

井水冰凉，夏天买了西瓜直接放到水缸里"拔"（冰镇的意思）。那时候的西瓜是墨绿色的皮，绷筋，黄瓤。切西瓜的刀是一把尺半长的日本尖刀，是爸爸在大连时从日本人回国前摆的地摊上买的，上面刻着日本字，大约是哪个日本家族的荣耀标记。文革中妈妈悄悄把刀扔进了故宫外的护城河。

景山东街有一个胡同叫三眼井，我以为老头是从那里挑的水，专门跑去看井，没有找到。据说以前胡同里确有三个井眼的古井，后来因为阻碍交通，给毁掉了，一点痕迹都没了。

　　东边的房间是睡房,除了床,就是书,家里书多,唯一的一个小书柜已经摆满了,更多的书放在白茬毛刺的木包装箱里,靠墙摆着,顶到了天花板。我们就在木箱的包围中睡觉。书都是爸爸多年收集起来的,四十年代初他在新疆工作时买了一大批俄文书。他说,有一个时期新疆的主席盛世才还是很开明的,亲苏亲共,在新疆可以买到任何红色苏维埃的书籍。后来他到了桂林,日本人打来逃难,大部分书寄放在朋友家,在桂林大火中被焚毁,还有一小部分逃难时带在身边,在途中最艰难的时候也没有扔掉。这些书多是苏俄时期第一版的珍本,有老托尔斯泰的,普希金的,高尔基的,还有奥斯特洛夫斯基的《钢铁是怎样炼成的》俄文第一版。

　　爸爸对书的珍爱,到了为书与人翻脸的程度。有一本三十年代俄文版的《普希金选集》,他珍藏了几十年,视如自己的老朋友,后来被他的一个高中同学借走,长期不还,多次索要未果。1999年,一向宽容大度的爸爸终于不能再忍耐,写了一封"最后通牒"痛斥这位同学,要回了那本书,也结束了两位老人七十多年的友谊。

　　爸爸妈妈特别重视我们的文化教育,妈妈在全国妇联儿童福利部工作,可以收到全国各地新出版的儿童书籍,每隔一两天她就借回一批书给我们看。还给我们订了《小朋友》、《儿童时代》好几种杂志。

　　后来我们有了自己的房子,最多的家具是书柜。在这个环境中长大,我誓言将来我挣钱了,全拿来买书。我后来的确买了很多很多的书,但是现在我一本书也不买了。

西间是爸妈办公的地方，西墙上挂着苏联地图，是几大张拼接起来的，从上到下从左至右，占了整整一墙。南窗下是一张书桌，正中永远摆放着一叠写满译文的稿纸，旁边是俄文原著和几本俄文大词典，一支蘸水钢笔插在墨水瓶里。爸爸是个俄文翻译兼编辑，白天作编辑工作，晚上搞翻译，每天都要工作到深夜。

我喜欢趴在爸爸的桌子上，学着他的样子拿笔在稿纸上写写画画。有一天我照猫画虎，把字典上的俄文字母写了长长一大串，兴奋得不得了，发现外文原来竟如此简单。等爸爸一下班，我就迫不及待地拿给他看，让他念念我写的是什么意思。爸爸说不是词，念不出来。我非常失望，不懂为什么有了字母，他还不认识是什么字。

一次趁他上班，我爬上桌子拿起蘸水钢笔，还没等下笔，一下子扳倒了墨水瓶，一整张写满字的稿纸顿时被染得墨蓝，还洇透了好几张。我知道闯了大祸，立即逃出房屋，到南院王大娘家避难。爸爸回来后并没有对我发脾气，只叹息道白白地浪费了他一晚上的工作。这些被墨水洇蓝的稿纸，是爸爸正在翻译的阿扎耶夫的《远离莫斯科的地方》，也是我对这本书做的"贡献"。《远离莫斯科的地方》是一本影响了整个中国青年一代的苏联文学作品，爸爸的名字也随着这部书响亮起来。

最让我感兴趣的是爸爸的两套画册——特列嘉阔夫画廊和俄罗斯博物馆的藏画集,五十年代初在国际书店订购的。画册尽收俄罗斯及苏联画家们的杰作,印刷质量也是一流,象牙色的硬纸衬托着精致的画片。爸爸对画册十分珍爱,不许我们碰触。我好奇想看,一次趁大人不在家偷偷打开画册。翻过几张怡人的风景画片,一幅恐怖的画面赫然跳入我的眼帘——一个老头两眼惊恐绝望,抱着一个满头是血的人跪在地上。我吓得尖叫一声,窜出房间,跑到大娘家躲起来,直到爸爸妈妈下班才敢回家,以后很多年我不敢再看这套画册。当我的年龄足以克服这种幼稚的恐惧后,我才知道那幅画是列宾的名作《伊凡雷帝弑子》(也叫《1581年11月16日恐怖的伊凡和他的儿子》)。

六、七岁的我,欣赏能力刚刚停留在这种肤浅的感官水平,我对苏俄绘画的喜爱和感受只是在长大以后经过反复观摩,并大量阅读了苏俄文学作品才产生的,但是当时画面中宏大壮烈的历史场面,静谧辽远的自然风光开始静静地潜伏在我的意识深处。

与苏联有关的,还有一个在旧货市场买的手摇留声机,唱片是从国际书店买来的原版的苏俄歌曲。听着唱片,爸爸会抱起我划着舞步在屋里转圈,用不太准确的声调唱着"大列国大列国……"(歌曲《遥远遥远》)。最打动我的歌曲是《茫茫大草原》,我虽然听不懂歌中唱的是什么,但是心已经被那忧郁苍凉和辽远的感觉所攫取。

后来我喜欢画画,喜欢苏俄歌曲,喜欢苏俄文学,盖始于那时。当我能够阅读苏俄文学作品时,那画,那乐曲便与文字浑然一体地构成了我的理解。

五十年代初期,精神层面上的中国属于苏联。我们这一代人在苏俄文化的熏陶下成长。

　　爸爸妈妈喜欢玩照相机，尤其是妈妈。家里有一个德国造的 120 莱卡相机，还有苏联基辅牌 135 相机。我们小时候照了无数的相片，家里相册高高的一摞。一天妈妈从单位借来几套少数民族的儿童服装，给我们打扮起来照相。海燕是彝族，克阳是朝鲜族，元元是蒙古族。我穿得最漂亮，但是谁也说不出是哪一族的服装。这些华丽服装让我们知道了中国是多民族的国家。

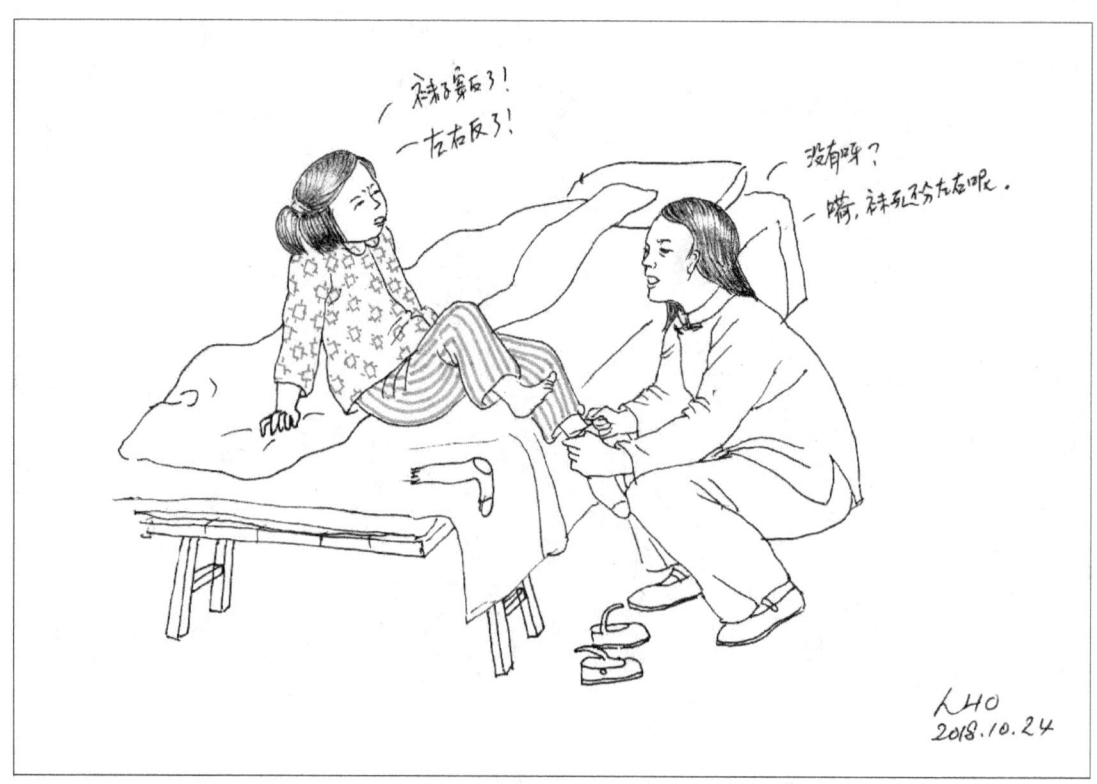

　　起初我们姐妹都放在寄宿的学校和托儿所。后来我上了小学，走读，家里就是我一个人的天下了，不过放学后我绝不会老老实实地呆在家里，直奔王大娘家，一直泡到爸爸妈妈下班。

　　王大娘帮助我家做饭和打扫卫生。妈妈需要大娘时，就站在台阶上，拉开嗓门一喊："大——嫂——"声音拐着弯，谱上曲子就是"6——5——"大娘立刻放下手中的活计，急急从南院赶来。她私下里跟我说："瞧你妈妈那个大嗓门，大－嫂－－"。

　　大娘是河北白洋淀人，瘦瘦高高的，也就不到四十岁，已经守寡好几年了。据说大娘婆家原是地主家庭，婚后的家境也还不错，丈夫在海关做检疫工作，因为高血压病，壮年早逝。家里没了收入，大娘要养四个孩子还有公公婆婆。一家人就靠大女儿在西郊农村当助产士，加上给我家帮工挣的一点钱糊口，日子过得很是艰苦。

　　大娘永远带着慈祥宽厚的微笑，她的笑容就成了我撒娇耍赖的通行证。星期一早上大娘帮我穿衣服鞋袜，因为要上托儿所，我心气不顺，蹬着腿嚷嚷："袜子穿反了。"大娘查查："没有反啊。"我说："是左右反了。"大娘笑了："嚄，袜子还分左右呢。"便给我脱下来重新穿过。

虽然我任性调皮，会发点小脾气，但是已经把大娘当成了妈妈以外最亲近的人，像跟屁虫一样追着她。家里没人时，大娘是我唯一的依靠，我把她的家当作我的另一个家。大娘家是中国千百万寻常百姓家庭中一个最普通的家庭，在那里我觉得无比温馨适意。我爱看她和面做窝头，一个大绿瓦盆盛棒子面，兑上热水，抓起一团面，左手的大拇指插进面团，两手一边颠一边转，一个大窝头就出来了。等到下屉时，满屋是玉米香味的蒸汽。大娘必定掰给我一块，加上几根酱疙瘩丝或者雪里蕻，别提多香了，可这是大娘家日复一日的饭食。

其它的时候，我聚精会神地看大娘熬浆糊，打袼褙，剪鞋样，搓麻线，纳鞋底。

三　串来串去的小姑娘（1952-1955）

  大娘的公公我们叫老爷。老爷有一把长长的白胡子,一年四季穿一件长袍。老爷给我的恒常印象是终日坐在炕上,依着大红大绿的被垛,吧哒着一管旱烟袋,不多说话。偶然地老爷会给我们变一个戏法,他用食指背的第二节沾点唾沫,背着我们在地上蹭几下,似乎他在地上捡起了什么,然后他攥着拳头,用其它几个指头把食指包围起来,只露出黑黑的第二节指背:"看,我捡了一个煤球。"然后张开五指向空中一撒:"去!"大家忙着寻找煤球的下落,他又伸手在空中一抓:"来!"又把攥紧的拳头给我们看,"煤球"还在他手心。孩子们兴奋不已,去掰老爷的手指,很快地发现了秘密所在,可是下次老爷再变同样的戏法,我们仍是百看不厌。

  大娘的婆婆我们叫老奶。老奶多数时间盘腿坐在炕上,除了有时扭下炕来,沏个壶,烧个水。她的手从来不空闲,总是有做不完的缝补连缀的活,要不就是不紧不慢地絮棉衣,左手拿一块棉花,用右手指背一小块一小块地扯下,一层压一层,像鸟的羽毛,絮完的棉活只可顺捋,不可倒摸。我奇怪,问为什么不整块棉花铺上去,老奶说,那不暖和。我二十多岁时,北京就剩了我一个,需要自己做棉袄棉裤,老奶做棉活的记忆突然在我脑中活跃起来,变成手下熟练的技术,无师自通。

  一个晚上父母出去看电影,把我放在大娘家,我看见了老奶小脚的秘密。她揭开一层层的裹脚布,把我吓得目瞪口呆——脚面鼓起一个大包,没有一个脚趾看得出形状,没有一个脚趾头在应有的位置上,你挤我挨凑成一个尖状物。趾甲都是厚厚的,(现在知道那是因为从来不见天日变成的灰趾甲)我心里恐惧,眼睛却紧盯着看。老奶咧着嘴剪趾甲,她"哟"一声,我跟着抽一口气,问:"疼吗?"老奶说:"遭罪呀。"

  我们搬家后,我经常去探望大娘,直到她95岁高龄去世。

　　正院东屋两间住着刘老太太和她的儿子刘老师。刘老太和我爸爸拐了十八道弯后有点沾亲带故。应该是：刘老太前任女婿的母亲和我父亲的三婶是亲姐妹。刘老太早年守寡，与儿子相依为命。可能是因为守寡，脾气相当古怪，在我眼里刘老太太简直是个疯子，每次我到她家，她总是瞪起眼睛恶狠狠地喝道："你个小兔崽子，干什么来了？滚！"我觉得亲戚不应该这样待我，又觉得没准刘老太是逗我玩，还赖着不走。刘老太就扭着小脚跑下炕，抄起菜刀挥动着："我劈了你这个小兔崽子！"一直把我追赶到院子里还在骂骂咧咧。我一口气跑到大娘屋里，仍是惊魂未定。大娘笑说："别去惹她，她就是这么疯疯癫癫的。"

　　刘老太并不是疯子，但是院里的大人孩子都不去她家，我是唯——个经常闯入她家的孩子。我冒死闯入她家是有原因的——为了见她的儿子刘老师。刘老师是个小学老师，大约二十多岁，身材匀称，穿一袭长大褂，围一条围巾，很像画中和电影中看到的五四青年。他的面孔白俊，双目清朗，即使是和小孩子说话时也认真地注视着对方，流露着慈蔼、善解人意的目光。这种目光时常让我怦然心动（才六、七岁啊，还是那话，谁要以为小孩子不懂事，那就错了）。每当他出现在院子里，便有一片光明和温暖激活了我的每一个细胞，我愚蠢地跳跃喊叫，希望引起他的注意。我渴望多见他一次，多受他一次注目。但是这种机会并不多，他总是不在家。

　　我们搬家后，每次去"旧家"总要打听刘老师的情况，大娘说刘老师一直不交女朋友，说是要给母亲送终之后才考虑婚姻问题。刘老太很长寿，总是听说刘老太还健在，刘老师还在伺候他妈。刘老师的单身仍誓与母亲共存亡。九十年代中期，我从另一个拐了十八道弯的亲戚口中听说，刘老师已经退休，母亲早已过世，但刘老师早已失去了结婚的兴趣，仍然孑身一人。

三　串来串去的小姑娘（1952-1955）

东屋还有一间单独的小房，住着我的堂哥玉海。他是爸爸堂兄刘长蔚的儿子，行二，我们叫他二哥。二哥比我大十几岁，参加过志愿军，1952年因为受伤从朝鲜战场回来，投奔了我家，爸爸给他租下了那间房子。

二哥经常给我讲朝鲜战场上的事情，他说他是志愿军的参谋长，打仗勇猛，人家叫他"小老虎"。他吹嘘自己足智多谋，连营长都要听他的。他的腿中过美国兵的枪弹，见人就撩起裤腿亮出枪伤，小腿上有一块鲜红色的疤痕。他还教我朝鲜话"阿爸基、阿妈尼、阿吉妈（大嫂）"。讲到战争的残酷，有一个故事让我深感恐怖。他说美国鬼子抓了志愿军或朝鲜人竟然活活剥皮。在俘虏的头顶用刺刀画一个十字，然后从刀口往下剥皮，鲜血淋淋，白骨花花。被剥皮的人开始还在破口大骂，剥到嘴部就没声了。他说这是他亲眼所见（他在什么场合可以亲见这种场面？），我听了吓得浑身打颤，加上那时社会上盛传要打第三次世界大战，而且是原子战，担心战争爆发成为幼小心灵中唯一的一片阴云。

二哥抽烟很厉害，他的手指头被烟熏得棕黄，牙齿也是棕黑色，身上一股烟味。那时苏联展览馆刚开放，爸爸在那儿买了很多苏联香烟。烟盒方形带盖，我记得其中一种牌子的烟盒上面画的是三个古代勇士骑在马上。烟卷不短，但是真正有烟丝的部分只有一寸。二哥在每个盒子的盖子里都用毛笔写上"戒烟"，打开烟盒对着"戒烟"二字照抽不误。

　　二哥是个性格不羁的人，并没见过他正经去找工作，倒是经常带我出去玩，逛前门大栅栏、天桥。我们在天桥一逛就是一天，看耍猴儿的，打把式的，卖狗皮膏药的，还有披着长袍变戏法的，一打滚就捧出一碗面条、一缸金鱼，甚至一口大缸。然后在一些肮脏的小铺里，坐在摇摇欲坠的长凳上，在油腻腻的桌子前吃碗牛肉面。吃完饭又到一个充斥着烟味，满地花生壳瓜子皮的小戏院看几出折子戏。那是我第一次看京剧，我记得戏园子里人不多，我们选了一个座位，看的是《拾玉镯》《柜中缘》一类的剧目。至今我还记得那伶人关门轰鸡的作派。后来二哥还带我到照相馆照了一张合影。跟着他我首次接触了真正的老北京。

　　除了逛街，二哥的当务之急是找对象。不知是谁给介绍的，他见了不少女人。有一次大娘悄悄对我说："玉海不淆（学）好，他把人家女的带回来，谈得老晚，就关上灯没声了。"我很是吃惊，知道了一个道理：男的女的在一个屋里关上灯没声是干坏事。有一次玉海又领了一个女友来过夜，终于事发，街道代表，妇女主任都来干涉，把爸爸也叫去了，直闹到夜里两三点钟。玉海声言要回沈阳，当时打点行李就离开了。过了两天"女朋友"的姥姥来找她的外孙女，说是她已有四天没回家了。大家猜想一定是玉海把她带走了。爸妈拿他一点办法也没有。最后不知此事怎样了结的，反正玉海后来的妻子不是这个女友。

　　二哥后来在沈阳当了工人，结了婚，生了三女一男。文革中他当了一个造反派的头头，造反派失势后，遭到对立派的毒打，身体受到极大损害，一日头痛暴病身亡。

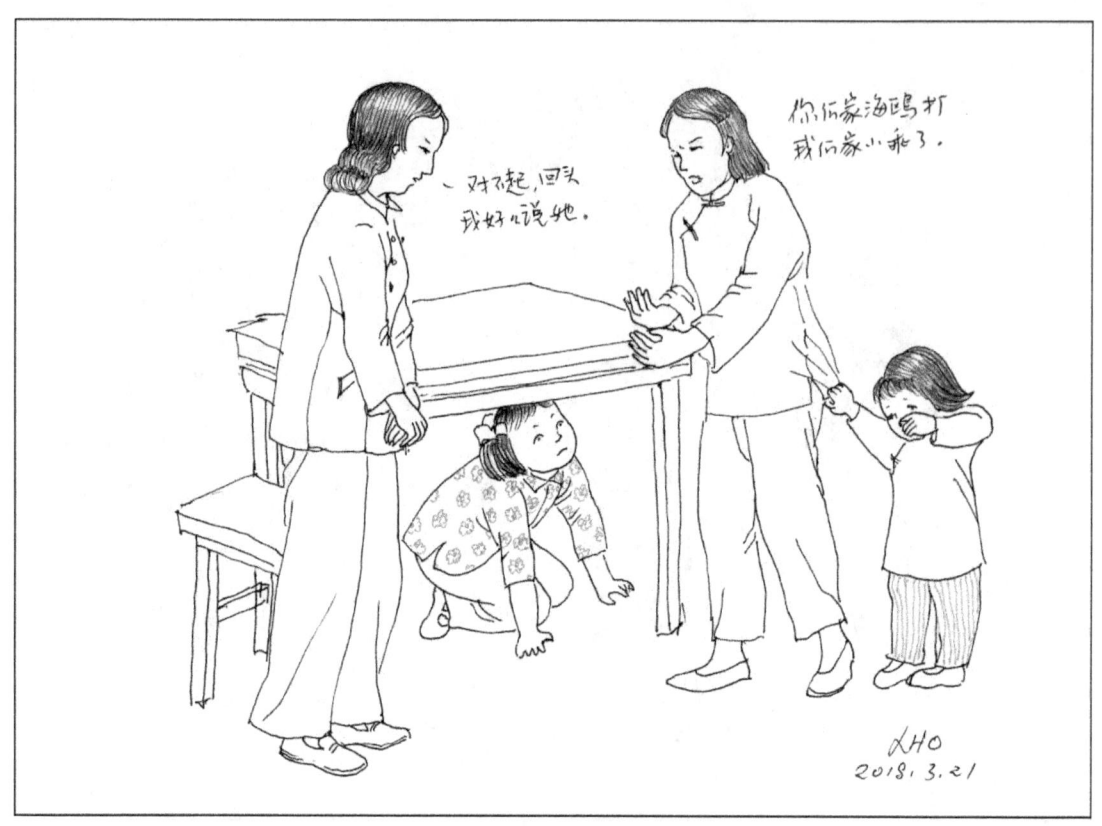

住在西院西屋的林家,离我家最近,我的印象最深。林家五口人,林先生、林太太、他们的瘫痪儿子同海,还有林先生的妹妹和她的女儿小乖。

小乖比我小两三岁,小眉小眼,瘦小伶仃。玩游戏时,如果我们缺一个玩伴,就把她叫上,她便兴高采烈,受宠若惊。如果人够了,她只能可怜巴巴地站在一旁,看着大家玩。和我们一起玩时她永远不会赢,即使她能赢,也被我们用欺骗手段,"讹矫"耍赖让她输掉。她倒从来不计较输赢,只要能和大孩子们一起玩,就是她的快乐。我有许多小玩具,高兴时,我会送给小乖一些,她如获至宝捧回家去。待我不高兴就跑到她家乱翻一气,把我给她的东西拿走。有一次我欺负小乖厉害了,大概是打了她,小乖妈终于忍无可忍上门告状来了。我迅速钻到八仙桌底下,像狗一样蹲着,虽无遮拦,却以为这样就可以逃脱罪责。小乖妈两手谦恭地放在胸前,说话非常客气,声音也好听。她一边说一边用一只手背轻轻拍打着另一只手心。父母道了歉,答应要好好地管教我,她很感激地离开了。

我们搬家后西院拆除,小乖一家不知去了哪里。只是听大娘说小乖上学后一直是三好学生,还是少年宫友谊合唱团的小歌手。这么自强的小乖真是让我感到惭愧。

2001年我去"旧家"看房东四叔,问起小乖。四叔说小乖后来是一个小学教师,这会儿也应该退休了。又问同海,四叔说,在后门见过同海,坐在残疾车上。我说下次再见他替我带个好。又过了两年,再去看四叔,四叔说,有一天还真的又碰见了同海,带去了我的问候。同海特感动,说"想不到海鸥还记得我。"

我这一辈子都在后悔曾经欺负过小乖,总是想如果我见到她一定要向她道歉。

　　院子里折腾不够，就到胡同里折腾。胡同里最大的乐趣在于来来往往的小贩。

　　老尹每天都来，推着一辆车卖冰盏。冬天，他的车上装着一瓶瓶的红果酪、蜜渍槟梓、海棠蜜饯，红的粉的橘黄的，色泽诱人。老尹用两个指头夹着两个小铜盏，撞击出叮叮的声音，这声音如士兵征战的号角，立刻把各家的孩子集中到老尹身边。孩子们围着小车，闪亮着眼睛，吞咽着口水。山楂海棠做的糖水很贵，一千元（一角）一碗，买不起，但是老尹为孩子们带来了"糊涂糕"，那是煮红果剩下的渣滓，烂兮兮的红果肉已经变成棕色，掺杂着大量的果核、皮、柄。递上二百元（二分），老尹从一本又黄又旧的书上撕下一页纸，舀两勺抹在纸上。

　　捧着糊涂糕，嘬一口，将清凉的甜酸的粘稠的果渣吞下，舌头牙齿利索地滤出核、柄和一些麦秸一样的杂质。吃到最后，把那张纸舔了又舔，连同旧书页的陈腐味道一起吞咽，纸舔净后，往墙上一粘，便心满意足地回家了。妈妈最恨我吃糊涂糕，她说那都是用烂的和有虫子的红果做的，最脏的是那张纸，不知是从哪里捡来的书，不知道多少人看过摸过，手指蘸着唾沫翻过，而且铅字是有毒的。也许妈妈说的都对，但这不是我关心的，只要好吃，顾不得其它。有时吃得正高兴，见妈妈下班回来，忙躲在胡同的墙角，匆匆吃完把嘴抹净才回家。

　　夏天，老尹的冰车上装的是冰激凌和冰棍。冰激凌是自制的，以冰碴为主。其实每星期天妈妈都要带我们去东安市场"荣华斋"的楼上吃冰激凌，上好正宗美味，但在日常生活中，老尹的冰激凌给了我更大的享受。小号的冰激凌只卖二百元，装在一个用米纸做成的指头大小的圆锥小杯里，也就冒出半个指头肚那么高，这点东西够我们美美地嘬上半天。

　　有一个吹糖人的,挑着一锅熬化了的麦芽糖稀,用空心麦秆挑起一坨,口含麦秆另一头吹气,糖稀便如气球一般鼓胀起来,他边吹边捏,几下子就捏出一只猪、老鼠、公鸡,肚子鼓鼓的,爪子尖尖的,翅膀扇乎扇乎的。这些糖稀杰作对我们来说都是极端的奢侈品,我每天两百元的零花钱是买不起这些东西的,只能呆呆地张嘴看着。吹糖人的也有为小孩子准备的经济食品——用麦秆挑起一点糖稀,鼓起腮帮子一吹,吹出一个糖气球,孩子的拳头大小,比纸还薄,两百元一个,能买到一个糖气球我就非常高兴了。妈妈严禁我买这种东西吃,她说麦秆上粘着小贩的唾沫,球里面都是他哈出来的湿气,吃了会染上肺痨,但是只要吹糖人的来,总能从我这里赚上两百元。

　　胡同里经常穿梭来往的除了卖吃的还有工匠，磨刀的甩动一串钢片，吆喝"磨剪子咴戗菜刀"，立时就有大妈大婶拿着菜刀赶出门来。有一次我拿了一把小刀去磨，磨刀人认认真真地磨好，收了五百元，告诉我千万不要碰刀刃，特别快。我不相信，凡是大人叮嘱的事，我总是不相信，何况我觉得磨刀人也许会骗小孩的钱。我用手指一抹刀口，立时一个大口子，鲜血冒出来。我捂着手指，转身跑回家去，不让磨刀人看见，免得他说你瞧怎么样告诉你别碰你不听……

　　每天"修理雨旱伞……""锔锅锔碗锔大缸……""焊洋铁壶喔……""有破烂我买，有小旧衣裳我买……"的吆喝此起彼伏。理发的则不吆喝，用一根铁棍把一个钢叉拨出颤悠悠的长音。无论是什么人做什么生意，他们的身边看热闹的小孩里肯定少不了我，一定从头看到尾。

  胡同南口沿着景山后街是一溜高墙整齐大门气派的大宅院，里面是绿树掩映的二层小楼。父母说这里住的都是共产党的高级领导人。再往前走的胡同叫吉安所。这是一个让我感到最神秘的地方，它的名字让我想到派出所、公安局之类的机构，再加上胡同里院墙高筑，只有稀疏几家大铁门，且永远紧闭，从不见有人出入。更特殊的是这条胡同是柏油路，下雨时在柏油路上趟水，小脚丫觉得特别舒服。而其它的胡同都是泥土地，一下雨一脚泥。七十年代后期，刘元在景山街道办事处工作，才知道那些豪门大院都是开国将领和文革新秀的宅邸，文革后依然是高官的福地。

  景山东街有个小人书铺，是我经常光顾的地方，租一本小人书，和一群秃小子在书铺对面老京师大学堂的屋宇式大门下席地而坐，享受阅读的快乐。一天我正在迷一本小人书，一个老头向我走来。老头身穿蓝灰不分的长袍，油腻腻的，头戴吕宋帽，留山羊胡子，手持拐杖。"拍花子！"我脑中立即判断。大人们曾千叮万嘱，小孩子不要单独出门，拍花子一拍脑袋你就会糊里糊涂地被他拐跑。这老头子的样子和大人所描述的拍花子形象一模一样。他一步一步走近我，笑眯眯的。我惊恐地用手撑着地，屁股一点一点向后蹭去，直到贴到墙角一动不能动。老头说话了，是有口音的："小朋友，你很爱学习呀，我常常看见你在这里看书。"说着向我伸出一只手，眼看手掌就要落到我的头顶上，我在墙角缩成一团绝望地闭上眼睛，心想："完了，这下完了，要跟拍花子走了。"头拍过了，我睁开眼睛，还坐在墙角，老人还在跟前。他看到我如此恐惧，说："小朋友，不要怕，你知道毛主席吗？"我点点头。老头说："我是毛主席的老师，毛主席是我的学生。"我不相信，尽管我才六七岁，我已经会思考很多问题了：如果他是毛主席的老师，为什么破衣烂衫？他一定是个骗子或者疯子。我匆匆还了书，落荒而逃。长大后想起京师大学堂，也许他真的就是毛主席的老师徐特立呢？

再说说最原始的性启蒙。南院的尽西头是个厕所,有两个蹲坑。那时每个院子都有一个全院公用的厕所,不分男女。北京人上厕所不兴问里面有人没人,而是先远远地咳嗽一声,如果里面也是一声咳嗽,就是"回话":有人了。

我是很怕那个蹲坑的,一是太宽太大,害怕掉下去。一是看着红红绿绿的屎尿和爬来爬去的蛆,又恶心又胆战。最令人恐怖的是里面一滩滩的血和染满鲜血的长条手纸,我不知道那是什么,问大人,则是支支吾吾,只好自己生出无尽的猜测和遐想。一天在坑里我还看到一滩血上有一些血肉模糊的块块,吓得我跑到大娘家。大娘说那是一个小孩。我更加惊奇,那块肉样的血块怎么会是小孩,从哪里来的,为什么扔到厕所里?大娘和其他的女人窃窃私语,谈论的是这块东西,从她们鄙夷和幸灾乐祸的神态中,我判定她们是知道这东西的来历的。我觉得在人们中,在院子里有一个关于男女关系的可怕的秘密在大人中保守着,这个秘密始终没有揭晓。

一年冬天,大娘和胡同里的女人坐在炕上聊天,我在旁边听着,说胡同里某家一对年轻夫妇双双中煤气而死。那女人低声神秘地说:"你知道吗,那两口子抬出来时抱得死死的,分都分不开。男的那玩艺儿还插在女的那里头。"我立刻感到这是事情的关键,忙问什么东西插在哪儿。我想象中是一把刀子,是一个可怖的谋杀案。大娘说:"去,去,小孩子别问大人的事。"这么一说,我更加不依不饶,大娘终于说:"男人的XX插在女人的XX里。"我震惊得无法说话,世界上竟有这等无耻下流的事情!半天,我问:"他们是坏人吗?"得到的答复是含糊其辞的"嗯"。我对男女性关系的最初认识就在这种极端的否定中建立了。

三 串来串去的小姑娘(1952-1955) 53

四、谁跟我玩儿，打火镰

（1952-1955）

院子里有十几个孩子，我童年最愉快的时光就是和小伙伴们无忧无虑地玩耍，享受着无穷无尽的童趣。

院子里有十几个孩子，大娘家的通哥、襄姐、达子、漂亮的小村姑秀兰、总是被大孩子欺负又总想和大孩子一起玩的小乖、调皮捣蛋的小牛兄弟、房东家的两个姑娘，还有把孔子和墨子带进名字的孔嘉、墨嘉两兄弟。

我童年最愉快的时光就是和院子里的小伙伴无忧无虑地疯玩。我们的游戏无穷无尽，石头剪子布、拽包、跳间、歘羊拐、抓包（七个粽子形的小沙包，在手心手背颠来抓去）、捉迷藏、跳皮筋、踢毽子、抢大绳、挑竹签、官打捉贼……这些游戏还都配有拖着奇怪韵律的歌谣。游戏开始时决定谁先玩时说："手心手背，狼心狗肺。"或者"淬丁壳"。

我们的游戏。

"跳间"的规则很复杂,跨过"黄河",越过"地狱",躲过"油锅",到达"天堂"就赢了。

踢毽很难,我胖胖墩墩的,从来没踢过十个以上,可是歌谣很好听:"一个键,踢两半,打花鼓,绕花线。里踢外拐,八仙过海。九十九,一百。"轻而易举就数到了一百。

跳皮筋的歌谣也加进了政治内容,"猴皮筋,我会跳,三反运动我知道,反贪污,反浪费,官僚主义我也反对。"

拍球也有口诀:"小皮球,香蕉梨,马莲开花二十一,二五六二五七,二八二九三十一……"

"嫁姑娘"是我们自己发明的游戏。两个个子大一点的孩子当轿子及轿夫外加乐队,用左手握住右手腕,右手握住对方的左手腕,四只手编成一个"座子"。"新娘"耳朵上别两朵茉莉花,坐在"轿夫"的手上,就算坐上了轿子。然后轿夫抬起"新娘",满院行走,嘴里唱着:"呜哩哇——咚咚!呜哩哇——咚咚!"其他孩子跟着满院跑,嘴里唱着"嗒嗒滴,滴滴嗒,有谁把信儿捎回家,一脚踏进牛皮花!""新娘"坐在"轿子"上乐翻了天。

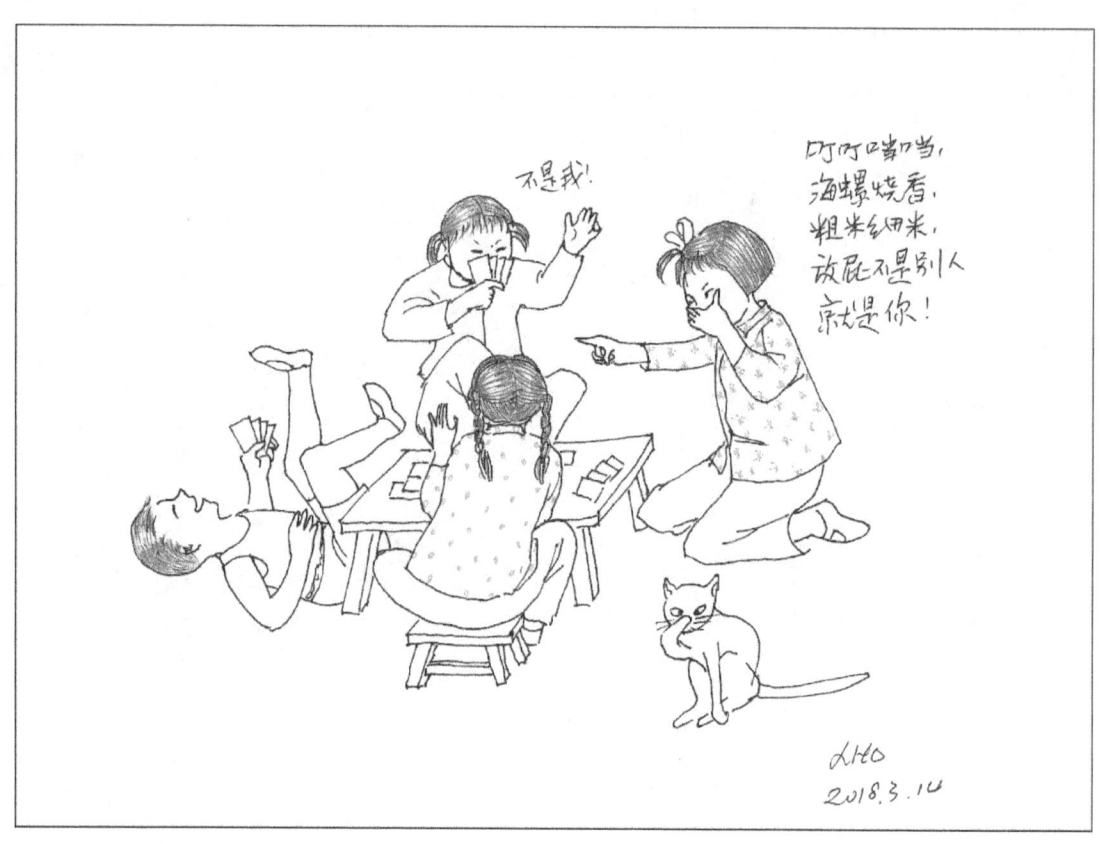

　　闻到谁放了屁，就轮流指着每个人，边点边念："叮叮当当，海螺烧香，粗米细米，放屁不是别人就是你。"最后一个字落到谁身上，谁就得担当放屁的责任，结果总是一场笑闹。

　　景山后街沿街都是槐树，丰丰茂茂的枝子垂得很低，一举手就可以够着一支槐叶。所谓一支槐叶，是一支细茎，两侧对生着两排椭圆叶片。这一支叶子，也可以玩出"春夏秋冬"的游戏来。叶子的自然状态是"春"；从茎底部两指捏住往上一推，叶片都被挤到顶部，如一朵花，这是"夏"；一松手，叶片落下，是"秋"；最后手中只剩一枝茎，为"冬"。孩子们拿着槐叶，给更小的孩子演示春夏秋冬。我觉得这真是一个聪明深刻的游戏。

　　或者拣一根羽毛，把它贴着墙，一手按着它的杆，一手捋着它的毛，唱道："鸡毛鸡毛你看家，我到南山采黄花，卖了钱给你花，你花一个我花仨。"松开手，鸡毛如果贴在了墙上，我们便相信鸡毛为了得到卖黄花的钱，乖乖地看家了。

　　一进大门洞的那间，住的是一家刚进城的军属，家里有秀兰和她妈妈奶奶。秀兰和我一样大，怯生生的，说着一口很侉的话。她的穿着与城市小孩也不入流，绣花鞋，红绿搭配的衣裤，我们叫做"怯"。她长得却是俊俏，白白净净的椭圆脸，丹凤眼，小嘴，我相信她长大了一定是那种典型的东方美女。我特别喜欢秀兰，我是无拘无束一身野性的孩子，单单偏爱腼腆羞怯的女孩。院里的孩子玩游戏时，我总是拉着她"加拨"（参加游戏），但她只是笑眯眯地站在一旁看一会儿，就遁回自己的屋子。

　　冬天我经常到她家里，屋里暖暖和和的，有一点奶腥和腺气，她还有一个在襁褓中的小弟弟。炉边烤着尿褯子，炉上坐着开水壶。秀兰不言不语和我翻花绳，安静得像一只小白兔。要不然我们两个就玩"打花巴掌"——"打花巴掌哒，正月正，老太太出门看花灯……""谁跟我玩，打火镰，火镰花，卖甜瓜，甜瓜苦，卖豆腐，豆腐烂，摊鸡蛋……"童年无忧无虑，尽管儿童世界以外的变化也渗入了我们的游戏，打花巴掌时我们也唱："噼噼拍，噼噼拍，大家来打麦，麦子好，麦子多，磨面做馍馍，馍馍甜，馍馍香，从前地主吃，现在自己尝，感谢毛主席，感谢共产党。"但是我们要的只是它们的韵律，并不关心其内容。

大娘有四个孩子。大女儿已经工作,大儿子通哥正在上中学,是院子里唯一的大男孩,小孩们都很崇拜他。他高高大大的,是个孩子王,可他从来不依仗他的年长和高大聪明耍弄我们,却总是变着法让我们玩得高高兴兴。

有一回他让院子里的孩子们一人出二百元(二分钱)开个夏日晚会。他用"集资"买了几张手工图片,上面画着一些小红帽大灰狼故事的卡通人物和动物,图片上还画着一些一指宽的长条条,把人和动物剪下来插在长条上,两手一拉它们就动起来。晚上全院的孩子端着小板凳聚集在南院,通哥搭起了一个简单的"舞台"——两把椅子,中间拉了一块白布,白布后面点了蜡烛。通哥蹲在布后面,举着那些小纸人和动物,在烛光的照射下,就有了皮影戏的效果。他一边拉动着那些剪纸,一边讲故事,声音一会儿粗一会儿细,一会儿急一会儿慢地变换着纸人的角色。故事是他自己编的,他可能没有听过小红帽或其他著名童话故事,但他讲得更奇妙更有想象力。孩子们跟着大叫大笑,后来幕布上的剪影又跑又追打成一团,夏日晚会以椅子翻倒幕布坍塌为结束,孩子们玩得心满意足。

通哥对我特别好,他有时问我,想吃糖吗?我使劲地点头。他便偷偷地打开大娘的糖罐,舀一勺白糖,把勺子放在火上烧,待糖化成稀水,他拿一个茶杯反过来,把糖稀倒在杯底,等到糖稀凉了变硬了,拿小刀从杯底起出就是圆圆的一片糖。他一片一片地给我做,笑眯眯地看着我吃。

通哥是孩子们心目中的明星,可是在大娘和老爷老奶的眼里,他是个不争气的孩子。大娘想让儿子像他父亲一样读个大学,做个体面的工作,可是通哥就是不爱学习,初中毕业后他离开北京到大同煤矿当了挖煤工人。通哥走后我再也没有见过他,似乎他从大娘的家庭里消失了。

　　我最好的朋友是大娘的二女儿襄姐，比我大三岁，我一放学就和她一起玩，所有女孩子玩的游戏都是从她那里学会的。

　　玩得晚了，我的功课没有做，妈妈回来就大发雷霆。即使是完成了作业，也是浮皮潦草，错误百出，妈妈毫不留情，"嚓嚓"几下把作业撕掉，重做！我只好点灯熬油又困又累地写到老晚。为了对付妈妈的检查，我索性让襄姐替我写作业，条件是游戏让她多玩一盘。襄姐的字秀气工整，而我的字也像我一样四脚八叉放任不羁，不知为什么妈妈没有发现，每次检查，她替我写的作业总能通过。老师倒是怀疑地问我："这是你自己写的作业吗？"我心虚地回答："是。"老师并不说穿，因为凡考试我总是满分。

襄姐会唱很多歌曲，可能是在学校学的，回到家就教我唱，第一首歌是"东山升起了弯月亮，雪山顶上哟闪金光……"还有"小杜鹃叫咕咕，少年把新娘挑……"我最喜欢的歌是《在卡吉德洛森林里》，不仅那个跳跃的音阶"又清亮，又干净，又凉快，又甜美"朗朗上口。即使歌词讲的是另外一个故事，在我脑子里却编织了一个美丽的画面：白衣飘飘的汲水姑娘，王子装扮的猎人，在森林中的泉水边相遇……

　　襄姐为人厚道，我们多数时候玩得很好。襄的手脚灵活，个高腿长，玩什么总是占上风，我们常常因为互相指责"讹矫"，争辩起来，襄就两手抬到胸前，手指捏着，向下作猴状，两眼上翻，嘴里念着"气猴猴，气猴猴"。这是女孩子成心气人的标准样子，让人鼓气。我就一捂耳朵说："不听不听，王八念经。"女孩吵架也就如此了。不出五分钟，就又和好如初。倒是常常联合起来对付里院房东家的两个女孩。

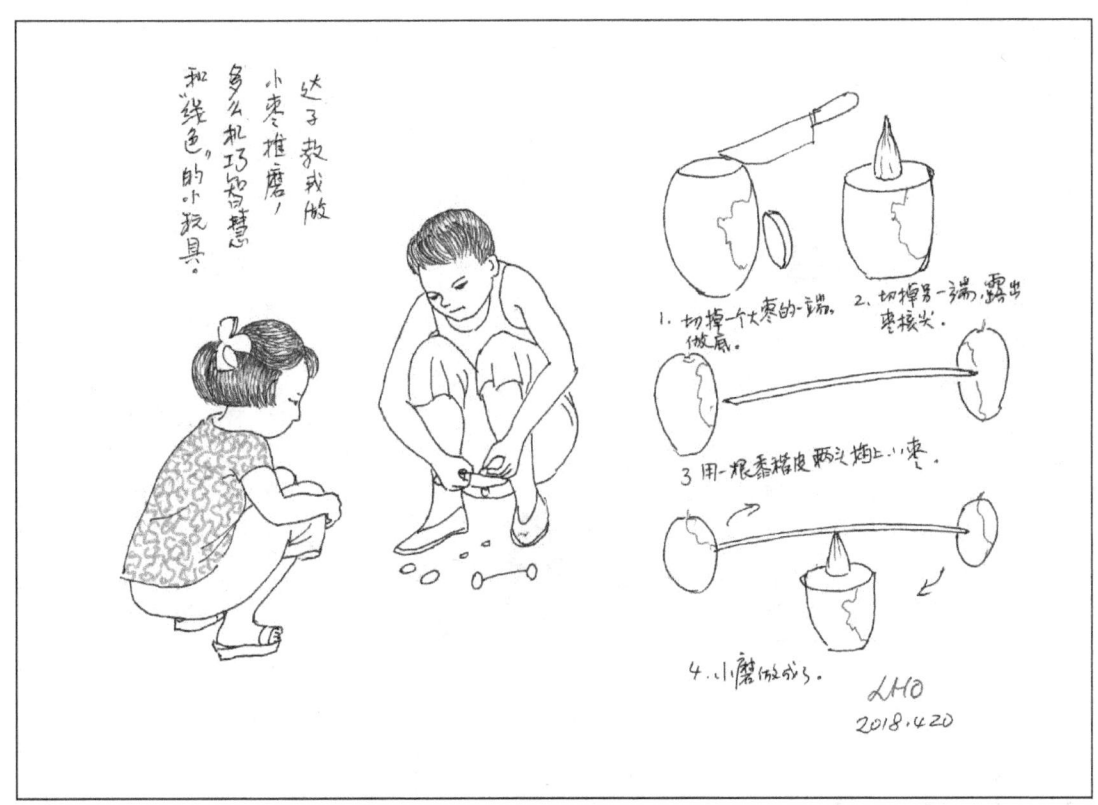

　　我最喜欢的玩伴儿是大娘的小儿子达子。达子和我同岁，和他一起玩可以无拘无束，没有女孩子的斗小心眼。我们一块儿玩拍洋画儿、摔三角、弹球、剁刀子这类男孩子的游戏。

　　此外我和达子还可以在院子里找到无穷无尽的乐趣。

　　西院有一棵枣树，树干高高的，夏天常有一些青色的小枣掉在地上。达子教我用三个枣子做小推磨，先把一个大一点的枣一头削平，以便能站立在地上，另一头削去一小半露出尖尖的枣核，找一条两三寸长的秫秸皮（那时街上满地都可以捡到），两头插上大小一样的小枣，然后用大枣的核尖顶住秫秸皮的中间，一个小磨就制成了，轻轻推动小枣，它们就出溜溜转动起来。我觉得这个小发明极为机巧，后来我也教我的孩子们做，可惜，那时北京院子里的枣树已经很难寻到了。

2018.4.22.

  我家门前的大楸树要三四个小孩才环抱得过来，树冠遮蔽了半个院子，粗大的树根翻出地面，树根下形成了了一些洞穴，洞穴底下的世界带给我无尽的想象。我和达子曾把一条死了的金鱼装在洋火盒里，放在树洞里，插上木片为墓碑，摆上玩具的小碗小碟，里面放着树叶花朵做成的"食物"祭品，然后点香磕头。我不知道这套祭奠仪式是从哪里学来的，几年后我看了一个法国电影叫《危险的游戏》，也是两个孩子，迷恋于玩丧葬的游戏，那是因为战争和死人扭曲了他们的心灵，可是我们心中并没有留下什么战争阴影，也许孩子对于生死有一种本能的探索。我们玩得非常投入，强烈地想知道生命消失后肉体会怎么样。几天后我打开火柴盒，一盒密密麻麻的小蛆在蠕动，吓得我扔掉盒子，从此失去了对这种游戏的热情。

我每天迫不及待地去找达子玩，有时一大早就闯进他家，掀开他的被子，他光着身子睡眼蒙眬。我们都没有害羞的概念，不知男女之间的差别日后会怎样地决定着人生的差别。

在姐姐眼里，达子是个"野孩子"（意思是没有教养）。达子确实很野，会一套一套的骂人话，我从达子那里学会了最肮脏的话，全是和性有关的，是对性行为作的一种最污秽的描述，我们常常你引一句我递一句把所有脏话痛痛快快说个够，并不是心中有气想骂什么人，也根本不懂是什么意思，就是因为合辙押韵，像说歌谣，好玩儿。直到我上小学受到了最初的文明教育后，才有所收敛。

有时达子带着我和一群"野孩子"双手拍打屁股，唱着"往，往，往低往……"在胡同里呼啸而来呼啸而去。

海燕不让我和达子玩，让我在家里读书，为此我们还吵起来，我说我就要和他玩，长大还要和他结婚。姐姐说没羞没臊，我告诉妈妈去，你要和野孩子结婚。我不光是嘴上说的，心里也认定将来达子是我的丈夫。

大约是1969年我又回到那个院子看望大娘，达子已经是个近一米九高的小伙子了，脸长长的。他已经娶了媳妇。媳妇也高高挑挑的，面色白净，样子并不特别出众，但那身条，那白和那掩饰不住的幸福，便使她有了一种魅力。那时她刚刚怀孕，正在"害喜"。大娘喜滋滋地给她包饺子，是素馅的，韭菜粉丝。大娘用擀面杖碾碎排叉，说太素了也不行，放点排叉提提味。我心里酸酸的，我绝没有想嫁达子的意思，只是因为在那个动荡的年代，北京只剩了我孑然一身，而最底层的寻常百姓家，却过着那么温暖的生活。

院子里有两棵枣树,枣子熟了的季节是全院小孩的节日。通哥爬到树上打枣,孩子们拿着杯碗口袋在树下严阵以待,一阵"枣雨"落下,一阵孩子疯抢。我也拿了一个漱口杯,东奔西跑,胖胖的笨笨的,还没捡两颗,摔了一个大马趴,枣子也都丢掉了,后来大娘给我送来一大碗。

　　我家跟前的大楸树下是孩子们的乐园，如果不玩集体游戏，孩子们就坐在大树下，看书，画画，刺绣，编织，下棋，玩玩具。

　　1955年我们搬家了，同年，解放军总后勤部拆毁了西跨院，在上面盖起了"将军楼"。我每个星期六都要回"旧家"看王大娘，看小伙伴。有时好奇地趴在通往西跨院的门缝向里张望，只见那边结结实实的一堵墙挡住了视线。

　　大楸树当然砍掉了。多少年后又回"旧家"，房东家的四叔跟我说："你知道你家门前那棵树叫什么树？楸树。北京少见。现在更看不到了。"

五、一年级的小豆包

（1953-1955）

1953年我进入私立培元小学。学校的民国遗风尚存，老师宽容慈善，头几年的学习生活轻松愉快，那时有一首歌能表达我们的心情："小鸟在前面带路，风儿吹着我们，我们像春天一样，来到花园里来到草地上……"

  1953年我从幼儿园毕业。那年正好政府规定小学生七周岁入学,我离七岁还差四个月,幼儿园再也不肯保留我这个淘气包。妈妈带我跑了许多小学都不收,最后终于在一家私立学校——培元小学报上了名。

  入学还要经过口试,小朋友们坐在阅览室等待。我坐没坐相,翘起椅子腿,哪知那是折叠椅,一翘腿椅子就收起来,把我摔了一个嘴啃泥。六年级服务的大姐姐忍住笑把我扶起来,我心想:"这下完了,这个学校肯定不会要我了。"

轮到我口试时,老师问我家里有几口人。我把爸妈姐妹都数完了之后,又犹犹豫豫补充了一句"还有一个二哥,不是妈妈生的。"这个声明让老师迷惑了半天,问:"那是谁生的?"我说:"我也不知道。"妈妈一直趴在窗外偷听,等我考完出来跟我说:"你根本不应该提二哥,多此一举。"我又想,老师一定不要我了。

我多虑了,我考上了培元小学!

培元小学由美国基督教传教士贝满(Bridgman)夫人在1864年创办,最初叫"贝满女子小学"。学校的老师多是基督教教徒,终生独身服务于教育事业。学校在市中心,被周围的贵族府邸所包围,几乎任何一个学生的家庭背景都可以扯出民国以至清朝的一个大家族,而且错综交互。学生们的家史放在一起,简直可写出一部完整的清民史。

学校1952年开始招收男生,我入学的那年班上也不过十个左右男同学。每学期的学费是15元,1956年学校改为公立,改名王府大街小学。学费2.5元。文革以后,小学被撤销。

培元小学在王府大街救世军楼的旁边。我问妈妈救世军是好人还是坏蛋,妈妈说除了解放军所有的军队都是坏人。我心中很紧张,怎么学校挨着坏人?同学中有住在救世军楼里的,后来我进去看过,没见任何军队,里面住的都是些寻常百姓,而且都很穷。

救世军的塔楼上整一面墙用特大字书写着"神爱世人甚至将祂的独生子赐给他们叫一切信祂的不至灭亡反得永生"(《新约圣经》约翰福音第三章16节)。我们上课时一扭头就可以看到,人人都背得滚瓜烂熟。

　　上学前妈妈带我去买衣服。我早就看中了人民市场有一件天蓝色的连衣纱裙，里面还有衬裙，真是好看，我想象着穿上就如小仙女般美丽。我拉着妈妈去看，但是妈妈问问价钱，很贵，就走了。

　　妈妈从来不给自己买衣服，也很少给我们买新衣，我们穿的就是"缝缝补补又三年"那种衣服。克阳和元元把托儿所发的衣服一直穿到 10 岁，再也不能穿了才作罢。在妈妈看来，我们根本没必要穿那么好的衣服，正是长身体的时候，半年衣服就穿不下了，纯粹是浪费。她若是给我们买衣服买鞋，都是"未雨绸缪"，总要大出一号，衣裤穿在身上勒勒特特，鞋子踢了跋拉，里头得塞上棉花，而且总是还没等鞋子穿到适脚，就已经破了。

　　印象中最好的一件衣服，就是五十年代有一阵卖"匈牙利布"，妈妈买了两块，一块是白底上有四方连续的蓝色叶子，另一块图案一样是绿色叶子，我和海燕一人做了一条"布拉吉"（连衣裙），一直穿到烂。

五　一年级的小豆包（1953-1955）　　73

妈妈上班坐的是三轮包车。车夫叫老李，也住在碾儿胡同，和我们家隔五六道门。老李五十来岁的样子，戴一顶制服帽，一身黑色中式衣裤，裤脚扎着，白袜黑便鞋，干净利落。老李的车子总是清清爽爽的，车身黑亮，海蓝色的布坐垫，冬天支起深蓝色的棉蓬，前面挡上厚厚的棉帘，一点风都不透。我上学后和妈妈一起坐包车。老李先把我放在学校，再把妈妈送到妇联。下午放学，校门口一溜三轮包车已经守在那里接学生。几个住在景山一带的同学各坐自己的三轮车一起回家，一路上孩子们隔空说笑，车夫则并排骑着车聊光景。最高兴的时候是老李拉散座没能及时赶到，我就搭另一个同学的车回家，车夫保证送到门口，不额外收费（别的同学也搭过我的车）。老李没接到我，就会急急忙忙赶到我们家，闯进院子大声问："海鸥回来啦？"得到肯定答复才放心地离开。

老李为人老实忠厚，说话谨慎文雅。有一次我问他毛主席是男的还是女的（我小时候分不清男女，只靠头发长短来辨认，毛主席的头发说长不短，让我难以分辨其性别），老李说："你说呢。"我说："半男不女。"老李马上小声说："这话可不敢乱说啊。"

如果有什么事需要用车或不要用车，妈妈就带我到老李家去通知一声。老李住在一个大杂院的南屋，虽说简陋，但是收拾得干净利索，有如他的车子和他本人。他的儿子和儿媳妇都很年轻，不过二十多岁。一次去他家，一家人坐在炕上，儿媳妇正在纳鞋底，儿子说了一句什么挑逗的笑话，儿媳妇又羞又恼，佯装嗔怒，用纳鞋锥子往他腿上一扎，说句："臭嘎蹦儿的。"儿子大喊一声说："真扎呀？！"撩起裤腿，只见大腿上一个小洞，正往外簌簌冒血。老李坐在一旁不言不语，老李的媳妇不高兴了："怎么老没个正经？"北京下层小市民家庭的日子，与我所过的完全不同，但是非常吸引人。

老李身体总是不好，他让儿子替他拉车。妈妈不放心这个小伙子，年轻力壮，蹬起车来飞快，把人心悬到嗓子眼。不久我们搬了家，再回"旧家"探望时，大娘说，老李已经去世了，死于胃癌。

开学第一天，我就惹祸了，两个同学玩压压板正高兴，我走过去蛮横地让她们下来，我要独占。她们不肯，我的胡同野性爆发，骂了她们最难听的话。两个同学吓得跑去向老师告状。正好碰上我妈妈趁午休来看我。妈妈问我："你骂同学什么了？"我撒谎道："他妈的。"我现在都奇怪，那么小怎么还会区分脏话的轻重档次呢？

　　上学没几天爸妈把克阳刘元扔在托儿所，到学校给我和海燕请了假，带我们出去旅游了。先去南京姨家，火车在长江边停了好几个钟头，等待轮船把火车一节节运过长江（火车坐轮渡直到 1966 年南京长江大桥建成才成为历史）。我在火车上结交了一些成人大朋友，一个叔叔画了好多人物画像给我，都是些戴着大盖帽的军人形象我拿给妈妈看，妈妈很生气，立刻撕得粉碎，不让我去和他们玩。她没说为什么，但是我知道了有些画是不能画的。后来我更知道了，共产党的军队不戴大盖帽。

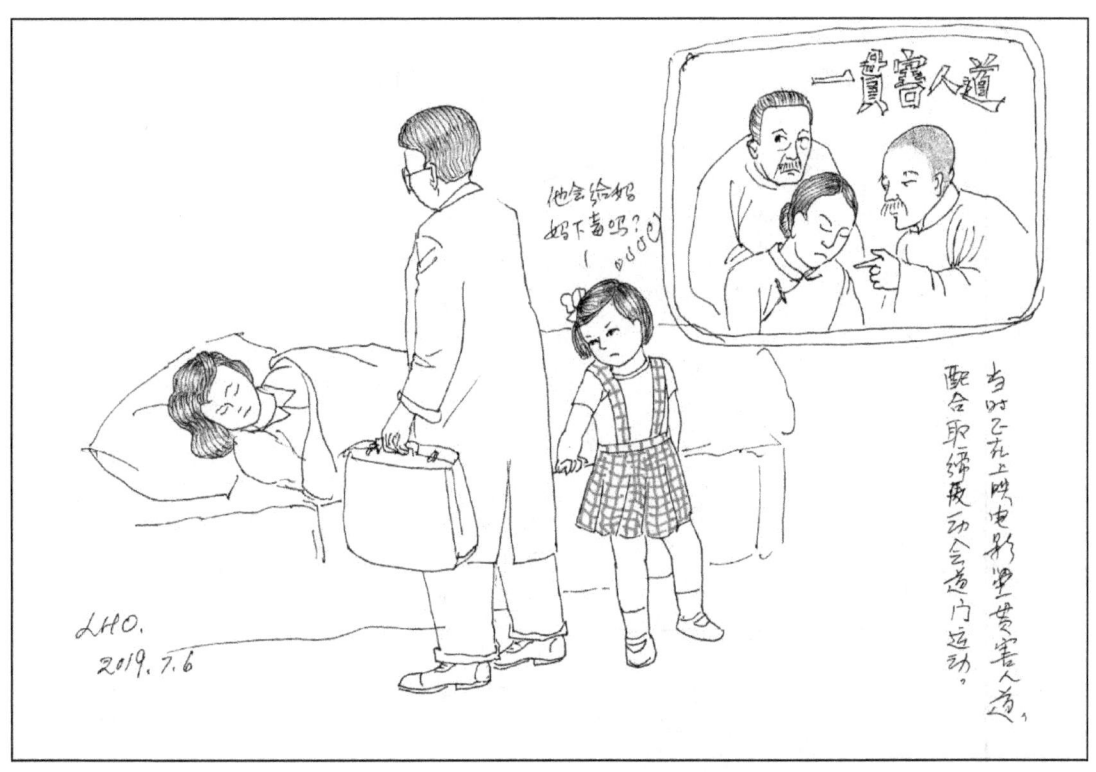

妈妈在南京生病了。一到南京,姨姨请我们吃了一顿丰盛的螃蟹宴,然后妈妈就病了,上吐下泻。姨姨说认识一个大夫,医术很好,不过他是一个一贯道徒。我听见吓坏了,那时配合取缔反动会道门正上映电影《一贯害人道》,在我看来那简直就是恐怖片,虽然我看不懂太多,但是电影告诉我们一贯道是害人的大坏蛋。我恳求妈妈和姨姨不要让他来看病,没用,一贯道医生还是来了。和电影里的不一样,他是个穿西装革履,彬彬有礼的西医。他给妈妈诊病时,我目不转睛地盯着他,生怕他下药害死妈妈。

　　我们又到了上海。在上海去逛一家大百货商场，乘梯式电梯上楼，到了顶端，都不知道要迈腿上平地，一家人像叠罗汉一样摔成一堆。看来爸爸妈妈都是第一次乘电梯。

　　看到商场粗大的柱子，爸爸妈妈童心大发，趁我不注意藏到一个大柱子后面，看我的反应。我茫然地四下张望，不哭也不喊，正要转身钻入人群去寻找，爸妈赶紧出来。这回他们可知道我的性格了：遇事不慌不忙，主意大着呢。记得爸妈有一次也这样测试克阳，克阳惊慌大喊："妈妈，我丢啦！"

下一站是杭州，妈妈的故乡。一家人畅游了西湖十景，还买了大小网篮、西湖绸伞、张小泉剪刀、檀香扇、木制微雕工艺品，还有一只文明杖，满载而归。

回到学校，同学争先恐后告诉我："刘海鸥，王先生说了，你要是再不回来，就不让你上学了。"我没给王先生留下批评的借口，期中考试轻而易举拿了双百。

我在班上是非常淘气的孩子，上课坐不住，左顾右盼，说话玩东西，削铅笔。我还喜欢上课吃东西，每天带去的饭后水果我总是等不到中午，甚至连下课也等不到，上着课就低头在课桌下吃起来。同学们非常兴"告状"，每堂课开始无数小手举起来："王先生，XX拿我橡皮不还。""王先生，XX骂我。"先生要用十来分钟的时间解决这些纠纷。我最喜欢这些课前告状，先生"惩恶扬善"件件缕清，如县官断案。上着半截课也常有同学告状，有人就把我检举了："王先生，刘海鸥吃香蕉。"王先生说："把香蕉拿过来。"我只好把吃了半截的香蕉递到讲台上，只见她一挥手香蕉就进了垃圾桶，而我面对垃圾桶罚站到下课，闻着桶里散发的香蕉味，心中无限惋惜。罚站是我最经常的作业，几乎每天都要站在课堂前，面对大家罚站。因为是家常便饭，已经没有什么羞耻感，只觉好玩，下次照旧。

尽管如此，王先生是我学生生涯中最喜爱的老师，她不会跟我们生气和大喊大叫，即使生气，也是装出来的，眼睛总是慈爱的。

我长大以后才知道，我们敬爱的王（景英）先生是台湾知名音乐人庄奴先生的亲妹妹，直到九十年代他们兄妹才在北京重逢。

午休时间到了，大多数孩子自己带午饭，早上一到校先把饭盒放到厨房。校工帮助加热。中午一下课，孩子们一窝蜂涌去取饭盒。厨房里蒸汽腾腾，打开巨大的笼屉，立刻被百家饭菜混合成的特殊气味包围。校工李大爷认识所有同学的饭盒，一个不错地分发，一边说："留神，烫。"孩子们围着大爷像小麻雀一样吱吱喳喳。一下子小手拿不住，饭盒打翻在地，引起一片起哄欢呼："撒饭节！撒饭节！"撒了饭的人因祸得福，班上的同学你给一口饭我给一勺菜，吃得比自家带的还好。我也撒过一次饭，心里那个高兴，吃着"百家饭"真像过节一样。

饭后有午睡时间，同学们都要在教室里睡午觉，每个人带一个薄薄的被盖，睡完觉叠好放在教室的橱柜里。我中午从来不能入睡，每次等老师一走我就要给大家讲故事。我看的书多，能编能讲。后来我又想出了一个新主意——用小道具表演。

道具在妈妈的假山上。妈妈极爱侍弄假山，家里有一个两尺长一尺宽的假山盆景。盆中两座高低不同的"山峰"立于水中，遥相对望，山势起伏跌宕，有险峰有缓坡。山有小径，还有连接两山的小桥。山上栽种着丰茂的铁线树、小松树。地上铺着从香山挖来的青苔，像绿色的草地。除了自然景观，妈妈还布置了许多人文景观，深爱唐诗宋词的妈妈按照诗词意境，安置了亭台楼阁，草棚茅屋，樵夫挑柴，蓑翁垂钓，隐士对弈。每次妈妈侍弄假山，我在旁边看着，心中就生出无数的故事来。

一天趁妈妈不注意，我把山上的小人小房小动物收敛了大半带到学校。午睡时间全班同学都围过来听我讲故事。我摆弄着小道具讲得正高兴，大家听得正入迷，王先生突然进来了，毫不容情一把将所有的小玩意收走。放学了我去找王先生要，这次先生真生气了，说："没了，全扔了。"我从头凉到脚，那么可爱的小东西怎么可能扔掉呢？我含着眼泪问，扔在哪里了。先生说扔夹道了。所谓夹道是存放冬天取暖的煤的地方。那夹道的小门永远锁着，我在门口多次徘徊从门缝往里张望，除了黑乎乎的煤堆，什么也看不见。冬天到了，送煤工人运来大批的煤，小门打开了，我乘机溜进去，用小手扒煤翻了半天，终于找出一个满身黢黑的挑着柴的小樵夫，再也找不到其他任何东西了。这一次对我的创造力是个沉重的打击，以至我一辈子都不能忘怀。

  我是出了名的精力过剩，一般这种小孩总是让先生头疼。先生们在办公室爱说学生的事情，我的名字就传扬开来。学校的先生多是终生献给教育的独身女士，好像都特别严厉，最厉害的是武先生，她总是看我不顺眼，碰见我准是把我叫住批评一番。

  这天，我正在校园飞跑，又被她抓住了："刘海鸥，看你那个勒特样，自己去照照镜子！"学校通往大院的过道有个"整容镜"，学生们经过都要整理衣冠才进入教室，我只好乖乖站在镜子前面，把衣服拉整齐。

  三年级时我已经开始看大部头的长篇小说了，那天我捧着《新儿女英雄传》（还是章回小说呢）边走边读，撞见了武先生，又被她叫住："刘海鸥，看什么呢，见了先生不行礼？"我把书抬起来给她看，心想她也许会夸奖我吧。她不屑地说："看得懂吗？装样子呢吧。""是"还是"不是"，我怎么回答呀。

　　我最喜欢的活动是学校定期召开的少年儿童队大队日（后改称少年先锋队，一个班的少儿队叫中队，下分10人一组的小队，所有中队的集合叫大队）。全校师生（一共六七个班）围坐在大院。一二年级的孩子虽然不是少儿队员也都参加。先是举行队日仪式，旗手和护旗手在洋鼓的伴随下绕场一周，全体唱队歌，各中队长向大队长行队礼报告人数，大队长再把总人数向总辅导员（老师担任）报告，然后才开始大队日的主题内容。我参加的第一个大队日是五年级的张筠英同学介绍到天安门城楼上给毛主席献花的经过。1953年10月1日北京市委经过千挑万选，选中了我们学校的张筠英给毛主席献花，当时入选条件很简单，好看，活泼，大胆。更多的大队日是我们盼望的文艺演出，由各个班表演节目。我们都喜欢这样的大队日，特别是大姐姐们的歌舞我至今不忘。

　　六年级的苏联歌舞"瓦尔瓦拉和五个女儿"——"集体农庄有一位老妈妈，她的名字就叫瓦尔瓦拉，节日里五个女儿都来看望她，快快乐乐回娘家，这位老妈妈真正是福气大，来了五个亲生女儿五朵花，老大叫夏莎，还有叫娜塔莎、奥林卡、波铃卡、阿辽路奇卡，最可爱的小女儿年纪还只有十七八。"五个女儿轮流表演自己的工作。忘不了那个当飞行员的小女儿站出来，一个立正敬礼，上身转动巡视全场，真叫帅。

　　五年级的新疆舞蹈"我们生长在天山上"——"我们生长在天山上，快乐又欢畅……"我们学校的新疆舞蹈队很有名，经常在校外表演。

　　四年级的小合唱"在果园里"——"老伯伯请我们来到果园，穿过了密密的山楂树，苹果呀梨子呀落到地面，红光光黄澄澄又香又甜……"好像是说一个小朋友犯了错误——私自拣了一个果子吃。原来歌曲不是光写好事，犯错误也能写到歌里。

　　后来我们也参加了大队日的节目表演,大约是四年级时,我们班演出了诗朗诵剧《渔夫和金鱼的故事》。我演贪婪的老太婆,穿着爸爸的西装坎肩,妈妈的裙子。我们的演出特别受欢迎。

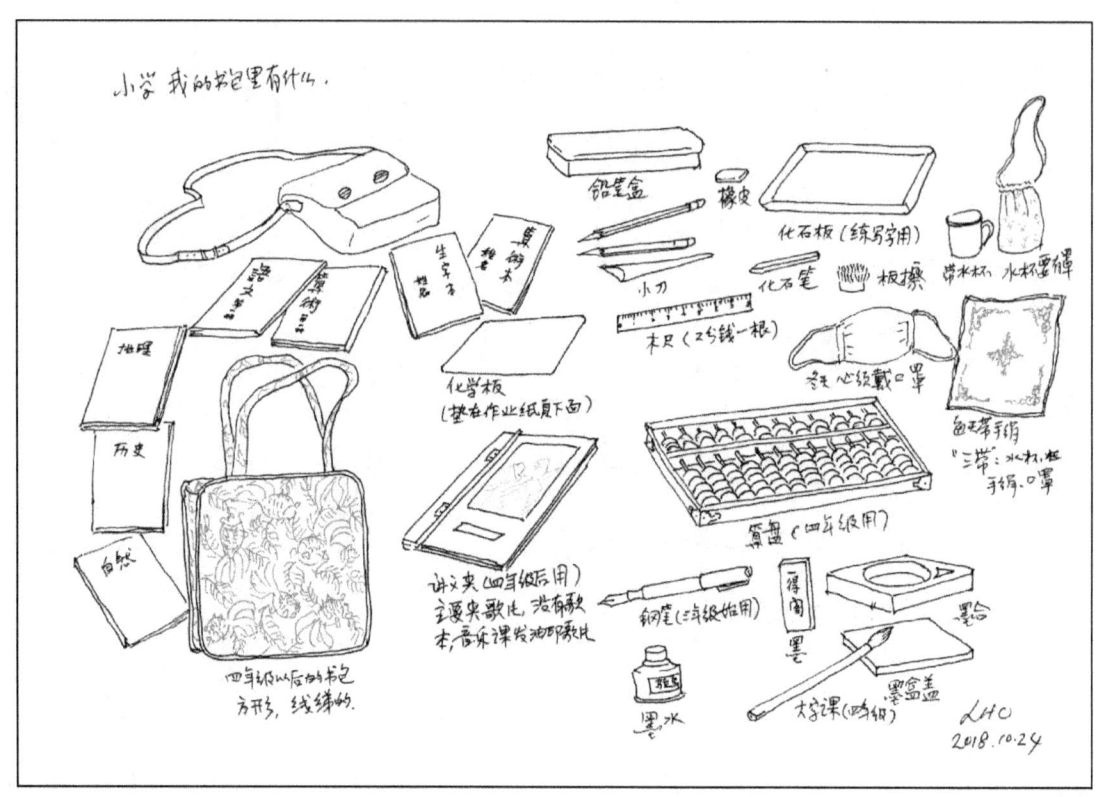

　　画中是一到六年级我们书包里的用具，有些文具不需要天天带，比如算盘墨盒有课时才带，书包总是轻轻松松的，不过有三样东西每天必带，还要检查——水杯、手绢、口罩。

　　我们学习没有压力，课后有各种课外小组，我参加过木工组、乐器组、滑翔飞机小组。虽然成果不大，但充实着我们的生活。

　　小学头几年的生活轻松愉快，那时有一首歌能表达我们的心情"小鸟在前面带路，风儿吹着我们，我们像春天一样，来到花园里来到草地上……"

六、家园，滋养我们成长的沃土

（1955-1958）

1955年我家搬到了隆福寺街崔府夹道16号，我们终于有了自己独门独院的家，"四合院时代"是我们姐妹几个一生最幸福的时期。我们的生活像盛开的花朵，一朵比一朵鲜艳，而家园就是滋润我们成长的沃土。

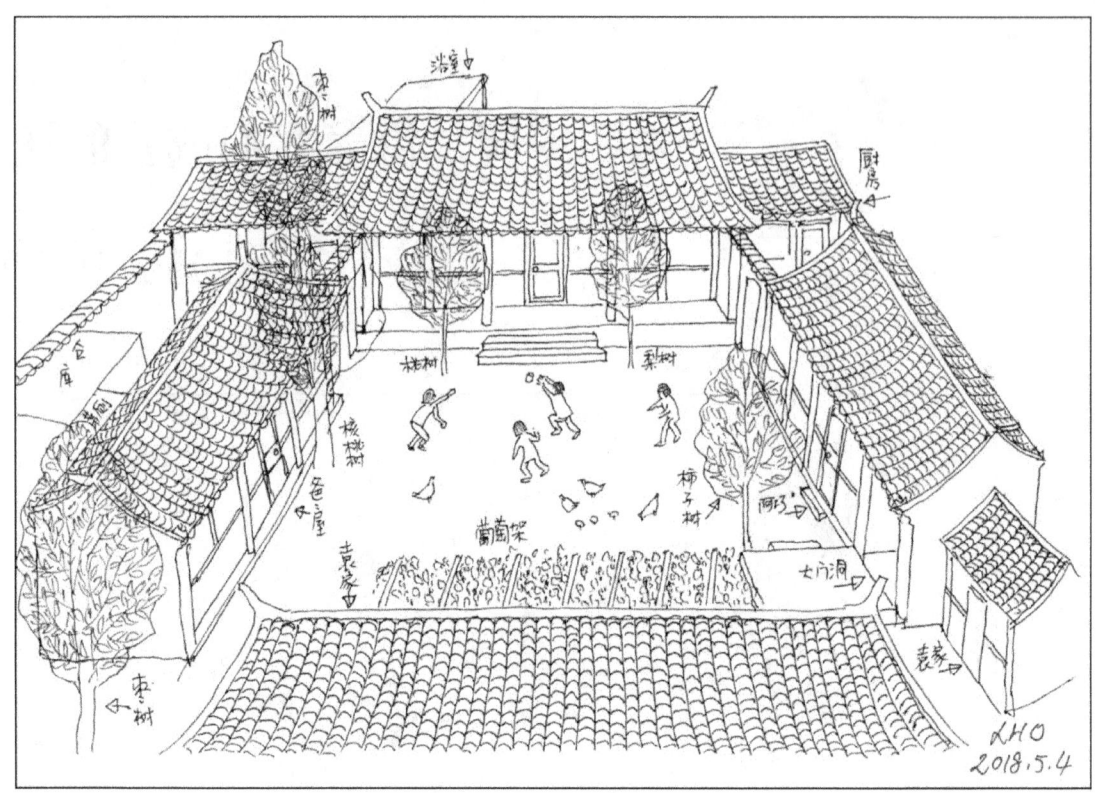

　　1955年爸爸买了一个四合院，花了五千九百元。加上装修，共花去一万元左右，一万元在那时可是一个天大的数目，那时叫一亿元（旧币），现在听起来有多么辉煌，可以让人们产生多么美丽的梦想。买房的钱是爸爸妈妈翻译所得的稿费。

　　四合院在东四隆福寺街里的崔府夹道16号。据胡同里的人说，16号是胡同里最好的院子。看上去确实不错，北房由半米多高的石基抬起，一水青砖，高脊飞檐。虽然不是最典型的四合院——没有影壁、垂花门等建筑，但它是我们自己的家，独门独院。

　　三间正北房两明一暗，明暗间由雕花木板墙隔开。

　　东跨院是厨房。西跨院有两小间偏房，内有门与正北房相通。偏房的后面是卫生间。西屋三间，东屋两间。妈妈住北偏房，我们住正北屋，爸爸住西屋三间，一间办公，一间睡觉，一间待客。保姆阿巧住东房两间。南屋住着原房主袁家，本来他们打算很快搬走，但是不久家里连遭不幸，就留了下来，沿大门洞打了一道墙，自成一院。我们的四合院就变成了"三合院"。三合院也没什么，反正还是独门独院。

刚开始我们一点也不喜欢新家，因为不喜欢新家所在的胡同。胡同里让我痛恨的有两件事情，一是满地粪便，臭烘烘的，一不小心就会踩一脚屎，五十年代人们还没有卫生的观念，随地大小便，直到六十年代以后才有所好转。还有一个就是胡同里人们对我们家的敌视。胡同的居民大多数都生活在社会的最下层，走街串巷的、拉板车的、烧锅炉的、掏大粪的……光是以前当妓女的就有好几家（我家院里后来就搬来一家，女的曾是妓女。隔壁邻居家的大婶也曾是妓女）。他们都在大杂院居住，一个院子里七八家十几家，房子低矮，破旧，碎砖墙，灰顶。一家七八口住在一间小屋里。他们打心底里对有钱人有一种仇恨。待"人民当家作主"的时代来临，又碰上我家搬来，人们把对有钱人家的气愤和鄙视转移到新来者的身上，其中也不无欺生的成分。

其实在胡同里野惯了的我完全没有等级观念，刚搬到新家还和以前一样跑到胡同里想和孩子们玩，不料他们不仅不和我们玩，还把所有的脏话泼在我们身上，只要我们在胡同里一露面，孩子们就成群结伙地叫骂"阔家主""臭小姐""荷兰猪"……一群大大小小的孩子包括拖着鼻涕，咬字不清的小小孩，堵在狭小的胡同里。你得穿过叫骂声，穿过嫌恶的眼光，穿过唾沫星子，穿过粗暴的推搡，才能走出胡同。有时他们甚至搬出大门杠来拦路挑衅，我们只好结伴而行，通常是海燕回骂，我拽着大杠和他们拉扯，克阳飞跑而过躲避劫难，元元懵然不知，一味听他们叫骂。胡同里的大人们并不制止孩子们的霸凌，只是冷眼观望，探究着这家人的深浅。

一二十年后那些曾经打骂我们的孩子已经长大成人，突然发现不知从哪天起，见了面，他们非常有礼貌地和我们打招呼，称"姐"称"您"，真是让我受宠若惊。这就是北京胡同文化？

我们只好关在自己的院子里，避免出门。独门独院自有其乐趣，一进大门洞就是一架葡萄，竹子搭的，高齐房檐，叶子密密的，苫了一个凉棚。凉棚下吊着一串串葡萄，串大，色白，粒圆，阳光照下来，像透明的玉。那葡萄味极美。甜，汁多；摘掉蒂子，一嘬，一坨水吸进口中，剩下干干净净一张皮。家里有一架梯子成了我们摘葡萄的专用工具，夏天，我们姐妹简直就是在梯子上度过的，上不了梯子的就在地下打转，扬言要撤梯子。整个暑假四个小猴子似的绕着葡萄架，上上下下，吵吵闹闹地过去了。那葡萄结得实在太多，一家人天天吃也吃不完，凡有客人，临走一定要装上一口袋。到了十一月份，黄叶落尽，葡萄该下架了，孩子们又惊喜地发现，还有几串二茬葡萄，小巧玲珑的，因着了霜，甜得像蜜。

吃水果那时是一种奢侈的享受。一个苹果全家人吃，由爸爸按年龄大小分配。后来爸爸在院子里种了柿子树、梨树、桃树、核桃树、枣树，到了收获季节，有吃不完的水果。

文革中院子里搬进来好几家居民，不知是什么不成文的规定，哪棵树挨哪家近，就属于哪家，有的家还多少给大家分一点果实，有的则全部据为己有，为此邻里多有矛盾。后来各家以盖防震棚的名义占地盖房，把果树都砍掉了，院子里消停了许多。只有一棵柿子树当年划到原房主的小院里，至今还在，前两年我回国去老房子看，那树已经长得三层楼高，正是冬天，树上挂满了火红的柿子。

  院子里养了十几只欢蹦乱跳的鸡与我们为伴。先是阿巧从街上挑担的买来几只毛茸茸的小鸡。看着它们长大了，生蛋了，每天去拣蛋对于城市长大的孩子是多么新鲜的事呀。然后母鸡开始趴窝了，我们迫不及待地算计着第二十一天的到来。果然二十一天后，小鸡啄破蛋壳出世了，湿漉漉的一个小东西，站不起来。几个小时后，毛干了，颤巍巍地站着，像个小毛球，可爱极了。在我们的生命中，第一次亲眼目睹一个生命的产生，心中有一种深深的感动。

  逐渐地小鸡成群了，各有性格，我给它们各取了名字：长长的腿上飘着几根羽毛的"飞毛腿"、秃顶和一身黑色杂乱羽毛的"济公"、洁白苗条矜持的小母鸡"少女"、黑白羽毛间杂的"小芦花"，还有一只我一伸手，她就过来温顺地趴在我的怀里的"乖鸡"……妈妈很赞赏这些名字的准确和幽默。

  有几只公鸡长大后翻脸不认人，把院子当作自己的领地，见了小孩子就追，就啄，闹得我们出门时只能趁它们不注意飞跑穿过院子，或者撑开一把伞，当作盾牌，后退着走到大门口。

北屋摆了一个大办公桌，玻璃面，前后四边各有抽屉，我们姐妹四人两人占一边，一个人四个抽屉装自己的"私有财产"。这张桌子承担着我们全部文化生活——做功课，看书，画画，做手工，写日记，听广播……

中苏友好的年代学生们很时兴与苏联小朋友通信，学校经常收到苏联孩子的来信要求交中国笔友，老师就派给愿意交友的同学。海燕和一个苏联女孩通信，每收到一封来信都由爸爸翻译，大家兴奋得不得了，因为从书中看到的那个遥远的令人神往的国家这时才变成近在眼前的真实。

有一次妈妈下班带回一封法国来信，写信的人是一个法国记者兼杂志编辑，在法国的进步杂志《苏联研究》工作。他想为他的儿子找一个中国笔友，他的儿子叫亨利·奥登，九岁。法国小孩。太稀罕了，我立刻抢到了这个朋友。我给亨利写的信总是长长的，我脑子里已经有了一个固定概念，写信一定要有"意义"，尤其是对外国人特别是资本主义国家的人来说更得这样。所谓意义就是我们已经被灌进脑子里的政治概念，我给亨利讲中国的总路线大跃进人民公社三面红旗，十月一日的大游行，工农业大好形势，我们少先队员植树造林种蓖麻除四害的活动及表决心等等，密密麻麻的一大篇，整个一篇政治宣传材料。

亨利的信很简单，几行字，说到某地度假去了，想要一些中国邮票等等，九岁的孩子能说什么？他寄给我一张他的度假照片，上身赤膊，穿着短裤，站在一个石板地面的小街巷里。他还给我寄过一个洋娃娃，非常漂亮，金黄曲卷长发，白色亚麻泡泡袖上衣，红底白花长裙，一个遮阳小帽，一双小白袜，还有精致的小鞋，全都是可穿可脱的。他还送给我一条白纱小手绢。礼物当然都是家长代办的。我送给他的礼物有一把工艺品小宝剑，各种中国特种邮票，还有一些玉佩之类的东西。照片信件和娃娃在文革中都销毁了，只留下了白纱小手绢，到现在还有。

　　一个暑假，爸爸带回来一摞《安娜·卡列尼娜》的翻译样纸，让我们把里面的插图页挑出来保存，我们兴奋地马上动手，抢最好的画页归为己有。爸爸看我们干得有兴趣，又拿出一大摞过期的画报杂志让我们剪贴。这些都是苏联高品位的画报，一份叫《星火》，上面连载过一个反特长篇小说《一颗铜钮扣》，爸爸曾经每天晚上给我们讲一段。还有一份是《苏联画报》，一份是法国共产党办的《苏联研究》。这些杂志里有许多美丽的风景图片、生活照、名画。不像现在西方杂志上的图片那么煽情，商业化，脱离生活，苏联画报的图片精美高雅，寓意深长，充满人性的光辉。

　　我们争相剪裁，常常为此打架。最好的图片多数被海燕占有，她把这些图片分门别类贴了几大本，供同学和朋友们欣赏。最受大家欢迎的是一本电影明星集，里面贴的是从《大众电影》《上影画报》和电影说明书上剪下来的中外电影演员（不光是明星，也有一般演员，甚至还有导演和配音演员）的玉照以及他们参演的所有的电影剧照。爸爸在封面上题字"影星荟萃"。画册在同学们中间传来传去，最后不知落入谁家。直到 2003 年住在法国的同学华卫民还问起《影星荟萃》的下落。

　　我还利用剩纸堆里的零头碎尾制作了一种小工艺品——用彩色小碎纸头贴在捡来的小碎玻璃片上，就成了一幅小巧玲珑的玻璃画。玻璃小如指甲盖，根据不同形状贴上合适的小画，小人小花小树小房或者是花纹甚至什么都不是的色块。同学们都喜欢，一时间每个人的铅笔盒里都有一小块玻璃画。

　　我们最大的财富是小人书,最多时达到一千多本,涉猎范围广泛,古今中外,经典名著,民间俚俗,才子佳人,妖狐鬼怪。单本的,成套的,红楼水浒三国西游聊斋,无所不包。每周末爸妈给我们一块钱买书,我们四个立即奔赴王府井的儿童书店。小人书一般一两毛钱一本,一块钱可以买六七本。

　　一次我们挑了几本小人书,两本字书。付钱时海燕发现钱不见了,当场大哭。书没买成,海燕一路哭着回家。我觉得很沮丧,但是也觉得海燕这样哭太不好意思了。

家里有这么多小人书还不够,我们还要到猪市大街和马市大街把角的小人书铺去租书。周末晚上父母常不在家,不是去看话剧听京剧就是看舞蹈听音乐,或者是访朋友,走时给我们留两毛钱租书。

租书铺的男女老板和儿子女儿都长得像是一个模子里刻出来的,都是高头大马,金鱼眼睛,一脸横肉。尽管我们是老熟客了,但是他们从来不和我们打招呼,没有一丝笑容,冷冰冰凶巴巴,我们都不喜欢那家人,但实在爱那些小人书,每周都有新的。书租回家看是二分钱一本(在书铺看是一分一本),第二天还。两毛钱租十本,回到家横七竖八地躺在床上美美地看一晚上。

当然,在我们必读之列还有"字书"和各种报章杂志。爸爸妈妈订阅了《人民日报》《光明日报》《文汇报》《人民文学》《新观察》《收获》《译文》《大众电影》《民间文学》《上影画报》《电影故事》,以及《苏联画报》《星火》《苏联研究》十多种中外文报刊,给我们订的有《小朋友》《新少年报》《中国少年报》《儿童时代》《少年文艺》《儿童画报》《儿童文学》,天天有报章杂志送来。

我经常陷在爸爸书房的沙发里浏览书报,看也看不完。后来的几十年我不知多少次地梦见在西屋想把积压的没有看过的报纸杂志看完,却总是整理不出头绪。

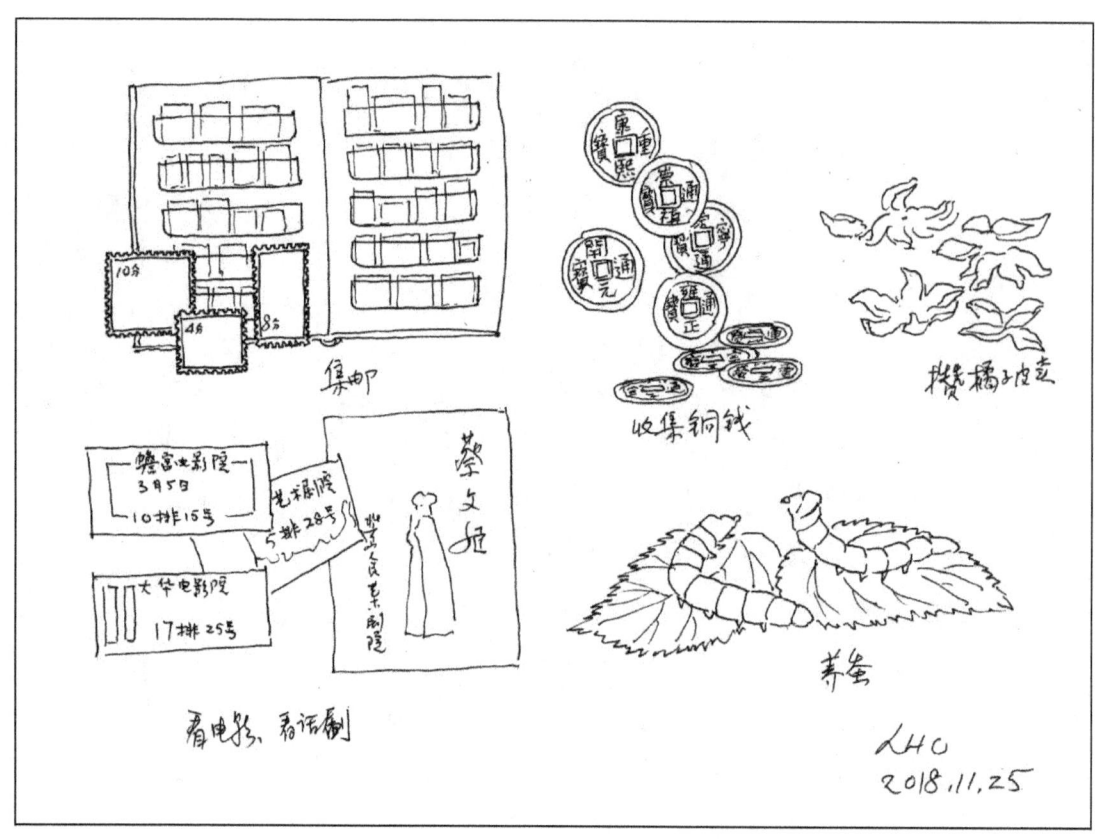

我们生活还有很多内容,我们收集邮票,攒铜钱,养蚕,收集橘皮卖钱,几个小孩一天到晚忙忙碌碌。最最主要的事情是看电影话剧。我家附近有四个电影院——蟾宫、工人俱乐部、东四剧场和明星影院,看电影极为方便。几乎所有新上映的电影我们都看了,如果附近没赶上什么好片子,还要跑到远一点的大华、红星或儿童影院。我们平均每天都要看一场电影,周末或假期有时一天要看两场。儿童场五分一张票,成人场从一毛五到三毛。

人艺话剧院离我家只有十分钟的路。五十年代中期到六十年代初正是人艺话剧的兴旺时期,优秀剧目连台,中国最有实力的编剧导演演员在这里演出了一出出名洋古剧。父母常常在晚饭后说散步去,就"散"到了剧场,买票或等退票看话剧。如果好看,他们就买票让我们去看,话剧票便宜的五毛一张,看一场话剧是很奢侈的事情。多少年下来,人艺的主要剧目我都看过了。还有长安街的青年艺术剧院,东华门的儿童艺术剧院,一个剧目都不放过。

很多电影话剧当时不一定完全看懂了意思,但是在自己的理解水平上是"懂了"。至少其中的深意模模糊糊地体会到了,不管懂了多少,还是一点点进到心里,在以后几十年里厚积薄发。

夏天我们在什刹海游泳,冬天去北海滑冰。我更喜欢滑冰,八九岁第一次上冰场摔了八十几个跤,就学会了。我们每个星期六晚上都会约上几个好朋友去北海或什刹海滑冰,在冰场上肯定还会遇见一些同学。我们一起玩追人或手拉手一大排拦截别人(不管认识不认识)。我们一块学花样滑冰——画葫芦,蹲起,燕式平衡。玩得疯极了。饿了,就到冰场小卖部买一个大白馒头,又热又煊,里面还夹了一块炸鱼,又香又酥。困难时期开始后我们才停止了滑冰。

那时的冰场真是人民的冰场,是滑冰爱好者和普通人的娱乐场所。到了文革时期冰场成了干部子弟的天下,一帮帮的茬架,拍婆子。再后来干部子弟的大势已去,冰场又成为流氓混混的天下,寻衅闹事,追逐女性。我从此远离冰场。

父母愿意让我们受到一切文学艺术的熏陶，送我们去学钢琴。我从小就喜欢钢琴。在托儿所时入睡前阿姨在活动室的钢琴声伴随我们入睡，我相信那是乌克兰民歌《滔滔的第聂伯河》，因为后来我一听这首歌就觉得如此熟悉。

我的钢琴老师叫陶玲，住在东四三条。陶玲是个旧式妇人，独身一人（后来发现她也是老贝满的学生）。她穿着高雅，神态傲然，对我的态度很冷淡，不喜欢我。我的衣服又破又脏，手也总是不干净，冬天一层皱黑洗不下去，让我自惭形秽，坐在她身边弹琴，十分紧张，总也弹不好，不知得到多少斥责。

我家没有钢琴，每天放学后到椿树胡同一家去练琴。那家的妇人和家庭摆设显示他们不是文化品位很高的家庭，所以我假设他们是小工商业资本家，在发达时附庸风雅买了钢琴，公私合营后，无可奈何花落去，只好出租钢琴。我懒得弹单调的练习曲，用一个指头弹我会唱的歌，待回琴时，自然又少不了一顿批评。后来因为大跃进的冲击，我们都停止了学琴，但想拥有一架钢琴的愿望在我心中绞成一块心结。直到来到澳洲我才买到了心仪的钢琴。

爸爸还给我们做了一个标准的乒乓球台，招来很多同学，特别是1961年第26届世界乒乓球锦标赛在中国举行后，全民"乒乓热"达到顶峰，放学后我家的球台更是一刻不闲到天黑。

院子里有一个清代大缸养了一群鱼，给我们带来了很多乐趣。

每天下午四姐妹的同学们都喜欢到我家来，打球，观鱼，看书。我们的院子里总是热热闹闹的。

还有一件有趣的事——拨云母。用一个顶端磨成尖刀状的钢锯片，把一块云母一层层拨开，最后拨成透明的极薄的片片。云母是无线电厂发的外活，做收音机中的绝缘层，家庭妇女领来拨，挣点钱帮补家用。同学们都觉得很好玩，你试试我试试，一时间拨云母风靡学校。我们四姐妹也拨上了瘾了，和胡同的老大妈一起排队去领云母块。

妈妈坚决反对，说，耽误学习不说，还吸入云母粉尘，早晚有一天要得肺矽病死去（这是她说话"语不惊人死不休"的风格）。偶然一次，妈妈拨了两刀，突然发现其中乐趣：一块云母可以无尽无休地剥离开来，只要你的工具对头。于是妈妈戴上花镜，站在灯下，再也不肯放手。第二天早上一看，她的桌子上拨好的云母白花花地堆了一大片。

周末我们全家经常去公园游玩，秋天我们去逛西山（现在叫香山）。到了西直门，就没有到城外的公共汽车了，除了驴马车，只有一种在西直门发车的柴油车，黑色的，比吉普大一点，后面背一个大锅炉，冒着黑烟，开起来哐哐哧哧。两排椅子面对面可以坐十来个人。在西直门要去城外的人排成了大队，曲曲弯弯绕了几个圈子，良有秩序。车子十几分钟来一辆，我们往往要等一两个小时。有时好不容易轮到我们上了，又因为只剩下一两个位子装不下我们一家人，还得再等一辆。

　　到了西山，首先直奔周家花园，现在叫樱桃沟，那里古树参天，巨石嶙峋，溪水潺潺。我们顺游而上，到溪水尽头，岩壁上有一泉眼，泉水喷薄而出。接几瓶刚刚冒出来的清泉，冰凉，把带来的水果放在溪水里"冰镇"，妈妈去挖青苔带回去安放在她的假山上，我们在溪水里抓小鱼。水里有成群成群的小鱼苗，用爸爸的大手绢一次就可以兜上来几条。抓起来的鱼苗装在汽水瓶里，但是总在半路上就死了。溪边长满了水芹菜，也叫西洋菜。妈妈非常喜欢这种只有在她广东家乡才吃得到的菜，我们摘一大堆带回家煮汤喝。

　　我长大后在海淀永丰中学教书，永丰以南十几里外是绵亘的大山，一次我去爬山，意外地发现翻过几座野山下去就是樱桃沟，我经常翻山过去，每次都要摘大把西洋菜带给妈妈。

　　出入樱桃沟要经过卧佛寺,卧佛寺的山门古旧沧桑,门前有一两个茶肆,露天摆几张旧裂的木桌,几乎没有人光顾。从卧佛寺出来我们总要停在这里喝茶,小吃。店小二热心地跑腿,端来一些煮金丝小枣、煮花生豆之类的零食。

　　从卧佛寺到碧云寺有一片漫长荒凉的旷野，有一条汨汨流淌的小溪横穿而过。爸爸妈妈坐在溪边，摆开野餐，野餐的食物非常丰盛，有"浦五房"的卤肉、熏鱼，还有"义利"的面包果酱花生酱，肯定还有两暖瓶鸡汤。

　　吃过午饭，我们孩子在溪水里玩耍。水很浅，也就到我们的腰际，有一次我在水里滑了一跤，倒在溪水里被冲走了，海燕吓得大喊大叫："海鸥淹死了！海鸥淹死了！"她拼命追上我，一把把我从水中拉出。爸爸妈妈赶过来说海燕拉得真是及时，前面不远就是一大块巨石如果头撞上去可就麻烦了。

野餐再丰富也抵挡不住路边农妇卖的野食吸引我们——刚下树的核桃嫩得嚼出水来；当天摘下来的山葡萄有一种极为特别的香味，多年后巨丰葡萄上市，我一吃就感到一种童年熟悉的味道，我猜想巨丰就是从那些山葡萄发展而来的；或者买一把莲蓬，一人举着一根，挖出绿色的莲子，剥皮。白色的莲子肉鲜甜，清脆；还有新掰下来的老玉米，比起城里商店卖的，其鲜其香不可同日而语。

五十年代后期，政治运动天灾人祸一个接一个，妈妈爸爸不是上党校学习就是下放劳动，自顾不暇，连我们孩子的生活都乱了阵脚，全家再也没有同游过西山。

九十年代末我回国，和同学们一起去了一次樱桃沟，只见络绎不绝的大爷大妈拿着大塑料桶排队在泉眼接水（说是治百病），截断了岩石间的溪流，只留下一个个死水坑。通往碧云寺的荒野已修饰得"漂漂亮亮"，小溪已经没有踪迹，只见新造的亭台廊厦、方砖地、柏油路、路边花坛，还有一个大型热带植物园也列为香山一景，十分的"旅游化"。

这是我最后一次去西山，童年时代充溢着乡村野趣的乐园没有了，我不会再去了。

　　1956年的一天父母带着我和海燕克阳到了齐白石的"寄萍堂"。父母是专程去求画的，我那时七八岁，懵然无所知，只当是去串门。

　　虽然是夏天，白石老人仍着长袍，戴镶玉圆帽。老人的家中均置以老式家具，客厅中几个直通天花板的雕花木柜上加着中式大锁。老人撩开长袍露出腰间一大串钥匙，打开一个木柜，从中拿出两块鸡蛋糕给我们小孩。说实话，这是我记忆最深刻的事——蛋糕就是当时街上买的两毛一斤的普通蛋糕，不知放了多久，已经干硬得像石头一样。我用牙齿慢慢地嗑着蛋糕，想扔又不好意思。

　　白石老人先为父母作画,画的是一幅两尺多长的牵牛花图。白石老人饱蘸墨汁,落笔就是几片牵牛花叶。站在一旁观看的姐姐向来口无遮掩:"这是什么乱七八糟的,我也会画。"妈妈吓得直捅姐姐,也不知老人听见没有,不过童言无忌,相信听见了也是大人不记小人过。瞬间红色牵牛花跃然纸上,黑红相衬,神形毕出。右上首题"刘辽逸汪容之同志留念"几字,左下首写"九十四岁老人白石"。

六　家园,滋养我们成长的沃土(1955-1958)

　　然后白石老人给我们姐妹四个一人画了一幅，一尺见方。老人作画神速，一挥而就，每幅画三两分钟就落笔完成。

　　给海燕的画是四只小鸡，站成方阵在拉扯一条蚯蚓，上题字"他日相呼，海燕小朋友留念"。爸爸立刻抓紧教育："懂这句话的意思吗，这是说你们四姐妹现在为一点小事你争我夺，将来长大了还是要彼此呼应，相互关照的。"白石老人问我："小妹妹喜欢什么？"他的口音很重，我几乎听不懂，只当是问爱吃什么，答："虾。"于是得到的画是一对大虾，克阳的是青蛙，刘元的是鱼。画上都题了我们的名字还加上了"同志"或"同趣留念"的字样。

　　之后老人再次打开柜子，内列各式印章，老人在画上一一钤印。

　　当时在座求画的还有李济深的小儿子李沛瑶（李后为全国人大副委员长，1996年2月在家中被警卫员打死）。巧得很，爸爸1945年在广西梧州李济深筹办并任校长的大陂山中学教书，李沛瑶正好在该校读书，一晃十年，师生二人在"寄萍堂"不期而遇。李沛瑶笑着承认，当时爸爸讲课说普通话，他一句也听不懂。爸爸请李沛瑶替我们和白石老人拍了几张照片留念。照片上白石老人居中，正在挥毫泼墨作"牵牛花"，父母站老人身后俯身微笑注视画面，我们站立两侧，表情有些茫然。

　　白石老人的润笔费现在看来便宜得惊人，六块钱一平方尺。临走经过门房，白石老人的听差——一个从宫里出来的公公——拦着爸妈，拿出一摞主人赏他的画兜售，爸爸妈妈看中了一幅"鸳鸯戏水图"，二尺半宽，色彩绚丽，白石老人的少有的彩色水墨画。这些画总共花了五十元。

　　带着六幅墨宝我们心满意足地离开"寄萍堂"，在荣宝斋装裱并配以金丝楠木镜框。自此，这六幅白石画张之素壁，令厅堂生辉。

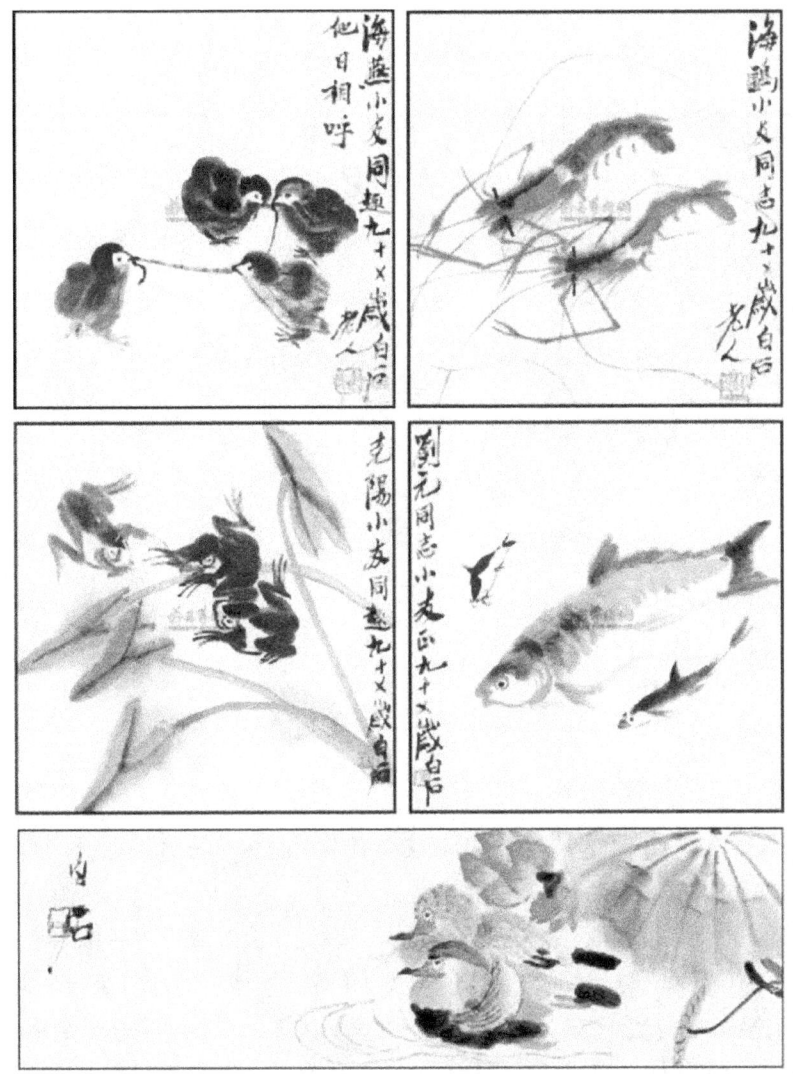

　　文革中已经作古十年的齐白石被江青点名批判为"地主阶级反动文人"。在抄家之前妈妈销毁了我们与白石老人的几张合影，把白石画塞进了院中茅厕，一般红卫兵不会光顾那里。几年后白石画已经开始生霉，没法处理，又舍不得扔，干脆把写着我们姓名的五幅画卖给了荣宝斋，二十元一平方尺，换回 120 元。唯有《鸳鸯戏水图》，上覆伊文思拍摄的周恩来照片权作掩护，得以保留。此画极为父母所珍爱，视为家中无价之宝。父母去世后，"鸳鸯戏水"也贱价卖掉。

　　如今这段往事已经逐渐模糊，照片的销毁，画作的流失令往事的佐证也已经了无痕迹。

　　六十多年后我偶然在雅昌艺术网站上浏览，忽然又见到它们了，暌违多年的老朋友！除了没有看见爸爸妈妈的"牵牛花"，其它都在！一看见它们，无数儿时记忆扑面而来，眼泪涌了出来。想起来不由怀疑，人生是什么，人生真如一场梦。醒来什么都是空的。

（上面白石画的照片来自网络）

六　家园，滋养我们成长的沃土（1955-1958）

　　一九五七年我们度过了一个最快乐的春节，这个春节对我们来说奢侈之极，我们各自选了喜欢的花布，每人做了一件新罩衣；每人选了一件玩具做新年礼物。尽管玩具单调简陋，我们还是非常高兴。克阳怀抱的是捷克来的小熊，市面上根本没有卖的。妇联经常会收到世界各国赠送的礼物，积累得多了，就分堆由员工们抓阄，妈妈抓到了小熊，还有一条具有波斯特色的纱巾及一个铜质刻花的啤酒杯。小熊成了孩子们的宠物，我们给它穿上了海燕出生时妈妈手工缝制的小衣服，是用几块家织粗布拼成的小百衲衣。熊娃娃后来又成了海燕儿子同同的最喜爱的伴侣，以至再后来他给自己的儿子取名"小熊"。

　　这个春节过后就是迅疾而来的"反右斗争"，大跃进，大饥荒以及无尽无休的运动，我们再也没有过过一个像样的春节。

七、我们是共产主义接班人

（1956-1959）

加入少年儿童队是我们人生获得的"第一政治生命"，从入队的那时起，听党的话，做党的好孩子就成为我们行为的准则和前进的方向，虽然我仍然调皮，但是我的心开始跟着共产党的脉搏一起跳动。

三年级学校改为公立,对教员不再称"先生",而改称"老师"。

班上开始建立少年儿童队。同学们一批一批戴上了红领巾。入队的程序很简单:班主任说了算。三年级我们换了一个班主任,这个老师可不像王老师一样姑息我,她好像特别不喜欢我,上课我周围有人说话淘气,她不问青红皂白,总是批评我。她是不会让我轻易入队的。我特别羡慕别人胸前的红领巾,在家戴着姐姐的红领巾上街。我也知道入队是一件关乎"政治生命"的大事,我早就会唱那支让我们无比振奋的歌曲:"红领巾,胸前飘,少年儿童志气高……时刻准备着,为国立功劳。"但是没有红领巾,唱起来很心虚。

差不多全班人人脖子上挂了一条红领巾时,我才赶上了末班车。当中队长的好朋友悄悄告我,我之所以能入队是因为会画画,少先队的黑板报需要一个会画画会写美术字的人。

从那时起,做党的好孩子是我高尚的目标,我的心跟着共产党的脉搏一起跳动。

1955年以前,我的记忆充满了美好的事情,但生活并不真是这样,当我们会听新闻看报纸了,危机感便扑面而来——国民党反动派正准备反攻大陆;右派分子积极配合反革命分子要推翻共产党的统治;美帝国主义对中国正在虎视眈眈……我们不再无忧无虑天真无邪,我们对世界充满了警惕。

1955年全国开展肃清一切反革命分子的运动。报纸上不断报道破获了潜伏已久伺机变天的或台湾空投潜入大陆的美蒋特务组织。反特电影《寂静的山林》《国庆十点钟》等不断地给人们敲响警钟。《中国少年报》和《新少年报》也号召我们少年儿童提高警惕,挖出身边暗藏的反革命分子。报纸上有个故事说一个潜伏特务男扮女装混入国家机关,因为有大喉结并能一手提四个暖水瓶引起人们的怀疑,从而被揭发出他的真实身份。还有一个故事说南方某农村一个少年儿童发现家中新来的亲戚很可疑,双脚白皙,手臂上有戴过手表的白印迹,就大义灭亲,报告了公安局,果然是个台湾空投特务。

那是一个英雄的时代,人人都想抓住一两个美蒋特务反革命分子,成为英雄。我们最喜欢的小队活动就是到景山玩"抓特务"的游戏。由"特务分子"在山上做记号或藏纸条,其他人按照这些线索去搜捕"特务"。

七 我们是共产主义接班人(1956-1959)

我们都想当为国除害的小英雄,每天放学我都要按照报纸上讲的抓特务的方法在街上寻找"特务"留下的蛛丝马迹。终于被我发现了!有一天放学的路上我在一个墙角发现一个可疑的粉笔画箭头,指着地下,旁边还有几个数字,这一定是特务秘密接头的暗号,或者意示这下面埋着定时炸弹。我推断特务分子必然还有其他的活动暗号,我把箭头和数字抄在纸上标明地址,继续往前搜索,果然在墙上地上电线杆上总可以看见一些叉叉道道圈圈,我激动得气都喘不上来,一路寻找下去,不知走了多远,天已经全黑了,什么也看不清了才罢休。

下一个壮举是到派出所报案。当我郑重地把画满奇怪符号的纸片交给警察叔叔,他没有我想象地那般紧张和重视,反而笑了,他说:"这也可能是电线工人或管道工人作的记号。"见我脸上露出失望的神色,他又说:"小同学,我们非常感谢你的革命热情,希望你继续保持高度的革命警惕性。我们会调查这些符号的,天黑了,快回家吧。"

因为晚回家遭到妈妈的严厉训斥,但我没有告诉她我干什么去了,我觉得我正在干一件神圣和机密的事情。我盼望着有一天公安机关根据这些线索破获重大反革命集团,报纸上登载了我的事迹,我在全校大会上受到表扬,老师们全改变了对我的看法,但是此事后来杳无音讯,那一天始终也没有出现。

1957年缅甸总理吴努来访,又正好碰上他的某个在中国上学的儿子过生日,缅甸大使馆为此举办了一个大规模的生日联欢活动。妇联的孩子近水楼台都去参加了。我一件像样的衣服也没有,裤子全是打补丁的,妈妈特地带我买了一条新裤子,上身就穿一件毛衣打马虎眼。

大使馆的室内外布置得如过盛大节日,孩子很多,亚洲面孔的多,分不清是哪国的。吃饭时间到了,是缅甸餐,饭菜和汤都是红红的,又酸又辣。饭后大厅里几条长桌上摆满了水果、高级糖和大蛋糕。那些大蛋糕只有在外国电影里才见过,顶上是红红绿绿的奶油花。孩子们只吃上面的奶油,剩下的蛋糕大块大块地切了喂狗吃。那些狗得了便宜,撒了欢地满院子跑。中国孩子将各种高级糖果一把一把地塞进兜里,很快糖果就拿完了,我知道这样做是很丢人的,一块也没有拿。

饭后我们到院子里玩游戏,院子里有各种游艺活动,还有许多北京小吃,炸糕、糖葫芦,随意可取。我在荡秋千,有个小男孩过来问我能不能和我一起玩。小男孩皮肤黑黑的,大眼睛,很好玩。我让他上来,两个人面对面站在秋千板上,荡得高兴。

这时周恩来总理走过来了,站在我身边,他身旁还有一些人,穿着白衣长筒裙戴白头巾,我停下来,有点不好意思地看着周总理,周总理主动跟我打招呼:"小朋友,这个小男孩是哪国人?"我说:"是中国人。"周总理问:"你怎么能知道呢?"我答:"他和我说中国话了。"我的逻辑很简单,说中国话必是中国人,其实那些外国小孩长期住在中国,人人讲一口中国话,而且中国小男孩是不会主动要和一个陌生小女孩玩的。总理笑了说:"好,你们要团结友爱。"就离开了。总理一定是从他的外貌上看出他是东南亚的小孩,见一个中国小姑娘和一个外国小孩玩得那么高兴,才上前来询问的。

1958年2月中共中央发出《关于除四害讲卫生的指示》，全国掀起除四害（老鼠麻雀苍蝇蚊子）高潮。4月份全国开展了一场为时三天的集中火力消灭麻雀的运动，给我们那一代人留下了不可磨灭的印象。消灭麻雀第一天的报纸上头版头条印着：

"轰！让麻雀无处落脚，饿死累死！

打！让麻雀上天无路入地无门！

毒！让麻雀断子绝孙！

掏！销掉'老家贼'的'户口'"！

"轰打毒掏"是全中国人民消灭麻雀的指导方针。

麻雀成了我们心中最凶恶的敌人。麻雀和我们有什么深仇大恨我不知道，我们响应的是党的号召。

学校停课三天，我们五年级的学生被编成小组到指定的居民院子里轰麻雀。清晨四点钟，街道积极分子拿着铁皮喇叭挨家挨户地喊起来："街坊们，该起床轰麻雀啦！"接着就是乒乒乓乓的敲打声。我们每人手持一根竹竿，上面拴一根小布条，只要一见有鸟儿飞过便挥动竹竿大声吆喝，同时可以听到来自街上和各个院子的锣鼓齐鸣（其实敲的是脸盆和锅碗），杀声震天，如同全民的狂欢节日。

克阳年纪小，留在家里轰麻雀。她说，没过多久就听见一个高音大喇叭里喊："崔府夹道大槐树上有麻雀！"那是设立在本地制高点隆福医院大楼上的"轰麻雀指挥部"发出的指令，他们眼观六路，大喇叭声音覆盖四周余里，居民们指哪儿打哪儿。崔府夹道就我们一家有大槐树，喇叭说的是我们家，阿巧忙不迭地在树下敲打。树高，疲惫已极的麻雀，死活不肯离开。一会儿大喇叭又点名道姓地喊："崔府夹道16号大槐树上有麻雀！"连克阳小小的年纪都觉得脸丢得没地方放。

我回家后见几个不知从哪儿派来的大男孩子站在我家的房顶上，用竹竿拴着红领巾轰麻雀，我爬上梯子一本正经地批评道："你们是哪个学校的，你们老师怎么教你们的，红领巾是红旗的一角，是用烈士的鲜血染成的，不准用来轰麻雀！"那些孩子理屈，不敢说话，赶紧溜下房。现在想起来，那个时候的男孩子真老实，都比我大呢，不会打架，连吵嘴都不会，错了就是错了，溜之大吉。我一看卫生间灰顶的房子被踩漏了一个大窟窿。第二天学校通知不让学生上房了，头一天出现了不少孩子掉下来摔坏和房子踩漏的事故。

可怜的麻雀无处落脚，光是最后一天，全市捉了四十万只。这一年全国共消灭了19.6亿只麻雀，不仅麻雀，各种鸟儿跟着一起遭难，城市的上空很长时间看不见一只飞鸟。麻雀的消灭破坏了自然生态的平衡，导致了后来一些地方严重的虫灾。

七　我们是共产主义接班人（1956-1959）

　　1958年8月，为了完成当年1070万吨的钢铁生产定额，毛泽东发令："书记挂帅，一切保钢。"一时间轰轰烈烈的全民炼钢运动开始了，钢厂炼钢和土法炼钢同时并举，大大小小的炼钢土高炉遍布中国大地。大炼钢铁运动深入到小学生甚至幼儿园。那时我们只有一个心思——1070！1070！有了这些钢我们就可以把英美抛在后面，就可以立于世界民族之林。

　　少年儿童的任务就是收集可以炼钢的废铁。每天放了学我一路低头弯腰地走路，如果发现了一颗铁钉一段铁丝便如获至宝。我家附近正在建华侨大厦，我每天到工地上挖一些生锈的铁丝、铁钉。我喜欢和工人们聊天，有时候他们会主动给我一些金属物件。老师让我们把家里不用的铁器交到学校。回到家，姐妹四个为了争抢家里的铁制品，打得不可开交。家里的铁锅铁壶都被我们交了公。保姆阿巧虽然不明白外面发生了什么事，却恪守其职，坚决保护下来一套做饭烧水的炊具。

　　学校也搭起了土高炉。至于废铁能否在这个一人多高，直径一米的土"碉堡"里炼成钢，我心里是半信半疑的。我在电影里看到过真正的炼钢过程——巨大的厂房，炼钢炉像楼房一样高，温度热得像火焰山，炉前工往炉子里加煤时扔进一铲煤就迅速跑开，然后有第二个人如此操作。当钢水融化到一定程度，巨大的钢水炉倾斜倒出红色的铁流。这个过程需要一定程度的机械化、电气化和先进设备。怎么一下子人人都可以炼，处处都可以炼了呢？但是党说的话我们是无条件地相信的，我们不遗余力地按照党的要求去做。我们兴奋和好奇地等待着看钢铁是怎样炼成的。当学校敲锣打鼓地庆祝钢铁出炉时，我失望地看到，出来的是一些黑乎乎的，带着许多小孔的无形无状的块状物，什么都不是，和我家冬天烧煤球从炉子底下撒出来的烧不透的黄土渣一样。

　　1958年大跃进中，妈妈因为有私房受到单位批判。街道也来闹共产主义，要求我们捐献房屋做食堂或托儿所。那阵爸爸头上闹脂溢性皮炎，长疮流脓，总也不好，糊了黑乎乎的一层中药膏，戴上白布帽，样子很滑稽。保姆阿巧说这是为房子急出来的。后来爸妈终于与街道达成协议——我们让出东屋，搬进一家房客。

　　搬进来的住户人口简单，夫妻两人。两个人的"名声"都不好，因为女的解放前是妓女（那时人们对妓女特别歧视），男的以前是地痞。不过他们与我家相处还好，大家相安无事。女的长得不好看，却很特别，身材纤细，却线条丰富，大奶，蜂腰，大得不相称的臀部，走起路来屁股摆得让人担心会把腰摆折了，非常性感。她说话绵绵软软，嗲里嗲气，向来称丈夫"亲爱的"。男人身材高大，膀大腰圆，长方脸，浓眉大眼，连毛胡子刮得青青的。一下班两人就半裸着跳"蹦嚓嚓"，妈妈不让我们孩子接近他们，怕学坏了。

　　保姆阿巧原来住在东屋，现在不得不搬进了厨房——一间八平米大小的房子，和大灶锅炉水池子一起生活。为此事阿巧气得要死，恨透了新房客，经过东屋总要呸呸吐两口吐沫，去去邪气。

　　女房客在工人俱乐部对过的商店里卖点心，如果我们去买，她就把秤杆打得高高的。困难时期她的铺子里有时卖高级点心，价钱十几倍于普通点心，但铺子里挤满了人，要排大长队才能买到。轮到我们，她就把秤打到顶，我们觉得占了莫大的便宜，高兴得不得了。

　　文革一开始他们就搬走了，说男的是地主分子，被遣返回乡。女人抱养了一个小孩，不知去了哪里。旋即，东屋又搬进了一家六口人。

　　四合院的欢乐渐渐远去。

　　报纸说大跃进这个"生产力"的变化带动了"上层建筑"的变化，其中一个重要特点就是"群众性文化创造"的兴起，诗歌美术不再停留在沙龙中被少数人垄断，而成为大众手中的艺术。大批的农民诗人农民画家和大批的民歌民画涌现出来。中宣部要求人人写诗歌颂"三面红旗"（总路线、大跃进、人民公社），文化界也"放卫星"（做出突出成绩的意思），于是我们的作文课要求写大跃进诗。

　　这种诗还不好写？我拍拍脑袋就是一首，一口气写了十来首，歌颂总路线的"自从公布总路线，人人脸上笑开颜。全国人民加油干，快马加鞭飞向前。"歌颂人民公社是"喜鹊枝头喳喳叫，人们为啥这样笑？原来是人民公社成立了。爸爸进入炼钢厂，妈妈参加咱食堂，弟弟送进幼儿园，奶奶进了幸福院。"这些大而无当内容空泛的"诗"，就是那时群众诗歌创作的缩影，大多数的"诗歌"，甚至大诗人郭沫若的"诗"也就如同我这个五年级孩子写的水平："大家齐努力，一切动手干。光辉的目标在眼前，加紧往前赶！"还能再差些吗？

　　顺口溜流顺了嘴，我又开始抖机灵了，把课本上的古诗都按韵脚改成了搞笑的顺口溜。比如《悯农》变成："上课日当午，腹中响如鼓，冲出校门去，买块烤白薯。"还画画配诗。一时间我的歪诗在班上谬种误传，五十年后小学同学聚会，竟然还有同学能背出来。正当我得意之时，有一天我被叫到了办公室，校长拿着一张单子，上面记录着我的"杰作"，问，"这些诗都是你写的吗？""是。""是你亲自写的吗？""是。"校长的脸色一下子变得严厉起来："到底有没有人指使你写这些诗？"我知道不好了，吭哧道："没有。""没有就好，要知道现在反革命分子就是通过像你这样调皮捣蛋的孩子散布这样的反动诗歌，达到污蔑共产党破坏社会主义建设的目的。"我打了一个冷战，头一次知道反革命和我是可以这样联系在一起的。再也不敢了！

  我们的社会生活越来越丰富。五年级我们开始参加"五一""十一"的庆祝活动。我们的任务是"场内站队"——站在天安门广场上，手持花束，以"花的海洋"作为游行队伍的背景。几天以前，我们用树枝和彩色的皱纹纸自己制作花束。节日的早上四点钟我们就进入天安门广场等候，一待游行开始，我们就手挥花束，高喊口号。游行队伍过完后，广场上的几万小学生需要跑步"涌向天安门"。这是一个最危险的活动，曾有小学生跌倒被后面涌上来的人群踩死、踏伤。老师千叮万嘱不要摔跤，不要摔跤！几万热情洋溢奔跑的小孩子怎能保证没人摔跤呢？

  为响应绿化祖国的号召，春天我们到城外种植蓖麻和向日葵。秋天我们去收集种子。我们那时唱的歌是："荒山野林种植松杉果树，河边路旁栽种垂柳白杨，给山野挂起红色的帘子绿色的幔帐……"收获时向日葵的花盘已经不见，但蓖麻大量结籽没人要。老师说蓖麻不仅可以绿化祖国，蓖麻籽榨油还可以当飞机的润滑油，飞机有了油就可以打击美帝。

七　我们是共产主义接班人（1956-1959）

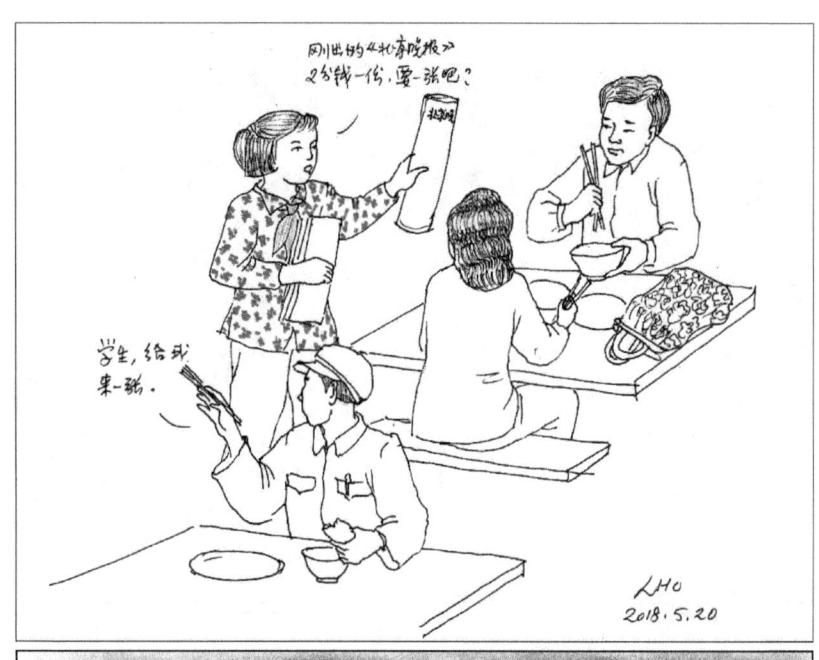

　　1958年《北京晚报》创刊，为了推广销量，让小学生上街卖晚报。人们对这份报纸还不熟悉，也许2分钱一张报纸对很多家庭来说都是一笔额外开销，报纸很不好卖。阿巧说："你到饭馆去卖卖，一个个地问，一定有人买。"果然在饭馆一桌一桌地问，很多人不好意思拒绝，只好买了。报纸很快卖完。

　　每天晚上我们还要承担起交通宣传员的任务，主要监督自行车有没有挂车灯，没有车灯的，就不允许再骑车。被截住的骑车人都非常客气，答应推车回家。不过我相信他们走出我们的视线后，就会一蹁腿又骑走了。

　　现在想起来那时的大人还是真不错。

　　我虽然有些淘气,但并不捣蛋,我一直努力当个好孩子,却总是不得其门。我寻找各种机会为班里做好事。我到各班把老师用剩的小粉笔头收集起来,捣碎,加水重新搓成粉笔,晾干,当我把一盒再生粉笔郑重地交给老师时,得到的回答是:"这种粉笔根本没法用,你要专心学习,别搞这些没用的事。"

每天早自习时间同学们要做大量数学习题，我跟老师争取到了每天早上在黑板上抄写习题的工作。我早上六点就从家里出发，天还黑着。我要赶在同学上早自习时抄完习题。到了学校校工还没起床，我在校门外传达室的窗下高叫董大爷开门。董大爷披着衣服睡眼迷稀地打开门，总要说一声："又是你，那么早。"

写完黑板，同学们陆续到校做题，我就帮他们解答问题，或帮老师批改作业。

苏共二十一大对斯大林发难，我们感到极为震惊，因为中国政府一向把斯大林宣传为我们的导师父兄。当听说斯大林的尸体从列宁墓旁移开并被火化，我们觉得这是一种令人毛骨悚然的滔天罪行，海燕甚至激愤得流下眼泪。

我多次向班主任于老师建议利用晨检时间给同学们读报，我感觉于老师是个不看报的人，讲起历史来像说演义，一次讲王若飞之死，说王和毛主席坐在一个小汽车里，蒋介石要陷害他们就打黑枪，毛主席一猫腰没被打着，结果打中了王若飞。把大家听得一愣一愣的，多奇怪，别看我们五六年级，也知道王若飞死于飞机失事。她还有许多政治词汇的运用让我们这些拥护党和毛主席的新中国儿童难以接受，比如"这是共产党的绝招"；"毛主席正在武汉监视炼钢工人"，这些言论大大地降低了她在我心中的威信。

最终于老师接受了我的建议。我每天晚上看报选出一些大标题和内容第二天早上给大家念。有时为了检查同学们的时事知识，我出一些近期发生的国内外大事做测验题，在班上搞一个临时小测验，然后由我来评阅，评阅完再做一个总结，同学们越来越重视听读报。

　　下了课,同学们现了原形,挤在一个角落玩"挤狗屎"其实,抛开那些政治活动,疯玩——这才是我们的本性。

　　五年级我考上了北京少年宫木偶组。我们先学做木偶，用泥做一个头，然后层层糊上小块报纸，等干了以后把纸壳一分为二割开取下来，再把两个半片纸壳粘在一起，涂上颜色，装上布袋就制成了。

　　接着我们开始排演剧目，都是些惩恶扬善的童话故事。我被分派的角色总是狡猾的狐狸，大概是因为我的声音尖锐多变。辅导员老说："你最适合演话剧，瞧你在下面的表情多丰富。"

　　暑假到了，木偶组简直就是我的家。我每天都去少年宫。白天我们做木偶，排演，没有活动也要去，那几座大殿有各种活动组，对我充满了吸引力。手风琴组有一个穿戴整齐白白净净的男孩子天天拉手风琴，吸引了很多女孩子观看；舞蹈组的女孩子自己美得不得了，我心里对她们很羡慕。我从小没有跳舞的机会，身材矮矮胖胖的，没有老师会选中我来跳舞。心里越是羡慕她们，表面越是作出瞧不起的样子，觉得她们像蝴蝶一样娇滴滴的，可又忍不住趴在门上看；美术组一人一个画架子，画写生、速写、水彩。我喜欢画画，一看就是半天。在少年宫活动的孩子可以自己制造汽水，一包小苏打一点柠檬精一瓶凉水就可以做出带气泡的水来。

　　到了晚上我们去各个小学演出，小学生们事先得到通知集合到学校，其他附近学校的孩子也由老师带来整整齐齐坐在地上，小脸仰着，巴望着节目开始。看见他们我的心里十分骄傲。演出完了都八九点钟了，回家时总发现妈妈在美术馆的路口等我，样子很不高兴。

七　我们是共产主义接班人（1956-1959）

　　一天晚上演出结束后我和同学高忆陵（也是木偶组成员）走回家，看见路上有一个盲人坐在地上在叨唠。我们上前去问："叔叔，你怎么还不回家呀？"盲人说："我家在十里堡，政府安排我到盲人合作社工作，今天去报到，谁知日子搞错了，只好先回家，但是我没有带钱，坐不了车，也不知道怎么回家。我一天都没吃东西了。"

　　我拿出还没来得及吃的芝麻酱烙饼给他，又和高忆陵凑了两毛钱，把他送上去十里堡的汽车。他一个劲地道谢，说你们真是毛主席的好孩子。

　　小学考初中的作文题目恰好是《一件好事》，我写了这件事，得到满分。

  六年级我和几个同学组织了一个话剧团，吸引了大批同学参加。第一个话剧由我编剧导演，表现大跃进中工人们克服困难，战胜保守势力，研发"活性染料"的事迹。为此我和班主任于老师发生了尖锐的冲突，她怕演话剧影响考中学，也因为我们自发的组织超出了她的权力和指挥范围，千般阻挠。她说："什么？搞'小集团'，坚决不能够！"我们不舍剧团夭折，偷偷到同学家或者人艺大院排演。同学们热切地盼望看我们的话剧，我们终于争取到了新年联欢会上演出的机会。演出时于老师脸色严峻，不屑一顾，影响了小演员的发挥，但是这个自编自演的话剧还是受到同学的热烈欢迎。

  后来我们又顶着风浪排演了《红领巾》《大扫除》好几出话剧，还在全校大会上成功演出了《大灰狼》，给于老师也长了脸。最终她不得不做出让步，承认我们是"小剧团"而不是"小集团"了，并且允许我们在规定的时间规定的地点排练和演出话剧。有一次于老师还给我们戏剧组一份报纸，让我们在全校大会上朗诵上面歌颂毛主席的长诗，这真让我们受宠若惊。其实老师不用那么担心，我们除了学习，还有使不完的精力。

  尽管大跃进搞得天翻地覆，学校三天两头停课去种蓖麻植树拣废铁卖报纸或干些别的什么，但是教学质量并没有下降，以教学为本，忠于职守的宗旨深入教师的灵魂，这就是文化革命前学校的好处，是旧社会过来的教书人的好处。

  1959年我小学毕业，班上大多数同学都以优异成绩考上"好"学校（那时没有重点中学一说）。我也以两门课199分的好成绩考上了北京女十二中。

　　再讲一点对男女秘密的探讨。有一天高忆陵告我她在《译文》上看了一篇泰戈尔的小说，讲一个老头娶了一个九岁的女孩为妻，每天晚上人们都听到屋子里传出女孩的哭喊："我不！我不！"她和我探讨老头对女孩究竟做了什么，女孩为什么说"不"。我们发挥了最大的想象，结论是他打她。为什么要打？不明白。从那以后我专门搜集泰戈尔的书寻找答案，无果。

八、再见了，自由不羁的元素

（1959-1962）

初中三年是我性格和行为自由放飞的顶峰和最后时期。有一天我读到了普希金的诗《致大海》，它的第一句打动了我，"再见了，自由不羁的元素"。我的感觉没有错，1962年9月的八届十中全会上"千万不要忘记阶级斗争"的号召打碎了我心中的浪漫情调，随着阶级斗争紧锣密鼓，我性格中的自由元素与我渐行渐远。

　　女十二中前身叫贝满女中,也是由贝满夫人所创建,与我们的培元小学原为一体,小学生毕业后多进入贝满女中。

　　初中部的校门外是一个教堂,也属于学校的一部分。一个星期天我到学校玩,见教徒们在教堂里做礼拜,我很好奇,想进去看一看,在门口被一个穿白色长袍的男孩子拦住,他说:"你不能进去。"我问:"为什么?"他说:"这里是圣地。"圣地?我只知道延安才是"圣地"。我很惊奇一个和我们差不多大小的孩子能说出这样的话。我们的天下是共产党的天下,我们少年儿童受的都是党的教育,是一种什么思想或力量能与共产主义教育并存呢?

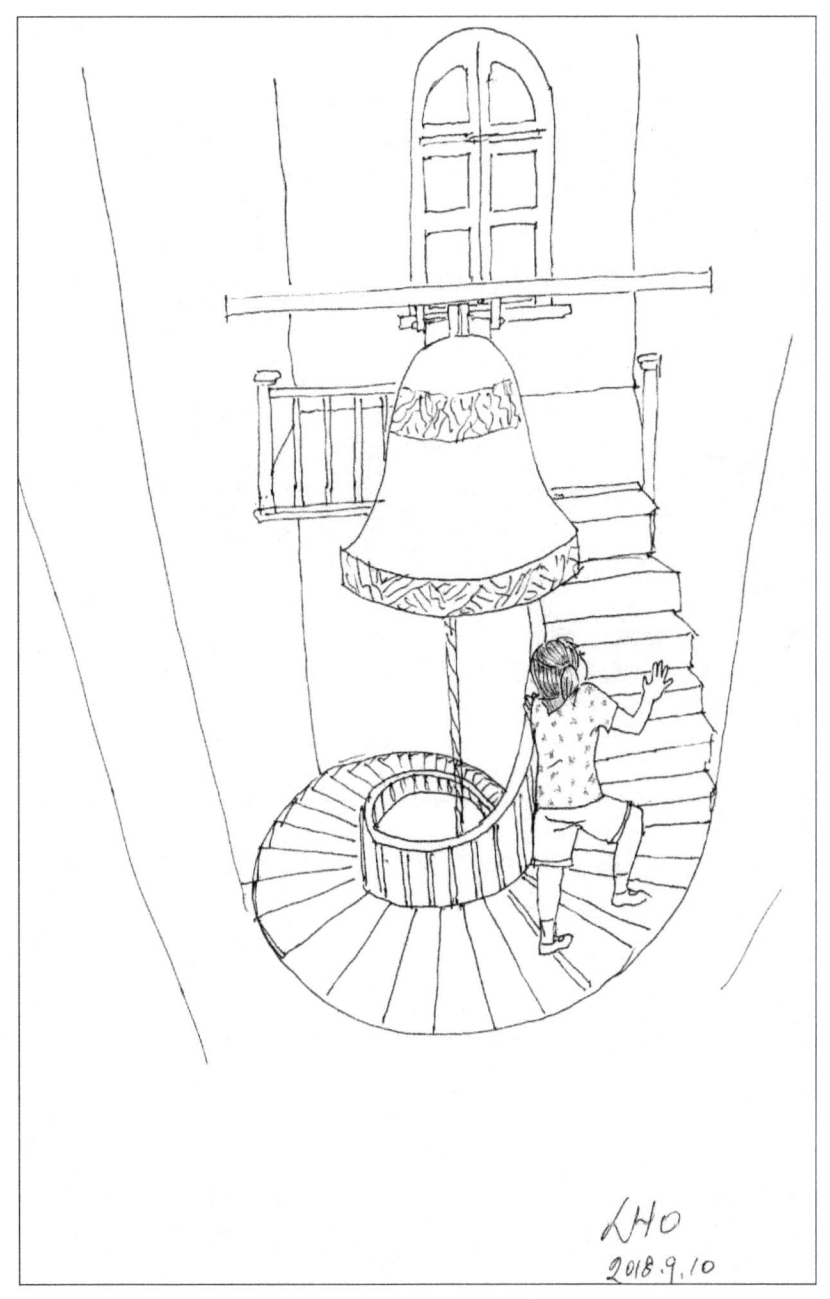

平日教堂的门总是敞开的,我喜欢溜进去感受一下其中肃穆静谧的气氛,尤其喜欢爬上教堂的尖顶,顺着窄窄的木阶梯,一圈圈螺旋向上攀去。安静极了,只听见脚步声"噔、噔、噔"。脑子里充满了外国十八九世纪以及中国反特影片的镜头,心中忐忑着,不知在头顶上会突然出现什么。身旁就是教堂的大钟,一根长长的绳子吊到下面,只须轻轻摇动绳子大钟便会鸣响起来,不过我再淘气也知道不可轻易敲响大钟。在顶层,透过小窗户向外看,天高地小,我的思绪飘得很远。

　　上中学前我对中学是有些恐惧的,只因为爬绳。那时中学的体育课照搬苏联的"劳卫制"标准,其中有一项是爬绳。姐姐海燕也在这个学校,比我高一级,爬绳不及格,每天晚上吃了饭就让我陪着到学校去练习。看海燕艰难地爬上一米高,又出溜下来,我确信我胖胖的身体一寸都爬不上去,更没可能爬上四米多长的绳子,发愁死了。

　　一天晚上一个练爬绳的同学从绳子上摔了下来,跌断了腿。此后学校取消了这项考核,并禁止学生晚上到校。这才打消了我对中学的忧虑。

　　(注1931年3月14日,苏联部长会议体育运动委员会颁布了第一个"准备劳动与保卫祖国体育制度",即通过运动项目的等级测试,以提高青少年的体力、耐力、速度、灵巧等素质。该制度由俄罗斯国一直延续至今。)

  上初一那年，正赶上中华人民共和国建国十周年大庆。从九月份开始，天天一放学就练习走游行队伍，学跳集体舞（北京市给各单位统一发布了十几个集体舞的音乐和舞步）。

  国庆节我们上午游行，晚上参加"狂欢"。所谓"狂欢"就是各单位主要是学校在天安门广场围成无数大圈，通宵跳舞。"狂欢"连续三天，我们学校和男校二十五中的学生一个圈，随着高音大喇叭不断变换的舞曲，男孩和女孩勉强拉着手，别别扭扭送走一个迎来一个（集体舞中男女生不断换舞伴）。不过跳完了舞，有很多女生收到了男生的信。连我们初一的小女孩都有男生追求。那个国庆节过得真是热气腾腾。我描写国庆夜景的作文还得到五分加的最好成绩。

我们的班主任姓李。报到那天见李老师身穿黄色旧军装，短发，方圆脸，鼻子挺直，嘴唇薄薄的，抿着，一副干练的样子，给我留下极好的印象。旋即又从同学们的嘴里听说她是共产党员，复员军人，更是让我肃然起敬，但不久我就对这个班主任失望了。

李老师是教政治课的，政治课先讲的是共产主义道德品质，列举了共产党自建党以来涌现的革命领袖烈士英雄模范人物，如毛泽东周恩来李大钊方志敏刘胡兰董存瑞邱少云黄继光。这些人物的事迹在我来说早已耳熟能详，除非讲出新花样来才能吸引住我，但李老师讲得干巴巴，照本宣科。后来又讲社会发展简史，从猿到人，从原始社会奴隶社会封建社会资本主义社会社会主义社会到共产主义社会，整整一部人类发展史，浓缩在一个薄薄的小册子里，没有个"三头六臂"，更是说不清道不白。

上政治课简直是一种精神惩罚。同学们各行其事。我在政治课上坐不住，又恢复了自由散漫的本性。我在上课看《简·爱》，这本书在学生中非常抢手，每人只轮上一两天的阅读时间。一天校长在晨检时间做广播报告："现在流行看《简·爱》，《简·爱》是什么，不就是简简单单的爱吗？中学生现在谈什么简单的爱？……"学生们笑不可支。

后来我又经历了几个政治老师才知道，几乎绝大多数政治老师都没受过正式教师训练但有良好的政治背景，如复员军人，团队干部，或干部家属（李的丈夫就是个军官）。

李老师已经怀孕，班上的事不大管，在同学中没有威信，只靠几个班干部忙乎，她自己不久就去生孩子，结果我们班像被遗弃的孤儿，成了出名的乱班，这令我上中学后"要面目一新"的决心大大受挫，故态复萌。

　　我最喜欢的老师是英语老师和语文老师。

　　英语老师叫李婉莹，烫发，大眼睛，高颧骨，大嘴。个子很高，长腿，臀部丰满，非常洋气，但是李婉莹没有洋气女人的傲慢，而平易可亲。对每个学生，不论学习高低，"品行"好坏皆一视同仁。政治李老师生孩子期间由她代理我们班主任，一上任就让我们"有冤的伸冤，有仇的报仇"，畅所欲言。这种新鲜的提法让我们与老师的距离一下子缩短了。平时她的穿着虽然朴素但不同凡响，素色丝绸衬衫，下摆塞在西裤里，衬出挺拔的胸部和丰满的臀部曲线。有一个星期日一个同学在中山公园碰到她，穿一件白底大红花连衣长裙与丈夫逛公园。第二天消息传遍全班。那时女孩子都很保守，夏天或者是大妈式打扮——上身穿一短袖衬衫，下面一条过膝长裙，衣服下摆放在裙外，或者是假小子式穿着——穿长度及膝的西式短裤。想象着李老师的华丽大裙，立时有了亲近感，原来老师也是爱美的普通人！

　　2021年我在一篇回忆文章里得知李老师是陈布雷（蒋介石秘书）的儿媳妇。

我也喜欢语文老师周庆淇，她个矮精瘦，乍一看有些其貌不扬，但是她讲课中气十足，板书大而方正，是外方内圆的赵孟頫体，和她本人形象截然不同。第一堂课讲的是农民诗，周老师满怀激情高声朗诵："天上没有玉皇，地上没有龙王……"最后一句之前稍顿，然后充满骄傲与豪情地喊道："我来了！"重音放在"我"上面。同学们没见过这阵势，不禁在下面偷偷地捂嘴笑，但不久就被她讲课的生动所吸引。她讲大跃进时在十三陵修水库，天太热，她中暑晕倒，整片工地没有一块阴凉，大家把她抬到一根电线杆子下面，坐在只有一根杆子粗细的阴影下，以此说明大跃进中人们干活的高涨热情和艰苦奋斗的精神。

她非常喜欢我的作文，第一次作文讲评课上来二话不说，就念"我，叫刘海鸥……"大家哄笑起来，把我吓了一跳。这是我的作文，题目是"我"。她永远给我作文5分甚至5分加。由于她的赞赏，我从此喜欢了语文课。

数学老师也姓李，是个身体宽大的高个，但并不胖。他很"勒特"，宽大的蓝制服上总是有油迹，裤腰上总是掉下一节白绳子，如果他发现了，趁转身板书之机匆匆掖一下。女生们不好意思地笑，私下议论："他媳妇怎么也不给他拾掇拾掇。"不是我们专门爱看这些，没办法，我们坐着平视讲台，视点正落在那个位置。

李老师把数学思路讲得很清楚，数学对我来说一点也不难，我对解题兴趣十足。

八　再见了，自由不羁的元素（1959-1962）

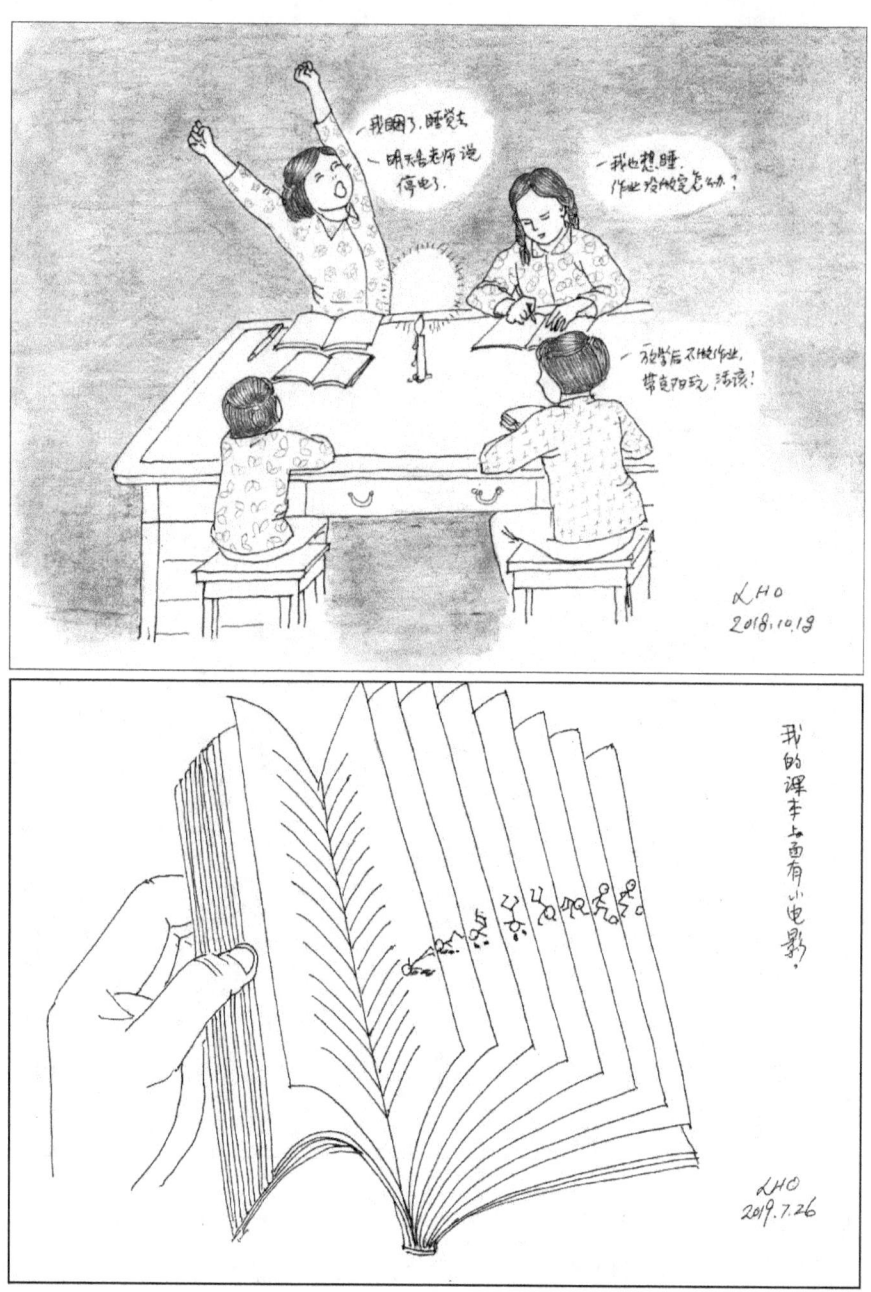

学习对我来说易如反掌，但我从来不是好学生，上课不听讲，下课不完成作业。我放学后总是先要玩个痛快，晚上才做作业。那阵三天两头就停电，碰上停电，索性不做作业了，反正有理由——停电了。

光看我的课本就知道我上课尽干些什么，快速一翻，一个小人在跑步，被一块石头绊倒了，栽了一个三百六十度的大跟头，挂了……

　　我吊儿郎当得连考试都错过了。初一期末考试上午考两门课，我不知道，考完一门就颠颠儿地回家了。中午放学一大群同学来家问我为什么没参加第二门考试。我吓坏了，妈妈肯定饶不了我。更让我沮丧的是，我得和那些考试不及格的笨学生一起参加补考，真丢人！

1960年的"三八妇女节"前工青妇委托学校选一批女孩子到人大会堂给三八红旗手献花，我们班长得匀溜个儿的女孩子都选上了。我们去人大会堂排练过一次，午休时一人发一个大面包、一段肉肠。大饥饿时期已经开始，这份吃的相当奢华。同学们欢天喜地，有的同学舍不得吃，带回家给爸爸妈妈弟弟妹妹。

这顿面包香肠让我和磐溪交了朋友。其实开学的第一天我就注意到了她，她的个子小巧玲珑，穿一条小布短裙，四肢匀称，皮肤黑黑的。她的一双眼睛特大，眼球乌黑朦胧，有一种毛茸茸的感觉。小小的狮头鼻，大嘴，尖尖的下巴勾起一个好看的弧线。头发浓密，大辫子在头上盘了一个花，像个异族小美人。吸引我注意的是她的神情，不是这个年龄的女孩子所应有的。那对黑眼睛沉静而忧郁，流露着难以靠拢的神态，她妈妈带她来报到，当着大家跟老师说她和丈夫离婚了，请老师多关照一下磐溪的情绪。难怪她的神态与众不同！

磐溪的父母都是画家。她画画很好，我心底里承认她比我画得好，有灵气。多少年来我的画在班上总是领先，却叫她盖过了我，这使我有点嫉妒。每次图画课作业，我都要偷偷看她画的是什么，暗暗比较我不足的地方在哪儿。有一次画图案二方连续，我的想象力很差，怎样也设计不出来，只好照家里床单上的图案画了一溜花。第二天交画稿时见磐溪画的是一排龙，活灵活现。我甘拜下风。

我暗暗地注意磐溪的一举一动，发现她和我有很多相似之处，聪明调皮无拘无束。我觉得我们迟早会成为朋友，可是表面上我们还是处于冷冷的状态。

在大会堂磐溪喜滋滋地吃着面包，看到平时孤傲的她也会为一顿好吃的兴奋不已，那么接地气儿，我和她的距离一下子拉近了。我和她坐在一起聊天，她告我昨天她们游泳队有个新来的队友淹死了，她非常难过，因为她总是主动教新来的队员游泳，恰恰就是昨天忽略了。她的心地这么善良，我更喜欢她了。献花活动之后我们成了好朋友。

　　课间十分钟我们最爱玩"拉大炮"的游戏——一个人当大马背人，被背的是大炮，把对方的"大炮"拉下来。磐溪总是要我当大马背着她。她经常穿一件鲜红的人造棉的小罩衣，上面有白色的心形图案，一条墨绿色瘦瘦的裤子。她轻飘飘的身材，黑李子一样的大眼睛让人心痛怜爱。我长得粗壮，背着她楼上楼下地跑。

　　午休时如果不回家吃饭，我和磐溪就到教堂后面的小花园，我坐在长凳上，她躺在我的腿上听我念巴乌斯托夫斯基的《金蔷薇》。或者听她轻声地唱歌，她最爱唱印度电影《两亩地》里的摇篮曲："睡吧睡吧，睡神来临吧，甜蜜的美梦，它从那亮晶晶的小星星那里，轻轻跳进你的眼睛……"她的嗓音圆润柔和，略带沙哑。身后是布满爬山虎的墙，绿荫荫的。前面几棵大树遮住阳光，幽清得很，偶尔空气中传来蜜蜂嗡嗡的振动声，更觉寂静。

　　学校要求我们消灭苍蝇，每天要报告打死苍蝇的数量，还要把死苍蝇带到学校计数。我和磐溪想农展馆有很多家畜，苍蝇一定不少。放学后，我们一人拿着三个苍蝇拍，走路到东直门外的农展馆，果然在马厩牛棚猪圈里苍蝇多得数不清，一拍下去，就有三四个丧命。我们一会儿就打死了一千多个苍蝇。其实打多少苍蝇，交不交死苍蝇都无所谓，重要的是远足郊外的乐趣和路上的愉快交谈。

　　磐溪终于邀请我上她家了,在这之前她详细地给我描述了她的家——家很小,有一个呈平行四边形的书架,一个五斗柜缺了一条腿,下面用一块砖头和一根劈柴垫着,一个小圆桌的一条腿短了,桌面是斜的,所有的玻璃都被打碎了,糊上了厚纸,所以屋子里很黑,坐椅子时要小心,只有三条腿,门被桌子堵了半边,只留下窄窄一条通路……她说笑着夸大家里的窘况,显然是在以自我解嘲来维护自尊心。

　　磐溪和爸爸一起住。她的家的确很小,两小间屋子加起来也就十几米。家具也正如她描述的那样,但都摆得整整齐齐干干净净。

　　家里虽小,但总是聚集着一帮青少年,到了吃饭时间就煮一大锅挂面,拌上酱油,大家一起吃,那时已经是"困难时期",大家的粮食都紧张,但他们从来都欢迎我们在那里吃饭。

　　那阵妈妈下放农村,没人管我,有一段时间一放学我就去磐溪家,天黑尽了才回家,简直像长在她家了。

　　和磐溪一家及她的朋友们在一起真实地体会到了生活的自由状态。她家里没有毛主席没有共产党,只有艺术,有享乐。我们甚至不惜旷课(因为大饥荒,学校考勤很松懈)一起到颐和园去玩。绕过正门,从南边围墙的豁口钻进园里,沿着东湖岸向南走,总可以捡到有人扔下的船,一玩就是一天,我们划着小船,游泳,抓鱼,划到南堤,堤上有一排排的桑树,男的爬到树上摘桑葚,大家吃得嘴黑手黑。有一次我从岸上跳上船时跌到水里,浑身湿透,玩了一天,衣服生生在身上焐干了。天快黑了我们才弃船上岸。我们都喜欢念李清照的《清平乐》"常记溪亭日暮,沉醉不知归路,兴尽晚回舟,误入藕花深处,争渡,争渡,惊起一滩鸥鹭。"和他们在一起就像生活在这首词的画面里。

　　磐溪爸爸是画家，早就辞职在家做自由职业者，多数时间无业可做，在当时属于异类。我的生活中头一次遇到这样的人，第一次去他家，他对我的态度就很随意自然，就像我天天在他们家一样，没有距离感，没有拘束感。我很喜欢他的性格，自由自在，无拘无束。他会拉小提琴，歌也唱得好。他最喜欢的曲子是《负心人》和《丹尼男孩》，把《负心人》拉得如泣如诉。

　　磐溪爸爸很喜欢我，他拿我当朋友对待，平等地和我交谈，这与我接触过的所有大人不同。我也喜欢他，他关于人生的看法，做人的道理以及审世标准，审美趣味，我点点滴滴汲取。他说《芥子园》是中西一切画的基础，我便到处去买《芥子园》，遗憾的是我一直也没有机会临摹；他说苏联的阿维林画的《春夏秋冬》四册画太好了，我就买来存了一套，文革中丢失。磐溪会拉小提琴，我也想学，他说磐溪没有完整的家庭，让她拉提琴是为了将来她生活中有个音乐伴侣。他说提琴很难学，你的岁数也过了学琴的最好年龄，不如学吉他。我就买了一个吉他；他说应该多画素描，以掌握明暗结构。我就买了一座维纳斯雕像来画。他所说的一切对我的人生都起了很大的影响。

　　他想让磐溪将来当画家，要求她练习画画，我也得到机会陪练。他给我们指点，还不知从哪里搬来一个阿古力巴的石膏头像让我们画素描。这是我第一次画石膏素描，还有一次他搞来一把黄花插在花瓶里，让我们画油画。我没画过油画，不知道怎么下笔，他说不要拘束，就把油色"拽"到画板上，想怎么拽就怎么拽。我大起胆子，把纯的中黄色大笔大笔抹上画板，就像小孩画画一样，别说，效果还真不错。这是我的第一幅油画。

　　磐溪爸爸让我们出去画写生,我和磐溪就去了景山北海。常听她爸爸讲灰色调如何丰富如何漂亮,我就有意把画面画成灰色,但是又不懂灰色的含义,只当是黑加白的那种灰。最后画的天空、北海、景山全都一片灰蒙蒙融合在一起,收不了场,磐溪的画也是同样结果。想起来我也真够不懂事的,油画颜料都是磐溪爸爸提供的,他不工作,家里生活一直都很拮据,是供应不起那么多油彩的。

　　磐溪爸爸还叫我们多画速写,抓住人物瞬间动态,才能把人画活。我们一人有一个速写本,课间休息和午休时迅速把同学们的各种姿势记录下来。有时我俩上街去画,美院附中就在隆福寺街上,学生们一下课就散布在街上画速写,我俩混迹于其中,省得单独画画不好意思。我画了一本,文革中遗失。

美院附中三四月份招生，磐溪毫无疑问是要考美院附中的。磐溪爸爸鼓励我也去投考，我从没想过一辈子搞美术，但是在他们的撺掇下我也报了名。把我的阿古利巴素描、速写本、雏菊油画，还有一套连环画《三家福》和报名表一起递交。没抱任何希望。出乎意外收到了初试通知。那年全国共有六百多名学生报考，有三百人取得了参加初试的资格，磐溪当然也在内。

初试是画一个石膏像素描，一幅创作画"夏天"。大多数人都画的是游泳。

　　初试放榜的那天,美院附中门口贴着大红榜,看榜者人头济济密不透风。我挤进人群,扫了一眼,然后不动声色地挤出欣喜的失望的焦急的人墙。有几个人对我投以抱歉的一瞥,而我的心高兴得要跳出来了:六十个录取者中,我榜上有名!我高兴并不在于有了学美术的机会,当画家并非我的心愿,我高兴是因为我知道了自己有什么样的能力和实力,这和亲人朋友的夸赞不同,它是不带任何感情色彩的社会的认可。我对自己的自信心大大提高。

　　接着我又参加了美院附中的文化课复试和口试。文化课考得很不好,数学好像和我们学的不一样,我几乎一题都没做出来。语文考试古文翻译都是非常陌生的段子,许多词语不知所云。作文考试题《我家的院子》,让我猝不及防,乱拽一通。后来磐溪爸爸说是考你们的观察力,这是画家必备素质。口试不知怎么说走了题,跟老师说我爱看书,列举了一大堆我看过的名洋古书。不仅没用反而减分。

　　妈妈下放回来之后我常常和她讲起磐溪和她爸爸。妈妈见过磐溪，觉得她不是走"正道"的孩子。她又专门见了磐溪爸爸，显然不喜欢他。妈妈说她一回到家里就发现我变化很大，变得味道不对了——更自由化，更散漫，看不健康的外国小说，和社会上不明身份的人交往，几乎放弃了学习等等。那时候毛主席已经发出了"千万不要忘记阶级斗争"的号召，人们的脑子里开始绷紧了阶级斗争的弦。妈妈认为磐溪爸爸是一个需要警惕的资产阶级自由主义分子，我的坏变化都是受他的影响，她禁止我再与他们来往。

　　当妈妈听说我有希望考上美院附中时，与我作了一次"严肃"的谈话。她坚决不同意我学美术，因为画画属自由职业，不能算作正当工作。在这个领域的人往往自由散漫，脱离集体，脱离党的领导，很容易犯政治错误。她列举了许多成为右派的画家。妈妈说我生性就自由散漫，若当了画家更是如鱼得水，前途是很危险的。

　　正在这个时候美院附中放榜，六十人中取三十人，我落榜了（磐溪考上了）。我倒也没有太大的遗憾，本来就是考着玩的，但我不知道，如果我考取了，会和妈妈发生什么样的冲突。

　　折腾完美院附中的考试已经是五月份，离考高中只有一个多月了，我的功课已经荒废了许多，我必须把所有的功课捡回来。初三的学生已经放假在家复习，我拿了一大摞数学几何篇子，做一题，不会一题，急急忙忙跑到好学生汪周南家请她给我从头讲起，才讲了一两次就悟出了门路，甚至做出了兴趣。到考试前，我的数学已经游刃有余。我发现我原来是很聪明的，一学期的课程只听同学一两次讲解就全懂了。

1959年大跃进的热度还没过去，经济灾难的阴影已经笼罩在中国上空，大跃进带来的假大空在全国结出了累累恶果，报纸电台高歌总路线大跃进人民公社三面红旗的同时，中国大地上已是饿殍载道，哀鸿遍野。

从1959年开始到1962年的初中三年我们正好身处横扫全中国的三年大饥荒（官方称"三年自然灾害""三年困难时期"）之中。幸好我们是在北京，全国的首都。虽然购买食品及生活日常用品都要凭票或购货本，"困难"还没有大幅度影响日常生活，有稳定的粮食供应。学校曾开会要求大家自愿减少定量，我有一个同学竟报名把自己的粮食减至每月12斤。最后国家统一规定学生的定量是27斤。

粮食短缺，首先遭难的是我家的鸡。一天爸爸带着我们到郊外去采集草籽当鸡粮。一块儿去的还有冯雪峰一家人，孩子们捋草籽，爸爸和冯雪峰坐着聊天，悄悄地抱怨光景。

　　可怜的鸡似乎知道末日已到，突然闹起自杀式鸡瘟，鸡们蔫头耷脑，口流涎液，每天死去两三只。我们在食物中拌了一些抗菌药，也不管事。每死一只鸡海燕就抱着大哭不止。不到一周，二十几只鸡全都死光。阿巧趁着有几只鸡还没死，杀了做风鸡。多数做得不成功，生了蛆。但好歹有一两只风鸡在什么吃的都没有时，多少给我们补充了些营养和安慰了一下馋虫。

"困难时期"城市户口除了一天八九两的粮食定量,每人每月半斤肉、二两油(是豆油,难吃极了,有一股生腥味,怎么加热都去不掉那味)、二两水果糖(用粗糙发黑的糖纸包裹的棕黑色的糖块)、半斤糕点。除此之外商店几乎空空如也,除了要票要本的食物,柜台里只有花椒大料辣椒面之类的东西。

"困难时期"刚开始时,"伊拉克蜜枣"是唯一不要票本的零食。中国支持伊拉克和美国打仗,卖给他们武器,人家没钱还,只能拿一些枣子顶债。不久枣子也供不应求了,就做成伊拉克枣的冰棍,也只是一个棕色的冰块儿带点甜味而已(那阵不要说五分一根的奶油冰棍消失了,连三分一根的红果冰棍和小豆冰棍都没了踪影),有的冰棍里的糖精没化开,味道巨苦。就这样的冰棍只要一上市,人们马上就争相抢购,一人买十几、几十根,甚至整盒整盒地抢。正是冬天,买了也不会化的。我们常常买上四五根,揣在大衣兜里,一根接一根地吃,聊以解饿。

不久又传说伊拉克枣带有肝炎病毒,很多人吃了得了肝炎,于是伊拉克枣冰棍也突然不见了。

一次在王府井，见一个食品门市部窗口挤满了人，每人手里攥一把钱，高举着往前钻。停步一看原来是在买汽水——已经绝迹一时的东西。汽水的价格比以前高出几倍，但人们还是疯狂地抢购。售货员站得高高的，开瓶盖时有意地倾斜和晃动着汽水，泡沫冲出瓶子，流到下面的一个大盆里。汽水交到买者手里时，只剩下半瓶了，有的剩下小半瓶，甚至只剩下一个底了。如果有人抱怨，售货员就说："你要不要，你不要有人要。"马上就有无数手伸过去，抢那小半瓶汽水。

喝到汽水的人脸皱成一团，什么东西呀，跟药水似的。那汽水叫"沙士"汽水，过去国人喝不惯，压了库房，现在谁还顾好喝不好喝。能进口的就抢。

这件事给我留下了深刻的印象，不是因为大家抢汽水时的疯狂，而是售货员的作为，他们像耍猴一样，玩弄着人们饥饿中的欲望，得意地笑着。我觉得人心真是很险恶，连这样一点点权力都要充分地利用来压人一头，如此人们之间生长的只有恨。

　　大跃进中，妈妈因为雇佣保姆受到了"剥削工人"的批判，阿巧只好离开我们家另找工作，但是她还住在我们家，每到休息日一定帮我们买菜做饭。平时我们就在妈妈的机关食堂吃饭。

　　我们正在长身体，肚子里没油没盐，整天想的就是吃。上课无心听讲，熬到中午第四节下课铃响，就像听到大赦令，立即冲出学校奔赴食堂。

　　中午在妇联吃，晚上自己在家做。每月发了粮票，就按个人定量分开，自己吃自己的那份。我们天天猴子数栗子似的朝三暮四地算计怎么分配这每天的九两粮食，最后决定不吃早饭，中午晚上吃多一些，可是忍不住，早上还是要跑到食堂，一吃就是四两。中午应该只吃四两的，却总是一吃就超额，常常是六两。食堂的饭菜做得不够分量，大师傅们一个个肥得挪不动窝，我们却眼巴巴地看着他们手中的勺，希望他们把菜或粥装到碗里时手不要再抖几下。我经常买白菜烫饭，一两一碗，用大白菜帮子和剩饭煮成，一顿饭吃四碗，肚子撑得鼓鼓的，可盯不住时候，一会儿就饿了。

　　为了解决粮食短缺的问题，报纸上大力宣传用小球藻、叶绿素代替粮食。食堂做过一次小球藻糕，秋草绿色，一股腥气和不知什么的怪味，卖不出去，以后再也不做了。食堂的二两一个的甜丝糕真是好吃，就是太小，分量远远不够，几口就吃一个。有一天我三口两口就吃完了两个，肚子里好像什么也没有，可四两已经达到了午饭的限量，不应该再吃。我在食堂门前徘徊了半天，又推门进去买了一个，吃完肚里还是空的，又买。吃到第七个时，发誓决不再吃了，走出一站地，那丝糕的香味似乎追我而来，豁出去了！我又返回去买了一个，刚出门又转了回来……那顿午饭我吃了九个丝糕，一斤八两，两天的定量。一个女孩的胃怎么可能装下那么多粮食，当然是实际重量大大打了折扣的，估计也就一斤冒头。从那天到月底还有十四天，我的餐证上只剩了七斤了。

粮食不够吃的那些天，我发明了一种吃法，叫"煮渔网"，烧上一锅水，把茄子黄瓜西红柿（幸亏还有些蔬菜）等切块儿放进锅里煮开。合上一小团面，也就二两，擀成薄薄一大片，下锅时又尽力拉扯，扯到薄得几乎透明，扯出一个个窟窿像个破渔网。这样煮出来的面显得挺多，满满一锅，然后放些酱油和辣椒面，虽然没有油星，但是酸酸的辣辣的，吃得满头大汗，撑得动不了窝。我和克阳合伙吃饭，因为辣和撑，克阳就是那时候落下了胃病，后来发展成胃溃疡。而我，一半是由于遗传原因加上青春期，一半是因为胡吃海塞，竟长成了一个胖子，"胖子"在当时的中国是最不被人们认可的一类人，我受到了无数的蔑视、嘲笑、辱骂，以至深深地影响了我的性格。

半个多月就吃完了一个月的定量，剩下的半个月爸爸妈妈会支援一点粮食。南京的姨父是高级军事干部，吃饭不要粮票，不受限制。姨姨有时寄几十斤全国粮票来，我掌管着全家的经济命脉，花掉了许多全国粮票补贴自己。

海燕和刘元合伙煮饭吃，海燕不会做饭，刘元更不会。她们煮的不知道是什么东西，黑绿色的糊糊，一种难闻的味道，刘元说很难吃。那时我怎么一点同情心都没有了呢？我们和海燕常打架，几乎势不两立，但从来没有想起给元元做一点好吃些的东西。

　　大饥荒时期，妈妈下放劳动。下放者都是多少有些"问题"的人。妈妈说话口无遮拦，想到什么就直言不讳，丝毫不会隐瞒自己的思想，特别是1958年去山西稷山县采访"全国卫生先进样板"太阳村，看到的现象和上面要求宣传的口径不一样，回来如实汇报了所见所闻，因此弄了个"右倾"。一同下放的邹瑛阿姨，差点当了右派，自己还不知道，是康克清力保下来的。

　　妈妈下放的地方是昌平城关公社的白浮村。在北京人们已经饿得眼红眼绿，更不要说农村了。一天妈妈突然从农村回来，因为营养不良，"浮肿"已经很严重了。腿上脸上一按一个大坑。那阵浮肿病是全中国人民的共同病症，要说医治也不难，只有一法——加强营养，问题在于哪有营养可以加强？有三千多万中国人在那三年中从浮肿走向死亡。

　　妈妈休息了几天，浮肿未消又回到农村。我真是不懂事，从来没有想到过省些粮食给妈妈，相反妈妈还要从有限的口粮中补贴我。幸亏不久大饥荒进入尾声，妈妈也回到北京。

　　左上角的画是1961年我画的妈妈和老乡。

　　北京人在大饥荒中已是得天独厚，有钱人还可以买五块钱一斤的高价点心高价糖，可以上高价饭馆。记得我们全家有一次花了二十元钱在北京饭店吃了一顿高价餐（而通常下饭馆一家人两三元就可以打住）。比起一般北京人来说，爸爸还享有高级知识分子特供的待遇，每月可以得到一斤黄豆、半斤白糖的补助。偶尔爸妈会给我们买一些高级点心，爸爸一人分一块，自己留两块也就没了。妈妈属于那种居安思危，居危思更危的人，买了高级糖不让我们吃，锁在保险箱里，等更坏的年景再吃，一搁就是一年半载。到"大饥荒"情况有所好转，妈妈打开保险箱把糖分给我们，剥开糖纸，里面一条条白色的肉虫子把糖都快蛀空了。我们还是把虫子虫屎摘干净把糖吃掉了。

  大饥荒这几年正是我的青春发育期,身材开始丰满起来。1960年二堂哥玉海从老家安徽濉溪县临涣集回沈阳,路过北京来我家,见到我说:"像你这么又白又胖的,要在咱们老家人们一见到就会把你杀死吃掉。"我说:"胡说八道,新中国怎么会有人吃人?"他说:"骗你是王八。"弄得我心有惴惴,在伟大的社会主义祖国,怎么可能人吃人?

  多少年后才知道他不是在开玩笑。老家是饥荒重灾区,爸爸的堂哥堂妹表哥表妹几十口亲戚和儿时伙伴都饿死了。按照活下来的一个表叔说:"那时的人们啊,就像开机关枪,突突突,都死光了。"饿疯的人已经失去了人性,只要是一个活物,他们就会杀来吃。后来刘元去老家插队,村里人告诉她哪家吃了人,吃的是谁谁谁。据刘元说,那些吃过人的人,眼球是红的。

  全国各地人吃人的事情为数不少。安徽省是死人最多的省份之一。省长曾希圣在大跃进时浮夸过度,该交皇粮时无法向上面交代,只能挨家挨户搜刮老百姓的口粮种子粮。本来安徽就是一个穷山恶水之地,断了粮食老百姓还能有什么生路呢?

初中时代，因为大饥荒学校常常只上半天课，对学习考试的要求都不高，我有了充分时间看书。

看书一直是我生活中不可缺少的内容。从我五六岁时妈妈就不断地把单位的书借回家来给我看，文学历史天文地理科学什么都有。《我和小荣》《小海军》《小加的经历》……读书的习惯就这样养成了，小学三年级我开始读大部头小说《新儿女英雄传》《吕梁英雄传》……四年级读完了当时轰动一时的《林海雪原》《青春之歌》《苦菜花》……十二三岁时我开始看外国小说，那时正上映苏联电影《叶甫根尼·奥涅金》，看过电影，我从爸爸的书架上抽出了《欧根·奥涅金》这本书，吕荧翻译的。说实在的，我是强迫着自己，捏着鼻子看完的，不是因为翻译得不好，吕荧翻译完这本书曾让爸爸给他介绍一个话剧演员，请她朗诵，看译文是否上口。我看不下去是因为不习惯读翻译作品，几次放下就不想再拿起来，但是终于开始了阅读外国名著的先河。第二本书读的是马卡连柯的《教育诗》，我简直被这三部头的书迷住了。我读了两遍，把马卡连柯佩服得五体投地，从那时我立了志向，长大了要当一个教育工作者。接着又看了《红肩章》《一本打开的书》……就无止境地看下去了。

当中国和苏联的长篇小说已经满足不了我的渴求，我开始阅读并深深地爱上了西方古典文学。家里几柜子的书都看得差不多了，西方古典名著不好借，学校里只是有选择地出借一些内容"健康"的。好在妈妈的办公室里有个小小的图书馆，有许多西方古典名著。每当我去借书，管图书的刘婉真阿姨就忧虑地看着我说："你们小孩子看这些书不好，很不健康。"但我还是顶着汪容之（妈妈的名字）有个"思想意识不健康的孩子"的名声不断地借书来看。

一个本来就追求个性自由的孩子，这些书会给她什么影响，不说也能想象得到。

　　1962年随着"困难"的缓解，文化界也开始复苏，出现了短暂的文化繁荣时期，被毛泽东后来批判为"封资修大洋古"的文学美术音乐作品纷纷问世。广播电台也不落后，恢复了外国音乐节目，我迷上了西方音乐和歌曲。我的心中涌动着放声歌唱的欲望，我捧着《外国名歌二百首》，和刚刚出版的一本"黑纸"（大饥荒时期连制造纸张的农作物都没有，只能用再生纸印书，那几年出版的书籍纸张都是黑黑的）的《外国名歌二百首续编》苦苦研究，学会了几乎所有的歌曲。我还有两本最喜爱的歌集，《小夜曲集》和《摇篮曲集》，里面所有的歌都会唱，最喜欢托赛里的《小夜曲》，迷得神魂颠倒。我每天抱着收音机不放过每一个外国音乐节目，它们和我当时所看的西方文学作品，我当时的心境，以及整个社会气氛都相吻合。我让妈妈给我买了一个吉他，妈妈批评我资产阶级思想越来越严重，但她还是花了69元给我买了一个吉他做生日礼物，音色非常好。

　　好景不长，自从1962年中共北戴河会议提出"念念不忘阶级斗争"之后，文艺复苏被一巴掌打成"右倾回潮"，外国音乐越来越少，我也不好公开唱外国歌，因为这被视为资产阶级思想，但它们的旋律永远在我心中盘桓。

　　初中三年是我性格和行为自由放飞的顶峰。有一天我读到了普希金的《致大海》，立刻把它抄在我心爱的小本上。我并不关心这首诗产生的背景和表达的主题思想，就是喜欢第一句告别大海的"再见了，自由不羁的元素"。我的感觉没有错，初中是我最后个性飞扬的时期了。1962年9月的八届十中全会上"千万不要忘记阶级斗争"的号召打碎了我心中的浪漫情调，之后阶级斗争越加风声鹤唳，我性格中的自由元素与我渐行渐远。我开始像一块橡皮泥，被放进模子，渐渐塞满模子的角角落落。

八　再见了，自由不羁的元素（1959-1962）

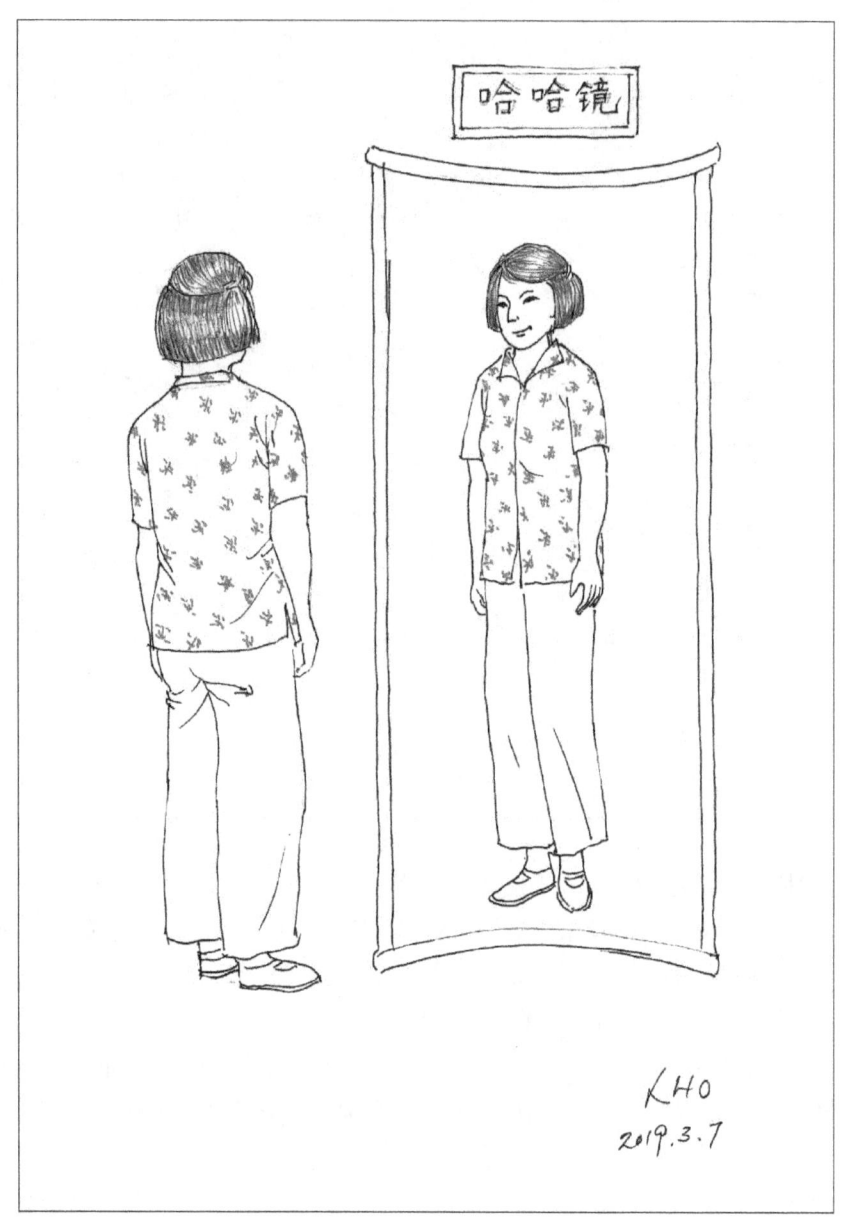

　　再说说我的青春期。虽说经历了大饥荒,十五岁时我的体重超过了一般女孩子,有一百二十多斤,那时十几岁的女孩体重一般八十多斤最多也就九十斤。"胖子"在当时的中国是最不被认可的一类人,人们认为只有地主资本家才是胖子。从小到大我受到了无数的鄙视唾骂和嘲笑,自尊心受到深深的伤害,以至性格也发生改变。一次在商场看到一面哈哈镜,镜子里的映像会把人变瘦,而我的身影在镜子里和正常女孩一般,我站在镜子前久久不愿离去,心想我若是镜子里的样子多好!

当思绪不再被吃饭占领时，我开始意识到我已经是一个青春的女孩了。我开始注意男孩子并被男孩子注意。尽管我胖，对男人没有那么大的吸引力，但是我心中同样有着感情指向的偶像，首先是异性电影明星敲开我的心扉。初一时，有一部苏联电影《海军少尉巴宁》在北京上映，吉洪诺夫扮演的男主角巴宁英俊万分，着实让人动心。我非常想再看一遍这个片子，可是当我听说有的女生看了十八遍，就是为了看巴宁，我就算了。

青春萌动的具体指向是一个上学路上经常能碰到的男孩子，一见到他我就心跳不止。我很想把我的感觉写在日记本上，可是把这种心情写出来总是有所顾虑，我自己都不能接受，因为我认为——我们那个时代的孩子都认为——这是不健康不纯洁甚至肮脏的思想，更担心日记被人看见。但感情膨胀的压力让我实在想写。终于被逼出了一个办法：用电报密码写日记。那时反特电影很多，又总是有密电码的情节，正好又碰上我们初三的物理课讲电报原理，于是灵机一动——编密码！想到这个主意，我脑子里的每个细胞都活跃起来，激动，昂奋，新奇，神秘，好像即将出发包抄敌人后路的战斗员。首先我把注音字母"波坡摸佛……"编上号，按声母奇数韵母偶数地插开，然后把日记标上注音字母，再变成对应的数字，最后把这些数字变成点和横的电报代码。意想不到的效果出现了：同样的话以汉字落在纸上，我不仅脸红心跳，还有一种罪恶感，可当汉字转变成了不疼不痒的符号，负罪感消失了！

如此缜密，我还是觉得被一只眼睛盯着，不敢把"密电码"直接写在日记本上。我把它抄在一张如葱皮一样薄的纸上，将日记本的封皮的里层揭开，把那张纸片夹进去，再封好里层，像足了共产党的地下工作者隐藏秘密文件。完成这件大事，我觉得和我保守着共同秘密的日记本成了我最亲密的朋友。我到底写了些什么？真没什么见不得人的东西，我根本不认识那男孩，更没有说过一句话，不会也不敢有更多想法。

也是在十五岁那年，一天我在书柜的顶上发现一本盖满灰尘的书，叫《性爱的艺术》。什么叫性爱？我立刻调动起全部求知欲蹲在墙角读起来。看完我惊呆了，首先想到的是难道伟大的……也干这个？难道我也是这样造出来的？再仔细看看，是民国年间出版的。好，我宁可相信这是一本诲淫诲盗的黄书，也不愿相信男女是这样表达爱意和制造人类的。

不久我看了一本书《希腊神话故事》，里面《丽达和天鹅》的故事，给了我很大冲击，它以优美含蓄的语言描述了丽达和天鹅交欢故事，有了《性爱的艺术》的启蒙，我终于明白了他们在做些什么事，我对性爱产生了朦胧的意识，渐渐地明白了一些男女之事。

九、我们走在大路上

（1962-1965）

当我意气风发地在思想革命的大道上大步向前的时候，完全不知道我的命运已经从1962年"千万不要忘记阶级斗争"的实践中被决定了。

　　1962年我初中毕业，考高中五六门功课，考完后糊里糊涂，不知道自己考得如何，作文的考题是《任务完成以后》，是老师给我们做练习时完全没想到的题目，我急中生智写的是小学时帮助低年级建立少先队组织的事情。政治考试有一大题谈对国家困难时期的感想，我围绕着"自力更生奋发图强"的主题胡乱拽了一大通，是否考官所需，我完全没把握。回家只给爸爸妈妈报了一句话：考得不怎么样。正当爸爸妈妈对我失望和焦心的时候，我收到了北京大学附中的通知书。

　　北大附中是住读学校，我的第一志愿。住校是我多年的愿望，小时候我看了一本苏联儿童小说《小海军》，讲的是海军士官生学校的生活。初中看了苏联小说《红肩章》，讲的是苏沃洛夫军官学校学生们的故事，还有我最喜爱的马卡连柯的《教育诗》，讲的是儿童教养院的生活。我对他们的集体生活羡慕备至，认为可以在其中培养出各种优良品质，如坚毅果敢，独立自律，集体主义精神，所以初中毕业我决定上住读学校。天遂人愿，我竟然考上了北大附中，北京市仅有的几所好学校之一，胸前挂着北大附中的校徽，走在路上不知有多得意。

　　但是住校生活马上就让我失望了，和我想象的完全不一样！第一关就是想家，尤其是头几个星期，想得不得了，没有心思做任何事，家中的一切一切都在眼中晃动。我是不是太娇生惯养了？闷着不敢说。很快我就发现不止我一个是这样，一天中午，同宿舍一个女生独自在那里抽抽泣泣，问起来，说想家。我跟了一句："我也是，连我家的鸡也想。"话一出口，竟惹得全宿舍的人都哭起来。消息传来说，男生们竟然也是整个宿舍的人抱头痛哭，原来一大帮同盟军呢。

　　好不容易熬到星期六，换上干净的衣服，下午两堂自习课根本没有心思上，下课铃一响就冲出教室，往车站跑，嘴里唱着《赶马人之歌》："风和日暖好天气，唉咳哟，赶起马帮回家去（原歌词是"进山去"）……"

　　转眼就到了星期日下午，心情又沉痛起来，早早吃了晚饭就要赶回学校上晚自习。我舍不得离开家，多呆一分钟多享受一份幸福，结果总是迟到（据心理学的分析，迟到是一种抵触情绪的外现）。学校规定迟到三次算一次旷课，旷课三次就要记过一次。一天考勤员通知我："你已经迟到八次了，还有一次就要记过。"吓坏了，再也不敢迟到。

更害怕的是约束，好不容易摆脱了家里的管束，却陷入学校更严格的束缚，生活空间被压缩在校园里，三点一线，宿舍——教室——食堂。时间被分割成一段段，没有一段是自己的。一齐起床，一齐吃饭，中午必须午睡，下午放学后必须做课外锻炼，晚上得老老实实地上晚自习，九点半熄灯，熄了灯不能再说一句话，有值周的同学趴在每一个宿舍门外偷听，听见里面有一点动静就记录下来，第二天要登在评比的黑板上，全班都丢脸，班主任老师更是要施加压力。

我整天回想过去自由自在的日子——放了学就上书店，上同学家，晚上看电影听广播，然后一本小说读到深夜，爱几点睡就几点睡，时间由我任意支配。如今自己的生命好像操纵在别人手中，完全不再由自己控制了。越想越沮丧，真是自投罗网，又像回到了托儿所时代。

再看我们班也是令人失望，高一的班主任我简直没有印象，姓什么都忘了。她教俄语，我是学英语的，没上过她的课。只知道整整一个学年也没见过她一两面。结果我们班成了有名的乱班，各项活动都落在其他班级后面。真让人泄气，毕竟我们从小受的是集体主义教育，多少都有一种集体荣誉感和不甘落后的精神。

高中的第一节课班主任老师让我们自我介绍，大多数同学过去都是班干部、团干部，介绍的内容基本是这样的："我叫某某某，初中在某中学，本人共青团员，原来担任团支部书记……"这是一个很愚蠢的方法，立时给白丁同学如我造成一股压力。这些原班干部们也并不怎么样，上课纪律不好，男女生不团结，甚至不说话。

　　另一件难以忍受的事是学校的伙食,三年"困难时期"已经进入尾声,北京的食品供应改善了许多,可是学校的伙食多是窝头棒子面粥,熬烂白菜,白菜汤上浮着一层腻虫。一个星期有一两次菜里有点肉,分到碗里没有一两片,如果碰上分菜的同学嘴馋或自私,把肉都装进自己的饭碗,别人得到的就更少了。如果轮到由我分饭菜,又要特别小心别把肉分到自己碗里落下假公济私的话把儿。

　　突然有一天(那是1964年了)菜盆里浮着大块的肉,带着厚厚的肥膘。第二天还有,第三天还有……不过日子了?打听之下这叫"爱国肉",国家把库存十几年的肉大批出售,动员人民吃"爱国肉",听说猪肉是出口转内销,被人家退掉不要的。吃了两天,受不了了,忒肥,味道也不大对头,尝不出肉的鲜香还有一点哈喇味,女生把肉全都往男生桌子上输送,男生倒是吃的满嘴流油。早几年抛出来多好,保证全民疯狂爱国。

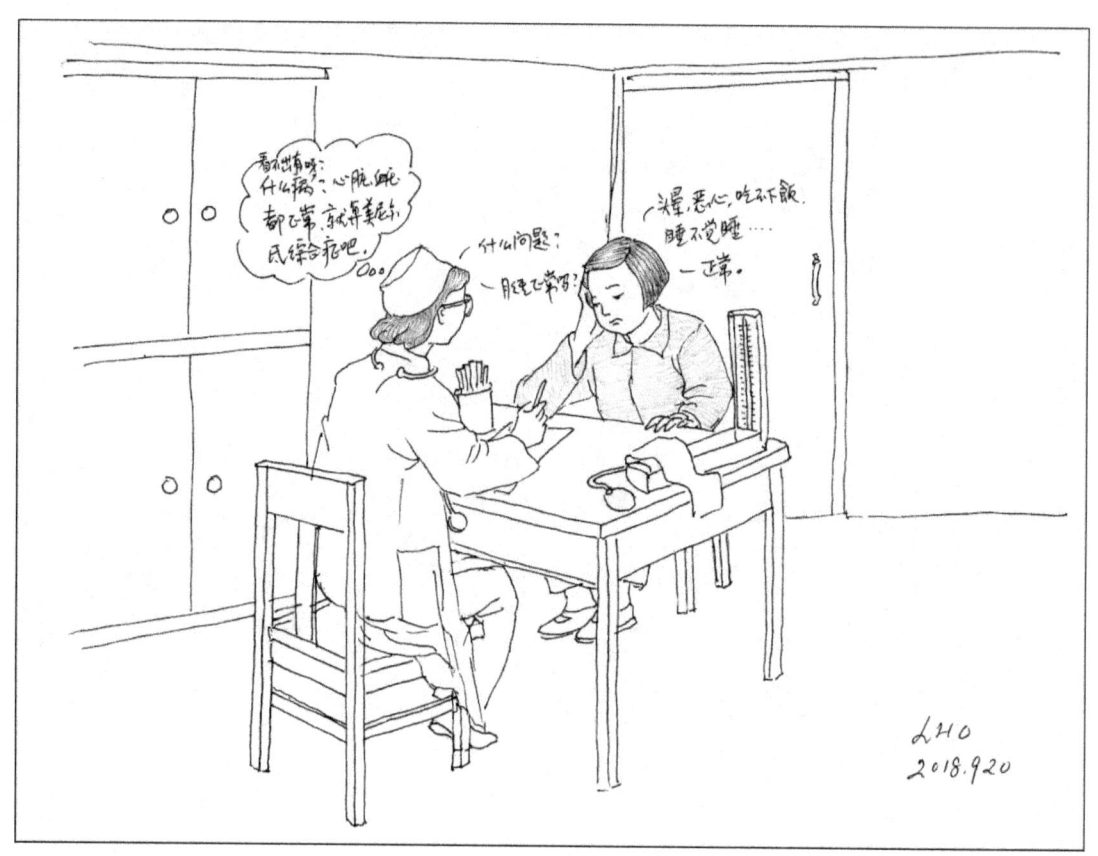

我决定转回女十二中，逼着妈妈去给我办理转学手续，同时也写信给女十二中的同学帮我打听转学的办法。她们的努力都失败了，明确地告诉我，学校说了，转学是不可能的。我非常地压抑，身体出现了反应，头晕无力，血压升高，浑身说不出地难受，跟妈妈说身体不好不想上学，又说不出什么病。上医院看，医生也瞧不出来毛病，却首先怀疑我是否怀孕，让我又羞又气，最后医生勉强弄了一个病名，叫"美尼尔氏综合症"，开了两个星期的病假，之后我还得快快地回到学校。

学习也提不起劲，上课不听讲，下课不完成作业，考试前翻翻书，和在初中小学时一样吊儿郎当。

在老师眼里，我是个落后生，但不是在学习，而是在"品德"。所谓品德不好也不过就是上课不守纪律做无关事情，或老师认为的不尊重老师。最严重的一次是高一上语文课学韩非子的文章，语文老师问："大家知道韩非是什么人吗？"我立刻大声接道："知道，是电影演员（一个有名的上海喜剧演员也叫韩非）。"全班大笑，我就是为显示自己的机灵，冲口而出，没想到引起秩序大乱，自己也吓了一跳，能不招老师讨厌吗？

上课时，我对多数内容不感兴趣，常常趴在桌子上，在膝上放一本小说，聚精会神地读，多次被点名和反映到班主任处。上班主任的课同学们都要收敛得多，我照样看小说，书常被老师没收，要等到星期六回家之前才归还。

夏天我上课常常把鞋子脱下，一次老师提问，我一下子找不到鞋穿，摸索半天，只得急急忙忙光脚站着回答问题。坐在我后面的李同学见到此场面笑得不行，四十年后见面，还老提这件事，李同学坦白是他把我的鞋子悄悄踢走的。

　　物理课讲矿石收音机时（那时半导体收音机还算最新科技呢，不在教科书之列），同学们都学做矿石收音机，我花了五六元买零件，也做了一个，装在一个竹质的六棱柱形茶叶盒里，很漂亮，晚上可以收听广播。我的男生同桌看见了，撇撇嘴，说我花的钱太多，做得太笨。他说几分钱买一个二极管就可以了。他买来一个二极管，比一个药物胶囊还小。一头拴上铜丝连在暖气管上，我的座位正好靠着暖气管，另一头的铜丝连在耳机上，把耳机顺袖口从领口穿出，上课时塞上耳机，手做托腮状，若无其事地听节目。这个简陋的小玩意只能听一个台，关键不在听什么，而在于挑战课堂的刺激。

别看我上课有点小自由,我内心对自己是有要求的。高中第一次劳动(每年两次)在学校周边的公社,帮助秋收。我干活十分卖力,扛的秋秸秆比别人都多。农民要求老师表扬我,说这个姑娘干活真不惜力。劳动好是我的一贯作风,我并不是为了表现自己或想达到什么其它目的,而是想磨练自己的意志。小时候看过苏联电影《培养勇敢的精神》,听过广播剧《杨高的故事》,都是这样通过吃苦把自己百炼成钢的。不是说"天将降大任于斯人也,必先劳其筋骨……"吗?正逢中苏论战,我心中的大任就是反帝反修,做共产主义事业的接班人。

我不仅自觉吃苦,而且穿着朴素,我总是穿着补丁裤子,补丁从大腿到膝盖以下,屁股上还有两大块。上衣是妈妈穿剩的五十年代的列宁装,重新染成深蓝色,夏天就是白衬衫。我们家的孩子从小就这样穿,这就是当时的社会风气,即使是青春年华,绝大多数人也不讲究穿戴。

　　学校的政治教育抓得很紧,每一两个星期就有一次形势报告大会,全校集中在食堂兼大厅里,校长在上面不厌其烦地自说自话,底下一片不耐其烦的嗡嗡声。我们悄悄地玩着徒手游戏,一只手的手掌在腿上前后摩擦,一只手握拳在另一腿上上下敲打,在别人的口令下迅速换手,百分之百失败——玩得兴高采烈。

　　就这样,我的期末操行评定连年为"中",评语还是小学初中那老一套——不遵守纪律,不尊重老师,自由散漫,骄傲自满……说实在的,在小学初中得"中"还凑合说得过去,现在大姑娘家家的,和一帮调皮男生一块儿得"中",脸上还真有点挂不住。更糟糕的是,潜在的危险已经埋下——到了高二高三正赶上思想革命化运动,阶级斗争紧锣密鼓的时刻,我的自由随意已经不属于个人品质问题而是思想意识问题,评语开始上纲上线,变成了"要注意资产阶级思想的腐蚀,加强改造思想",这就让人紧张了。

  1963年3月5日毛泽东为去世的解放军战士雷锋题词"向雷锋同志学习",立时全国上下掀起了学习雷锋的高潮。最初学习雷锋的重点落在全心全意为人民服务的精神,做好人好事。新年各班自己开联欢会庆祝,每个宿舍出几个节目。我们宿舍表演了一个小演唱《八大员》,歌颂社会上的各种服务行业。我演炊事员,上场时端着盘子,喊道:"慢回身,蹭油啦!"

从 1962 年毛泽东提出"千万不要忘记阶级斗争""阶级斗争必须年年讲，月月讲，天天讲"，及 1963 年"阶级斗争，一抓就灵"，到 1964 年全面开展的"社会主义教育运动"，笼罩在全中国人民头上的政治空气中火药味越来越浓。学雷锋也不仅仅是做"好人好事"，而是提高到阶级斗争的高度——要像雷锋那样"对敌人像严冬一样残酷无情"。

什么是敌人？有形的敌人——地富反坏右，他们就在我们身边，不甘心他们被夺去的天堂，无时不刻伺机反扑妄想复辟。全国人民齐声高歌："学习雷锋好榜样，忠于人民终于党，爱憎分明不忘本，立场坚定斗志强！……"扶老人过马路的好人好事打了折扣，同学们热烈地讨论，如果在街上帮助一个老年人，怎样才知道她是不是地主婆，如果是，该不该帮助她。

更可怕的是无形的敌人——每个人心中的资产阶级小资产阶级思想，它们随时随刻将我们拉进资本主义的泥坑，因此要人们彻底改造思想。阶级斗争的战场逐渐地深入每个人的心灵。

学雷锋运动和1964年的全军大比武带动了全国大学解放军的运动,有一支歌响彻云霄"解放军是个革命大学校,毛泽东思想红旗举得高……"学校请来解放军上军事课,体育课变成"军体课"。解放军教我们学习立正,走步,正步行进。站立要挺胸收腹收紧下巴,走路手要摆到前襟倒数第二个纽扣,脚要抬到某个高度。看吧,满校园学生走路不分男女,个个英姿勃勃,步伐一律。

我们还学"摸爬滚打",高姿匍匐,低姿匍匐,我们衣服上总是沾泥带土,有油渍的地方着了土特别显眼。一时间学校变得像个大军营。

一切训练都是为打仗做准备,特别是要学会刺刀格斗的"打近战"本领,要"刺刀见红",校园里整天见木枪挥舞,"突刺,刺!"的口令和"杀"声震天。

要和谁打仗?世界上的大国都是我们的敌人,个个"亡我之心不死"。同学们兴奋地摩拳擦掌,等待着这一天的到来。

九 我们走在大路上(1962-1965) 181

  吃饭也要整队到食堂，吃饭铃一响，各班同学一阵风地集合站队。尽管教室离食堂也就几十米远，大家还是斗志昂扬地高唱革命歌曲，迈着整齐的步伐向食堂进军。十几个班的学生，排成十几个队列，"我们走在大路上，意气风发斗志昂扬……""红旗飘飘军号响，人民战士歌声嘹亮……""我是一个兵，来自老百姓……"歌声此起彼伏，响彻校园。这是学校最壮观的时刻！

  一个歌子没唱完，就到了食堂门口，同学们一哄而散，蜂拥而进。

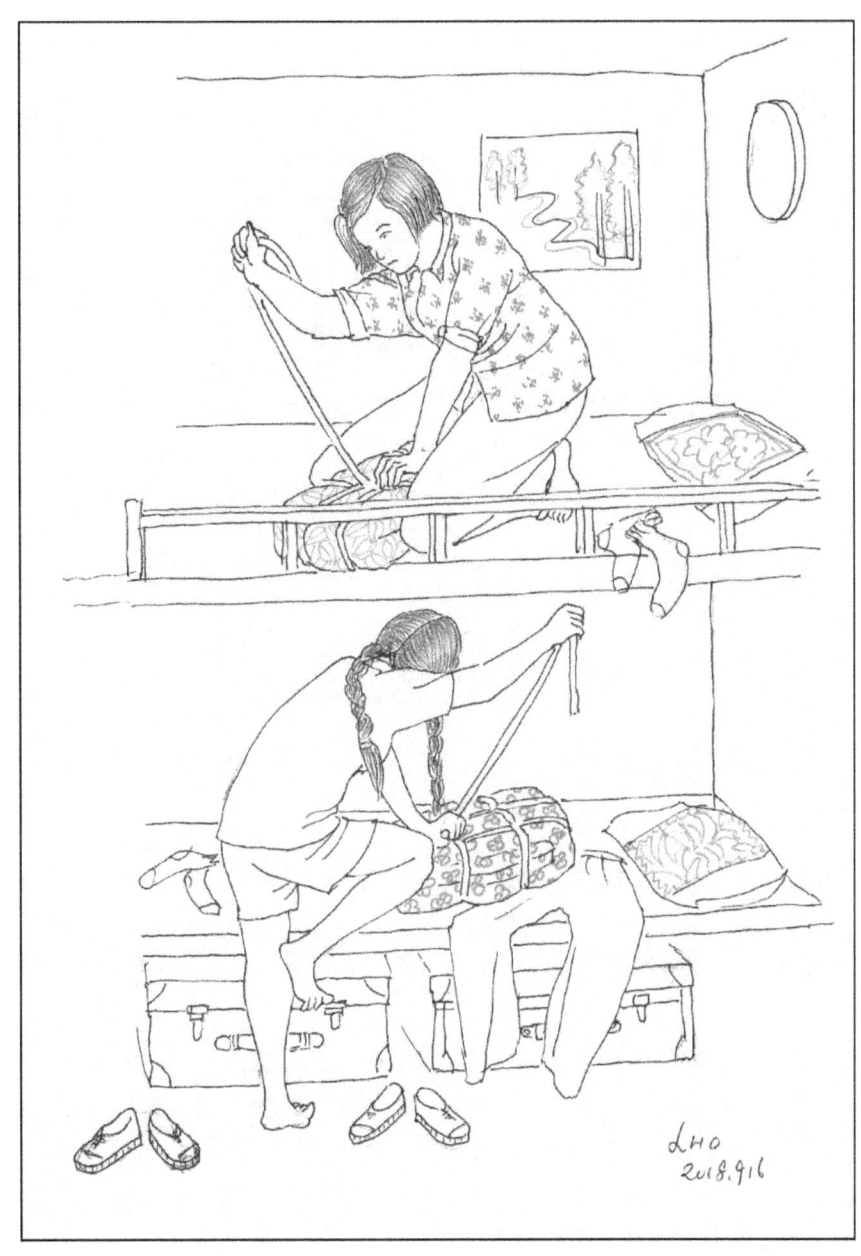

　　宿舍也军事化了,解放军教我们叠被子,把被子叠成有棱有角的"豆腐块",还要学习打行军背包,反复练习几十秒钟就把被子打成一个结结实实的背包。背包上的带子三横压两竖,再别上一双鞋子。

每天早上六点钟，宿舍楼下就响起"紧急集合"的哨声，我们得在最短的时间内起床穿衣，打好背包，背在身上，跑下楼。老师拿着一个跑表掐算时间，不超过三分钟全班已经站好队，然后高唱战歌，高呼口号开始跑步，绕着附近的农田跑上一两千米，再到农田的闲地上练习"摸爬滚打"，弄一身泥土回校。

有时候深更半夜，也会突然吹哨集合，把我们从梦中叫醒，拉出去跑几圈再回去睡觉。很多同学半睡半醒，丑态百出，有穿拖鞋的，有没系皮带的，有背包半路散了的。为了对付夜间紧急集合，一些人干脆准备一个不用的被子打成背包，放在床边，提起来就走。

我们正处于生龙活虎的年龄，热爱这样有活力的生活。我们一再被要求带着刻骨的阶级仇恨练，我们的面前总有一个假想敌，或是企图翻天的地富反坏右，或是国际上的帝修反。"仇恨"就这样在青少年的日常生活中培养起来了。

解放军的训练有个口号"苦练二百米硬功夫",我们的"军体"课也有"硬功夫"必须"达标",达标成绩作为年终考核成绩。这几项硬功夫让我吃尽了苦头。比如"倒立",我的胳臂无力,支撑不住我的130多斤的身体,即使腿翻上去了,腰却塌着。练了无数次,也立不起来。考试时几个同学连扯带搋终于帮我倒着立起来一次,也就支撑了一两秒钟,老师开恩让我过了关。还有"俯卧撑",我练了几个月,才达到了十个的指标,一达指标,我就连一个也撑不起来了。

另一个硬功夫是"下桥",俗称"窝腰",为了把板腰练成罗锅桥状,同学们天天倒扶着墙,倒抱着电线杆子往后窝腰,这和打仗有什么关系呢?!

有一天下学,我和同学到后操场练习"下桥",没有墙壁和柱子可供依靠,我们在一块躺着的大水泥预制板前练习。我不懂任何保护措施,没有任何依托就向后弯去。腰弯到一半,支撑不住上身的力量,头朝下狠狠地撞向水泥板的拐角,顿时眼冒金星,血流了一脸。就在那天上午,校领导在早自习时间还做了广播报告,说最近一段时间学校的体育事故不断出现(就是因为高强度训练),尽是断胳臂断腿的,一定要加强安全意识。我觉得羞愧难当,用我和同学的手绢按在伤口上,急急忙忙奔向海淀医院。两条手绢马上浸透了血,路上遇见一两个同学瞪大眼睛张开嘴正要嚷嚷,我一低头疾步走开。我的头上缝了五针,包扎着绷带,绷带又被血溅透,像一个伤兵,狼狈不堪。

  还有一个百米跑也是我的老大难。女生跑十五秒及格，我肉大身沉，用尽了吃奶的力气也只能跑二十多秒，拼命练习，总是不及格，最后一次补考，全班都在为我加油，还有军体委员在前面带跑，终于跑了一个十八秒二，老师"法外开恩"，给了个三分，我算勉强过关。

  我们练得很苦，解放军向来是我心中的英雄，不管达标有多么艰难，我始终热情高涨地投入各种活动。我们的少年时代就像那支整天唱的歌："我们这一代，豪情满胸怀……"我和大家一样，满怀革命理想，以革命前辈为榜样，向往着战争年代，渴望在非常时期献身革命。

　　1964年7月14日毛泽东提出"革命事业接班人的五项条件"。大中学校立即开展思想革命化运动，兴无灭资，反修防修，斗私批修，做一个合格的接班人。

　　为达此目的，全校师生去门头沟煤矿接受工人的再教育，和工人一起下井劳动。下井前大家换上了工作服，那些工作服大概很少清洗，又黑又硬，带着井下的湿气和工人的汗水，穿在身上粘漉漉的。井下的条件非常差，在柳条帽顶灯的昏暗光线下，我们在地下几百米的巷道里和工人一起挖煤，钻矿时用的是水枪，地上时时可以碰到水洼，墙壁也在滴水，衣服更潮了。我深深体会到做一个工人的艰苦。我愿意当个工人吗？我不能确定。

　　劳动之余，我们听老矿工忆苦思甜。一位老工人讲到矿主如何剥削他们时痛哭流涕，记得是一条短裤衩的故事。很多同学都哭了，我也非常受感动，并且受到了很大的震动，这毕竟是我第一次接受面对面的真实的阶级教育，我开始意识到我所想的和追求的与工人阶级相差实在太远了。

从门头沟煤矿回来以后，班主任趁热打铁，深化思想革命化运动。班上树立了思想改造的典型——一个自命不凡，上课调皮捣蛋，怪话连天，学习耍小聪明，思想不求上进的高干子弟。他作了一个发言，说他的父亲在看《东方红》革命历史歌曲大联唱时老泪纵横，给了他很大震动，革命先辈抛头颅洒热血，用生命和鲜血换来了祖国美好的今天，难道要在我们这一代手中江山变色吗？云云。

这样的典型说服力不够，干部子弟们的思想汇报莫不是父辈打下了江山，他们要誓死捍卫江山永不变色。那么那些小职员小商人的孩子该说些什么呢，江山不是他们的父辈打下的，决不敢贪天之功据为己有，连农民和工人的孩子说起打江山的事都理不直气不壮，更何谈其他阶级子女，能做的就是批判检讨自己呗。

在思想教育运动中，每个人都要向组织交心，写思想汇报，反省自己与无产阶级接班人的五个条件及与工农兵的思想差距。我认认真真地写了一份，第一次对自己的成长过程进行了反思，我认为把自己的"坏"说得越严重，认识就越深刻。我的思想汇报写了四五页纸，通篇充满自责。我批判自己因为看西方古典小说听西方音乐接受的资产阶级思想，特别给自己加上了"个性解放、个性自由"的帽子，至于那是什么玩意儿，我真的闹不清，不过是鹦鹉学舌当时报纸上时髦的批判用语。现在想想我充其量就是自由散漫再加上抖小机灵而已。

尽管我强烈地想改造自己，并且也付诸行动，但似乎在班主任的眼睛里我仍然没多大长进。更没有料到，在高中的毕业鉴定中，我的思想汇报成了批评我"资产阶级思想"的口实。

九 我们走在大路上（1962-1965）

当我傻呵呵地进行思想革命的时候，完全不知道我的命运已经从 1962 年就在"千万不要忘记阶级斗争"的实践中被决定了。从那时起《中国青年》杂志和《中国青年报》不断地登载关于剥削阶级子女要加强改造的文章。1965 年有一个出身不好的青年杨国庆砍伤了两个外国人，报刊就此大做文章，把此事作为阶级报复事件，责令"剥削阶级出身的青年要引以为戒"。这种舆论愈演愈烈，以至后来发展为文革中"血统论"，夺去了千千万万青年的前途和生命。对此我没有任何知觉，我认为自己和阶级敌人及其子女根本无关，不知实际上早已经被划入"另册"。

班上进行了班干部大换血，新干部的条件是出身好政治表现好的人，上台的干部多是出身干部军人或工农家庭的。

"阶级敌人就在我们身边"的警示已经形成风声鹤唳草木皆兵的气候。1965 年的下半年有个同学拿了一本新出版的《中国青年》，说这本杂志的封底出了严重的政治问题，正在收回这一期。封面是一群青年人在麦地里行走，主题不是麦收就是知识青年奔赴农村。据说把画面倒过来看云彩里面有蒋介石的头像，从麦浪中可以找到"蒋介石万岁"的字样。大家拿着那杂志颠来倒去，对着天空看，什么也没找到。这种无中生有的阶级警惕性，在文革中发展到了高潮，有一段时间说塑料凉鞋的鞋底花纹是个介字，是怀念蒋介石；有时又发现鞋底上的花纹是个共字，是仇恨共产党；画毛主席侧面像少了一只耳朵，就是影射毛主席偏听偏信；画毛主席半身像，没有腿，就是影射毛主席没有群众根基。凡事沾毛主席的边，必须得小心翼翼绕开，毛主席在人们心中已经成了不知何时就会把你炸得粉身碎骨的定时炸弹了。

　　除去改造、斗争，斗争、改造，青春之花不可压制地在少男少女中悄然绽放。在男孩子面前，女孩子总是想展示自己最美好的一面，我当然也不例外，但是我最大限度能做到的就是留长发梳小辫。从小妈妈只让我们梳短发，我对别人的发辫十分羡慕。现在住校了，我终于可以对自己的头发做主了。长发留起来了，却不会辫辫子，又不好意思问别人，怕说我"臭美"，只敢在熄灯后自己偷偷练习，还是乱糟糟一团，只好放弃了。

　　高中时代学生是绝不可以谈恋爱的，同学们都以谈恋爱为耻辱，若有人对异性表示好感，必遭大家的鄙夷。刚上高一时，别的班有一对男女生要好，搞得全年级沸沸扬扬，老师制止，同学侧目，他们终因不能承受压力转学了。高中正是少男少女们情窦初开的年龄，每个人对异性都抱着幻想，尤其女孩子成熟更早一些，也只能对高大英俊的男孩子送去偷偷的一瞥。

　　我看了那么多外国小说，心中的男性偶像都是些如安德烈公爵（《战争与和平》人物），或渥伦斯基（《安娜·卡列尼娜》人物）那样的人。高中以前，我总共接触过十个左右的男生，还是小学同学。第一次上男女生混合班，十分好奇，暗暗地打量本班男生，按图索骥。真让人失望，男生们都像是羽毛尚七零八落的小公鸡。扎陀罗夫、谢苗（《教育诗》人物）、伏洛佳（《红肩章》人物）那样个性十足的英俊少年一个都找不到。终于有一个男生引起我的注意，虽说不算英俊，但头发长长的，脸色苍白，表情很阴郁，好像是很深沉的样子，按现在的说法是"酷"。我暗暗地注意了他一段时间。这位同学不苟言笑，经常不见他来上课。然后听男生说，他常在宿舍里哭闹，再过了一段时间，他退了学回老家去了，据说他精神不正常。天呀，我什么眼神啊！

体育老师看上我块大膘肥,把我塞进了校田径队掷铁饼。我根本不是这块料,不管我怎么练,铁饼只能飘飘忽忽飞十几米,落在东南西北各个方向。暑假我们留在学校集训,集训是很枯燥的,我对掷铁饼毫无兴趣,但是对田径队里的几个男孩有兴趣,虽然不和他们说话,却天天能看见他们,就为了这个,我甘愿暑假留在学校训练,眼睛不由自主随着他们的身影移动。

那个年代,少年男女之情也就到此为止,我从来没有对对方露出一次微笑,更没说过一句话,在一浪高过一浪的思想改造运动中,忙里偷闲地对异性作一点幻想,对我们来说,已经是很奢侈的了。

　　1965年7月，在山雨欲来风满楼的政治气氛中我们迎来了高考。考试之前报选科，这是我第一次为自己做人生的选择。学什么，我一直下不了决心。我的文科很好，但是不想学文科。理科成绩也不错，又在数理化中举棋不定。报志愿时我去征求班主任意见（那时是先报志愿后参加高考），他毫不迟疑地说："学中文，第一志愿报北大中文系。"我心中踏实有底了，报了一溜一流大学中文系。

　　文科考得都不错，高考第一门课是历史，我没有经验，一早到黄庄逛街，见新下来的西红柿堆成了山，我买了一个特大特新鲜的西红柿吃掉了。没想到刚一开始考试就想上厕所了，幸而历史题早就倒背如流，答题行云流水，很快就答完了，连一遍都来不及检查，就交了卷，飞跑去上厕所，才用了一半考试的时间。

　　语文更没问题，我在班上作文总是第一，一篇作文还曾被编入学校出版的优秀作文选。考试前我们写了许多篇作文练习，这些作文稍加改变就可以安在不同的题目下。高考的作文题目是"为革命而学习"。这个题目对于我来说真是手到擒来。我恰恰写过这个题目，当时什么都是为革命而……，立即提笔洋洋洒洒。写的都是受当时文风影响的大而无当的空话，每段开头都是"为革命而学习，就要……"满纸泛泛而论，但我确信按当时的标准写得很棒。

　　英语更不在话下，我是英语课代表，班上第一。

　　数学考得一般，错了一题，但是八九十分是没问题的。

　　按照我的估计总成绩该在大学分数线以上。

操行评语在高考结束后才发给我们(大概是怕影响高考吧),看到鉴定,我立时透心凉,不仅还是一个毫不留情的"中",而且把我写得非常糟糕,一两年来我所做的思想改造的努力在评语中丝毫没有痕迹,相反里面仍是充斥着"要努力改造资产阶级,小资产阶级思想"一类的语言。在那样的年代这样的鉴定基本上就宣判了这个人的政治死刑。自从小学三年级以来我就一直在评语"中"的泥坑中挣扎,但是毕业时老师都发慈悲给了"良",我才得以一路考上好学校。而今在这个人生最重要的关头,老师毫不留情地把"中"的标签照旧贴在我头上,哪个大学还敢要?

我抱着所有的教科书笔记本到海淀的废品收购站,卖了块把钱——三年知识的价值。我的感觉不好,如果考不上大学,绝不是因为成绩,留着这些书不再有用。

然后我把这一切都扔在脑后,去南京的姨姨家玩去了。表弟带我去了南京所有可玩的地方,中山陵、紫金山、玄武湖……离开南京前一天,我们去燕子矶爬山,玩得非常尽兴。大学发通知的前一天,我回到了北京。

发通知的当天我坐立不安地等待着，我仍然抱着一点点期望——我的成绩可以打败评语。邮递员一天来两次，上午发录取通知，下午才发不录取通知。上午邮递员来过了，没有我的信，我的心凉了半截，怀着万分之一的侥幸心理，期盼着没准信件晚到了，下午也许会收到录取信。

下午姜同学和王同学到我家来了，姜同学收到了农机学院的通知书，王同学，我们班的团支部委员兼学习委员还没收到信，急得不得了。我们一起去住在同福夹道空政文工团的李同学家探问消息。李同学正在他家后院的游泳池游泳，他考上了哈尔滨军工大学，他给我们历数谁谁谁考上哪哪哪，听着，我的心降到了冰点。李同学邀请我们上他家里去坐，到他家直接从游泳池边他家的后窗子爬进去就行了。我们就一个个地爬，轮到我时，我只记得抬起了一条腿，然后就失去了记忆。当我再清醒过来时，眼前是蓝天晃动，五六个人抬着我正在走路，我半天没弄清楚是怎么回事，还问怎么啦。他们告诉我，我晕倒了跌在地上，游泳池的医生们赶过来抢救，招人中。见我有了动静，他们把我抬到李家。我躺在他的床上休息了一会儿。李同学的父亲以为我是从窗子上掉下去摔昏的，一直在埋怨他不该带同学爬窗子。可我知道，我是因为玩得太疯没有休息好，火车上又没有睡觉，再加上等通知的高度紧张，才昏倒的。

同学们把我送回家,傍晚我收到了不录取通知书,邮递员知道这意味着什么,同情地说:"没关系,明年再考。"我心里感激邮递员的温暖话语,但是没有明年了,党早就要我们做好"一颗红心,两种准备"了。

我躺在床上休息,满心绝望。爸爸下班回家,在我的床前站立良久,叹了一口气,他心里明白是怎么回事,但我不知道。我打心眼里可怜他。

后来的风云变幻,我绝了上大学的望。

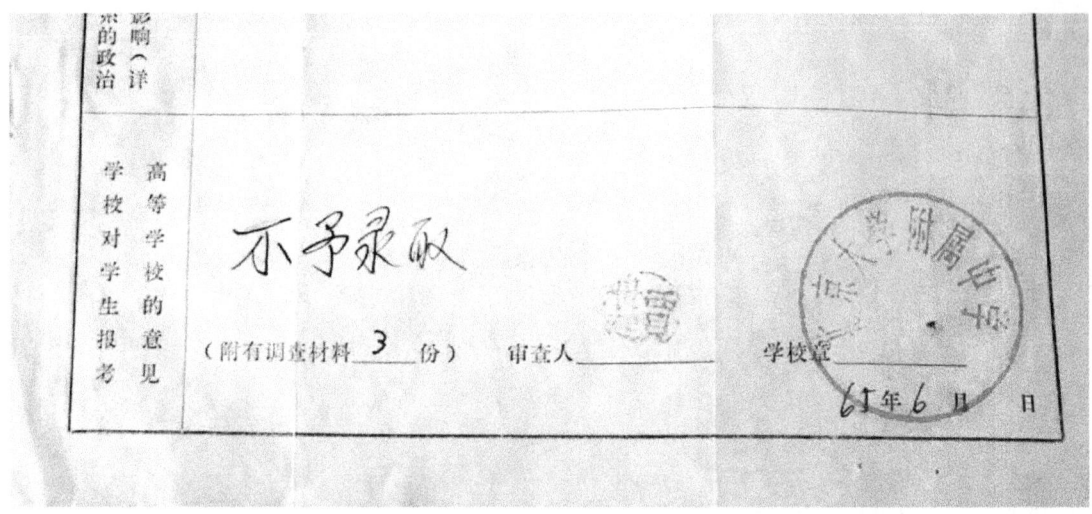

我们班有 44 位同学，没有考上大学的竟有 20 人，其中包括学习委员，好学生。失望的同学们承受着落榜的羞愧（因为一般人看来，只有学习不好才考不上），焦虑着自己的前途。相反班上一些人学习一贯糟糕，却考上了大学。比如有个同学，如果他能考上，全班百分之百的同学应该都能上大学，偏偏他就考上了，上的是当时所有大专院校排名最后一位的"工商管理学校"。有一点我们明白，他是响当当的贫农出身。

总起来说，没考上大学的看起来都不像是"好人家"出身，国民党、军统特务、反革命、地主、右派、海外关系……这些人还有一个共同点：都和班主任的关系不好。这些事令我们百思不得其解，究竟是班主任在我们的评语上做了手脚，还是仅仅因为我们的出身不好？

九月份没考上大学的同学陆续收到工作分配通知，有的到内蒙临河插队，有的到东北兵团，有在北京街道工厂工作，还有去看自行车棚的。有些人不等分配自行寻找出路，去了新疆兵团，不管怎样，大家都是满腹疑团，满心委屈。

十年后，在内蒙插队的韩同学带着档案返回北京，她自行拆开档案，才解开了不能上大学之谜。她的毕业鉴定（毕业鉴定是秘而不宣的，与发到我们手中的操行评语内容不同）中引用了她在宿舍说的玩笑话（不知谁汇报上去的），把她说得如此不堪，简直与反动学生无异。在学校意见一栏，仅仅四个字——"不予录取"。就这四个字决定了她的一生。那"不予"二字，不是具有商量余地的"不宜"，而是霸道的"不予"。再看时间，6 月，高考之前已经定论。当我们专心致志地紧张复习，在班主任老师的假意指导下慎重地选择志愿大学，迎接高考时，我们的悲剧已经拉开了帷幕。"不予录取"不仅韩同学独有，张同学当时也打开了自己的档案，也看到了这几个字。我呢？其他人呢？不会有例外的！

当年早已经知道了学生前途厄运的班主任面对着把人生大事郑重其事托付给他的我们，心里会是什么滋味呢？！五十年后，班主任老师在给我们班同学的一封信中做了诚恳的反思。他说"明明知道某些（高考）政策的底线，却仍要装作'一视同仁'一样去引导同学复习、报考、等待……"（就是说，那时他斩钉截铁地让我报北大中文系，心里却知道"你什么大学也上不了"）但是班主任又辩解道，他本人无权给学生做毕业鉴定，也无权做出学生是否可升大学的决定，因为他不是党员。没人相信这个说辞，没有人再和班主任计较什么了，但是坎坷一生的落榜同学们心中的阴影永远难以驱散。

十、清水里泡，血水里浴，碱水里煮

（1965.9-1966.5）

有一本书说知识分子的思想要经过在清水里泡三次，在血水里浴三次，在碱水里煮三次的痛苦过程，才能变得纯净起来。这让我联想到洗猪大肠，在碱水里搓，盐水里泡，清水里煮，最终得到无臭无味白白净净的肥肠。如今我的脑子必须要经过洗猪大肠一样的泡、浴、煮。于是，我开始了自觉地彻底地自己给自己洗脑的模式。

  1965年7月高考完毕回到家里，海燕已经走了，我甚至不知道她是哪天走的。她去了新疆生产建设兵团。海燕比我早一年高中毕业，那时已经高调宣传知识青年上山下乡了，董家耕侯隽邢燕子……为考不上大学的学生树立了城市青年扎根农村的典型。海燕是自愿走的，连大学都没考，满怀革命的浪漫主义，带着我的吉他走了。她计划在新疆体验生活，写一部长篇小说，歌颂共产党领导下的民族大团结。她万没想到的是残酷的现实让她受尽苦难，身心俱残。这幅画是我为纪念她去世十周年时所画，虽然十分幼稚和浅白，但直接表达了她的离去让我心疼的一切——白衣是她的纯洁，吉他是她的浪漫，悬崖是她面临的险境，沟壑是她艰辛的历程，夕阳是她面对的未来，罂粟是美丽外衣下的邪恶（兵团种植罂粟）……这幅画叫"夕出阳关"。

  她的遭遇我多年以后才知道，而那时我们都向往新疆兵团。

九月中旬我收到了教育局的通知——某月某日到海淀区教育局报到，这就是说分配我当小学老师。

我不能当老师。老师对我意味着什么？我的生命中遇到的第一个社会权力的代表，他按照社会的意志来规范塑造打磨孩子，挫掉他们的棱角，压制他们的个性，把他们变成同一型号的社会产品。从幼儿园到小学到中学，我一直想挣脱这种力量，所以没有一两个老师喜欢我，他们批评挖苦讽刺我，视我为头痛学生。我也不喜欢他们，他们让我对自己失去了信心。我既然不尊重我的老师，又怎么可能看得上老师这个职业呢？对不起了，老师们，我知道这样说失之公允，多少年后我才知道自己一直混淆了两个概念——老师和班主任。我意识到我不喜欢的是"育人"的班主任，而不是"教书"的老师。是的，实际上许多科任（非班主任老师）老师喜欢我，因为我聪明。

我心里唯一的选择是去新疆生产建设兵团，去找海燕。我跑到海淀区教育局一口回绝了教师的工作，把通知书撕成碎片，和那个管分配的女人吵翻了。然后我又跑到区人民委员会，强烈要求去新疆。区人委说，海淀区至今没有去新疆的名额，如果有了，会首先考虑我。

在等区人委通知的同时，我双管齐下，叫妈妈帮我走农垦部的后门，当初海燕就是通过这个途径去新疆的。妈妈不愿意我去新疆，但是又怎能说得动我？十万火急给爸爸写信，爸爸正在河南搞四清，听说了我的抉择，也是心急如焚，托我的表叔来劝说。表叔是北京的中学老师，以自己的经历循循善诱："你现在是一腔热血，将来会有很多现实问题，比如找对象结婚生孩子，还是在北京好。"我心说，瞧瞧，这就是一个老师的思想境界和追求，简直俗不可耐！我去意已决，根本不愿意搭理他。

妈妈迫于无奈，托了农垦部的后门，去兵团的手续很快就办妥了，剩下的事情就是去领取车费安家费，买火车票。一切已近落实，我应该轻松了，谁知我的心情从来没有如此沉重过。我发现关于新疆之行我并没有考虑成熟，我不想离开家，海燕封封来信都在表示万分后悔来到新疆。我之所以坚持要走仅仅是因为留在北京当小学老师脸面上太难看。我整天在思想斗争，把当老师和去新疆两件事权衡来权衡去，这时我又觉得当小学老师也是可以接受的了。我多么想说"我不去了"，但是以我的要强性格，我宁可去受罪也不会说这样的话的。最后我咬牙决定，还是去新疆！

那天我和妈妈约好下午一起去农垦部领安家费和车旅费，谁知过了时间妈妈还没回家，好久她才匆匆回来，面色沉重。原来她在单位请假时，领导知道了她是去给女儿走后门，把她好生批评了一顿，说她支持女儿不服从组织分配，还走后门，失去了党性原则，要她立即制止此事。妈妈说新疆肯定是去不成了，她今天必须回单位向党组织汇报此事处理结果。我听了大怒，立即和妈妈大吵大闹。从此我不理妈妈，寄希望于海淀区人委，等待他们分我去新疆。

但是从我内心来说，我竟觉得自己大大地松了一口气。我才明确地知道，自己根本不想去新疆。我怕孤独，怕荒凉，怕陌生，怕遥远，怕离开家，怕离开北京。妈妈领导的批评给了我堂皇的理由留下来了。我表面上仍是生气，但心里接受了党安排的一切。

9月23日是被分配当教师的毕业生在海淀教育局报到及分配学校的日子。我虽然已经大闹了教育局,这一天我还是抱着几分抵触,几分好奇,甚至几分希望去了海淀。我在海淀街上来回地走了好几趟,去还是不去报到?思想斗争激烈极了,最后我决定先不签到,混进会场听听,如果我的名字没有因为我大闹教育局而被取消,就干老师吧。

会场外张贴着教师分配名单，在上面寻找我的名字时，我的心在狂跳。终于找到了"刘海鸥"几个字，我大大地松了一口气，正要进入会场，工作人员把我拦住了，先签到才能进去。

若名字一签，就决定了终身，人就许给了"教育系统"，再无反悔的可能。我又犹豫起来，转身离开会场，先去区人委，问问新疆有没有消息。人委说现在还没有名额，这终于促使我下了决心返回会场去签到。刚刚签上名，手里就收到一个信封，内装十五块五毛钱，半个月的薪水，我一生第一次领到的工资。钱都拿了人家的，当老师是铁板钉钉了。

　　有二百多个毕业生参加开会。进去时正在公布分往各小学校的人名单，没有念到我的名字。没念名字的总共有五十个人，还要集中学习五天，然后分配到中学。这就是说我要当中学老师了，这是我绝对没有想到的最好结果。

　　教育局的领导说我们这些当中学老师的都是由学校推荐的学习优秀的学生，高考成绩都超过了大学录取分数线，但是由于某些原因不能上大学，所以被教育局收编。什么原因呢，是因为操行不好吗，那有什么资格当老师呢？我想不出来。

　　我又轻松又高兴，回到家我非常不好意思面对妈妈，这么多天来，我寻死觅活要去新疆，怎么一下又接受了当老师呢。我找了些理由给自己下台阶，我说，我是去看看，可是没想到一进去手里就塞了工资，糊里糊涂就成了定局。

　　妈妈心里卸下了一个大包袱，高兴地提出和我们姐妹几个去游览开放不久的十三陵，这是近十年来她第一次和我们一起出游。1957年反右斗争，1958年大跃进，以后一个运动接一个运动，我们再也没有全家出游过。妈妈说这是最后一次，以后她哪也不会去了。我们是非常奢侈地坐出租车去的。那时候街上找不到招手停车的出租车，要到王府大街出租车公司去预订。从家到十三陵花了38元车费，相当于一个普通工人一个月的工资。我们的野餐也十分时髦，是刚刚问世的方便面。方便面的包装非常简陋，薄薄的白纸被油浸透，上面写着棕褐色的字样。不过我们觉得方便面的味道简直太好了。

　　爸爸得到消息后也非常高兴，在日记里写道："海鸥的工作确定，我就安心了。远离身边到万里之外的新疆去，真使人难过。海燕后悔已晚了……"

　　在五天的集训中，几乎每个人发言都言辞激烈地说要和反动家庭划清界限，做一个教书育人的合格老师。难道我们这些人都是因为家庭原因被甩出来的？我从来不认为我的家庭出身不好——爸妈都在三十年代加入共产党，是抗日的先锋分子，爸爸领导了北平大学的"一二·九"运动，妈妈作为地下党员在国民党军队中以教官身份宣传抗日，如今他们都是国家干部。好吧，退一万步说，这么重视家庭出身的年代怎么就放心让一帮地富反坏右的子女混入"教育战线"，去培养共产主义接班人呢？百思不得其解。

集训结束后，我们先由教学质量高的中学代为培训一年，然后正式分配。我和其他几个毕业生分到北京师院附中，在语文组每个人跟一位老教师备课听课，当一个班的副班主任。

既然入了这一行，我就要当一个好老师。我认真地备课，第一堂课讲的是杜甫的《茅屋为秋风所破歌》，仅仅一课的教案我就写了整整一个练习本，够讲十节课，这就是老教师告诫我们的"一桶水和一杯水"的关系（老师给学生一杯水的知识，自己就要具备相应的一桶水的知识）。我从来没有这样认真地对待任何事。

作为班主任，我和学生的关系非常好，我们平等相处，他们有什么心里话都和我说。

代培老师的生活是令人愉快的。我们朝气蓬勃，积极向上，努力钻研业务。此外我们还有丰富的业余生活。我们参加了青年老师的歌咏队，高唱"迎着晨风迎着阳光，跨山过水到边疆……"还有"一条大河迎彩霞，沙枣花开在水渠旁……"这些歌曲使用了优美的新疆少数民族曲调，配上了革命词语，号召年轻人扎根边疆，令我时时想起海燕。

一次全校师生大会上我们代培老师小组表演了一个自编的舞蹈《女民兵》，用的是为毛主席七言诗《女民兵》谱的曲子。我是生平第一次跳舞，虽然又胖又笨，观众中传来笑声，但是我怀着对毛主席的虔诚心理，跳得特别认真。

　　一参加工作，我就意识到要为人师表，就要改变我过去的面貌，自由散漫是不行的，中游也不行。我非常遗憾没有加入共青团，一次参加我班学生的团员发展会，老师和团员坐在前排，其中只有我一个是"白丁"，觉得真是丢脸，头都不敢抬。心中暗想我必须入团，这样才有资格教育学生。虽然说我的入团愿望在意识潜层里有点实用主义，但是在意识的表层，我的确为日益浓烈的阶级教育和阶级斗争气氛所感染，我怀着一颗年轻人容易被激动的心，开始了革心洗面，积极进步，和过去一切所留恋的东西决裂的改造进程。

学校旁边正在挖掘京密运河，劳动力都是解放军。我利用周末时间志愿参加了挖河劳动。那时出了一个解放军英雄王杰，他扑向即将爆炸的炸药包，牺牲了自己，挽救了许多人的生命。毛泽东亲自为王杰题词"我赞成这样的口号，叫做'一不怕苦，二不怕死'"，全国开展了大学王杰精神的运动。我参加解放军的劳动就是为了实践和培养"一不怕苦，二不怕死"的精神。

运河工地上热气腾腾，解放军们连续干十几个小时依然生龙活虎，我非常喜欢这种气氛，连续几个周末参加劳动，觉得受到了极大的教育。

解放军英雄榜样层出不穷，雷锋、欧阳海、王杰、麦贤得……每当学习这些英雄的事迹时，人们都会被感动得流下眼泪。

学习英雄要和我们日常一点一滴的行动结合起来。有一天回家，我沿着铁道边的田间小路去汽车站。远远一辆火车过来了，我想体会一下欧阳海抢救列车时的情景（在火车开来时，他把站在铁道中间的惊马奋力推开，牺牲了自己的生命），就站在离铁轨一米远的地方等着。火车呼啸着以雷霆万里之势扑来了，离我只差一两米远的时候，我脑子里突然闪过一个念头：如果这时有个小孩站在铁道上，我有勇气去救他吗？还没容我作出答案，火车已经从我身边飞驰而过，我吓得夺命而逃。为此我心里竟难受了好久：难道我不敢去救人吗？这只是发生在千分之一秒内的事情，只要稍一犹豫，就可能人亡车毁。没有人会怪罪你，但是你怎么能经受住内心的自责？追根寻源还是脑中的"私"字作怪，有私心必然怕死，必须继续狠批自己的资产阶级思想。由此我学习英雄的事迹更加努力，《欧阳海之歌》看了好几遍，在他抢救火车前的那一段心理描述，我抄录下来，反复朗诵。

1965年11月《文汇报》刊登了姚文元文章《评新编历史剧〈海瑞罢官〉》，拉开了文革的序幕。我对即将来到的文革大风暴毫无觉察，更不可能知道大幕后面的一切肮脏目的，只以为这是一场广义的争夺无产阶级事业接班人的革命。

1966年2月3日《解放军报》发表社论《永远突出政治》，接着连续发表了《二论突出政治》、三论、四论，以至六论突出政治，《人民日报》全数转载。我认真地学习社论，把工作的重点完全放在如何突出政治上。我的日记本笔记本上写满了和学生开会的提纲记录，谈话的要领，全是一个中心：突出政治。

钻研业务已经不被看好，我认为对于我来说，突出政治就是改造我的非无产阶级的世界观，我必须和一切资产阶级思想断绝联系，首先把自己锤炼成一个无产阶级革命接班人，然后才能培养无产阶级革命接班人。从此，我对自己的一言一行一个思想闪念要问一下是否突出了政治。如果没有，就在头脑中展开猛烈的批判。

　　班上的一个学生病了住院。我到医院去探望他，见他独自住在一间高级小病房中（他父亲是某军种司令员），意志很消沉悲观。我安慰他说："到外边走走吧，春天已经到了，草也绿了，桃花已经开了，到外面吸口新鲜空气，你会觉得头脑清醒，心胸开阔的。"他很感动，我走时他主动和我握了握手，他曾是一个不和老师说话的傲慢孩子！

　　第二天我再去看他时，见他蹒跚地从院子走进来，拿着一个小瓶，里面装了几枝含苞的桃花，他说："我要把春天带进病房。"显然是我昨天的话起了作用。我立刻产生了不安的感觉，在他们改造思想的道路上我扮演了一个什么样的角色呢？这是以小资产阶级的温情主义去进攻人家内心的薄弱环节，让他产生了不健康的感情，如此我只能给他们带上错误的道路。我决定今后宁可跟学生们谈严肃的思想，谈教条的理论，让他们感到生硬，感到暂时的失望，也要把无产阶级思想灌输给他们。

　　这种突击式的改造思想有时会带来一些疲劳感，一阵忧郁的情调会突然偷偷袭来，让我厌烦眼前的一切，怀念起初中时代那种罗曼蒂克生活。一种强烈的想往攫住我的心，想在山风吹拂的峰顶上伫立，想在波涛汹涌大海边徘徊，想在清晨的树林间穿行，想在黄昏的田野上漫步。或者体会一下在瓢泼大雨中奔跑的酣畅，离开这充满火药味的世界，到一个没有喧嚣的地方，只干我本心愿做的事情。不过这只是一闪念，立刻，我的脑子里展开了对这种情绪的激烈攻击。

　　一天下午，我们正在开什么严肃的会，已经是1966年的5月份，文化大革命即将正式拉开帷幕。突然间从隔壁琴房传来莫扎特小步舞曲的钢琴声，虽然弹琴的手并不高明，但那早已埋在我底心的旋律，又被激活起来，我立时觉得心都醉了，头也晕了，一切思想都被打乱了，不能思维了，人被音乐带走了。心里有一种深深的失落感，失落什么，不知道，同时我又为自己的陶醉隐隐不安。我觉得自己像在漫天大雾中行走，总也摸不清方向，只有犹豫和错误伴随着自己，难道就这么下去吗？我又像在一个大漩涡里挣扎，不知道什么时候才能爬出"资产阶级"的泥坑。只要稍稍放松思想改造，它就冒出来，只要外界稍稍有一点诱发力，如今天的小步舞曲，它就跳出来，难道我永远要像堵枪眼一样紧张地绷着神经吗？难道我真是不可救药了吗？

　　当天晚上我就学习毛著对"琴声事件"展开检查和批判，很快我就调整了心态：脑子中的一团混乱其实不乱，一条线就可以提拉起来，这是不符合时代要求的资产阶级小资产阶级情调作祟，我必须毫不留情地用快枪迅速击毙。

　　而我又陷入深深的迷惘，我每做一件事情都不正确，都要自责，难道我没有一件事情做对了吗？我什么时候才能对我的思想和行动稍稍满意？我对自己说，这就是脱胎换骨的改造要经历的痛苦。

　　1966年的2月，团组织决定发展我入团了。填写入团申请书时出现了一个小问题，当时我觉得很小，没料到几个月以后差点为此丧命。申请书上有一栏：家庭出身。我填的是"革命干部"，我一向都是这样认为的，道理很简单，一切工作都是革命工作，共产党领导下的国家干部当然是革命干部。况且父母不仅都是国家干部，而且都在三十年代参加了革命，加入共产党。爸爸后来虽然因为客观原因脱党，却也一直跟着党做革命工作。他们理所当然是革命干部。我十分幼稚和闭塞，我不知道"革命干部"作为一类出身，是有其特定的含义的，是那些扛过枪打过仗，和敌人面对面地斗争过，并且在干部级别13级以上，在领导岗位上工作的人才有资格称为"革命干部"。

　　团总支的组织委员找我谈话，她认为我有隐瞒出身欺骗组织之嫌，她说："你不能算革命干部出身，你的父母级别够不上革命干部。更重要的是你爷爷在台湾，此事你不应该向组织隐瞒。"我很吃惊，我根本不知道我有个爷爷，更不知道他在台湾。我在填高中毕业生登记表时，就填的是"革命干部"。我立刻去北大附中问班主任老师，他也说我的出身不算革命干部，我交了毕业生登记表后，他已经给我改掉了，改的是"职员"。他为什么当时不告诉我呢？！班主任还透露我之所以不能上大学，就是因为这个台湾的爷爷。

　　我只好在入团申请表上改填了"职员"。这个称呼听起来那么不带劲，灰土土的，像个落后分子。

　　原来我是有"原罪"的人！在台湾的爷爷给我打下的印记。我觉得有些毛骨悚然，为什么他们什么都知道呢？从此我开始了自觉地彻底地给自己洗脑的模式。就像洗猪大肠，在碱水里搓，盐水里泡，清水里煮，最终得到无臭无味白白净净的肥肠。如今我的脑子必须要经过洗猪大肠一样的泡、浴、煮，洗掉原罪，再把无产阶级思想装进一尘不染的大脑。

十一、世界归根到底不是我们的

（1966.5-1966.10）

文革开始我曾心潮澎湃地高诵和高唱伟人给年轻人许的愿："世界是你们的……归根到底是你们的。"经过了血与火的煎熬，我开始明白了，世界不属于我，过去不属于，现在和将来，归根结底都不属于我。

1966年4月份全国都在批判《三家村》和《燕山夜话》，意识形态的讨论已经上升到了无产阶级与反党反社会主义分子斗争的高度。我感到胆战心惊，原来阶级斗争无处不在，甚至北京市委都被阶级敌人把持了！我百分之百地相信党，相信党的报纸，义无反顾地投入了大批判斗争。

初读"三家村"的文章，看不出什么问题。仔细阅读报纸上的分析批判，发现任何一句普普通通的话都可以是革命的，也可以是反动的，关键是说话的人是谁，如果舆论告诉我们他是反革命，那么我们可以分析出他的每句话都是"暗藏杀机"的。我大梦初醒，那么我……如果把自己过去口无遮拦的自以为聪明的俏皮话甚至"落后话"与阶级立场联系起来看，简直不敢想。我发现原来敌我之间竟是那么的接近，甚至找不到一条清晰的界限。只要稍稍不注意思想改造就要犯极大的错误，就要滑向修正主义甚至是反革命的道路，亡党亡国就从我这里开始。为此我吓出了一身冷汗，我必须更加深刻地挖掘批判自己的资产阶级思想。多少年以后我才明白，什么叫"无限上纲"，什么叫"欲加之罪，何患无辞"，这就是。

我连着几天几夜没有睡觉，写大字报，和学生老师互通有无。没事干了，就写日记写思想总结或捧着一本《毛选》读到天明，有的时候我夜间骑车到北大清华看大字报。哪来的那么大精神？现在看来真是一股邪劲。

　　社会的大动荡对于一个年轻人来说是新奇的,每天都有意想不到的事情发生,我的心每天都受到激励。5月份的一天,我和爸爸去看乌兰牧骑的文艺表演,演到一半时台上忽然冲上来一群年轻人,头戴黄帽子,身穿黄军装,无领章帽徽,朝气蓬勃,说话清脆,铿锵有力:"封建主义资产阶级的才子佳人、帝王将相占领无产阶级的舞台已经太久了,我们毛泽东思想宣传队就是要占领舞台,把封资修的东西打翻在地,再踏上一只脚,让他们永世不得翻身!"说着他们把乌兰牧骑挤出舞台(其实乌兰牧骑的歌舞已经十分合乎时代的"革命潮流"),边唱边舞起来,动作火爆有力,唱的歌也充满火药味。全场人一时有点蒙,不知是该拍手好还是保持沉默。我从来没有见过这样有煽动性的歌舞,心潮随之起伏澎湃。爸爸气愤地说:"这叫什么节目,简直是胡闹!"站起来离席。我不情愿地跟着爸爸走,对爸爸的评价感到很失望,我觉得他跟不上革命形势。

5月16日中共中央的"5·16"通知正式宣告"无产阶级文化大革命"的开始。5月25日北京大学哲学系聂元梓等七人贴出了文革中的第一张大字报,批判北京大学党委和北京市委。这张大字报迅速传播开来。文革以迅雷不及掩耳的势头急速席卷全国。大中学校学生纷纷起来造反,夺取学校党委的领导权,学校陷入基本瘫痪状态。

师院附中先是出现质疑校领导的大字报,针对校领导执行的教育路线问若干个为什么,结论是学校贯彻的是修正主义教育路线。然后有一些大字报则反驳说校领导是无产阶级的,好得很。课已经没法上下去了,上课的时间不是学报纸就是写大字报,开辩论会。整个学校几乎整夜灯火通明。

1966年6月7日早上,全校正在听校领导的广播报告,一部分反对校领导的学生要抢占广播室念自己的稿子,抢占不到,就拉了一伙人到大操场上,揭发校领导执行修正主义黑线的"罪行"。党委委员杜老师也马上拉了一伙学生与造反派学生在操场上对峙,高呼"共产党员、共青团员、革命的师生站到这边来!誓死保卫党中央!誓死保卫毛主席!"多数师生不明就理,在两派的号召下一会儿站到这一圈,一会儿又跑到那一圈,生怕站错了队。

我非常地迷惘,不知该站在哪一边。我心中赞同红卫兵们的造反精神,但又不觉得校领导是敌人应该被打倒。我一时不知怎么办,只是站在一旁远远地观望。

　　下午一点钟团中央候补书记胡启立亲自来师院附中处理对峙事件，并带来了大庆工人组成的工作组。工作组进校后立即表态支持造反派学生，认为学校领导确有问题，号召大家展开批判。我第一次切切实实地感到世界要来一个翻天覆地的大变化了，学生造反的时代到了。革命的浪潮正在以势不可挡之力把我卷入激流，我要以最饱满的革命热情投身到斗争之中。但什么是文化革命，革谁的命，我从来没有好好想过，只有一个信念，跟着毛主席和党的战略部署走定然没错。我在教员中第一个贴出了质问校领导的大字报。

尽管学生批评校领导的大字报铺天盖地，唯独我的大字报引起了拥护校领导的老师的不满，不知是人事处还是团总支把我入团时填写出身的事情公布于众，挑拨学生批判我。一天早上，在显眼的位置，有一张学生批判我的大字报，用了一个侮辱性的外号"刘企鹅"称呼我，在"刘企鹅"三个大字下，质问道"你是人还是鬼？你这个大肥鹅是如何在师院附中爬入团组织的？你上窜下爬，四处游说，煽风点火，你目的何在？你这个笑面企鹅别想在革命队伍中投机！大蠢鹅，你胆敢隐瞒出身，以'革命家庭'自称，混入革命队伍，欺骗群众，你到底要把群众引向何方？！"

这张大字报对我是当头一棒，且不说他们对我满腔革命热情的诬蔑我根本不能接受，也不说所谓的"隐瞒出身"无疑是团委或人事处的老师为自保而转移目标或对我不满而抛出来的档案资料（在文革中这种现象极为普遍），仅仅是对我的人身攻击就已经极大地羞辱了我。我早就说过，我是一个不被当时中国人接受的"胖子"。我的身高刚刚一米六，体重却一百三十多斤。在整个少女时代，我不断地为此困扰，沮丧，尤其当我发觉我和其他女孩子一起在街上走路，男人注视的目光总是落在她们身上，很少注意到我，我对自己的体态更是悲观，对自己更是没有自信心。

这张大字报对我身体侮辱的冲击力大大强于政治上的攻击，我的心情坏透了，每经过贴那张大字报的地方，我简直想找个地缝钻进去。从那以后，我走过校园，"刘企鹅"的恶意呼喊此起彼伏，让我这个十九岁的女孩子无地自容。

我开始意识到，在学生的眼里，老师就是革命对象，是不允许"乱说乱动"的，不管拥护校领导还是反对校领导的学生在这一点上是一致的。

　　我甚至连唱革命歌曲都不配。我们教师宿舍楼被红卫兵把守和梭巡，一次我在楼道里哼了一句："横断山，路难行，天如火来水似银……"，这是《长征组歌》的曲目之一"入云南"，这支歌的头几句和其它组曲不同，最为抒情，曲调悠长旷远，还带着几分凄清悲凉。我曾奇怪，在节奏那么铿锵辉煌的长征歌曲中，这么抒情的调子怎么会通过检查。当然紧接下去的曲调就突然转变，节奏短促有力。我喜欢唱头几句，可能就是我的小资本性的自然流露。忽然一个监视楼道的女红卫兵大喝一声："住嘴！你配唱革命歌曲吗？唱得软绵绵的，你少糟蹋革命歌曲！"接着，她放开嗓门大声示范："横断山……"唱得斩钉截铁，气冲霄汉。实在话，那女孩子的嗓音真是漂亮，但不适合唱这一段。从此我不再在红卫兵跟前唱歌，因为不论你唱什么，怎么唱，都会引发出"反革命"的问题。

　　为了离开这些不愉快的事情，6月下旬我和学生一起去农村夏收，我班的学生对我一直都不错。我们去的是北京西郊的苏家坨公社，本来在麦场上夜以继日的劳动让我的精神上感到十分轻松，但是一天来了几个高中学生接替了我的班主任工作，不允许我和班上学生有任何接触，然后学生对我的态度突然大变，不再搭理我。轮到我们班帮厨时，几个学生像防贼一样盯着我，我拿起菜来要洗，大师傅赶紧说你放下。菜刀不让我摸，包子也不让我做，总之一切进口的东西都不让我碰。甚至我住宿的贫下中农家老乡看我的眼神也改变了，如同看一个阶级敌人。我不知道错在哪里，十分委屈。

　　我只好拿起《人民日报》来学习，报上有一篇社论《党的阳光照亮文化大革命的道路》，里面说："……自己有一些缺点错误，应当勇敢进行自我检查，虚心接受群众的批评。不要因为群众贴了几张大字报，提了一些意见，就表示不满，腰杆子硬不起来。"看到这一段，心里安慰了许多，帮大师傅扫地擦桌子，实在没事就打苍蝇。

　　哪知回到学校，谩骂和侮辱的大字报在等着我，初中小孩更是对我拳打脚踢，恶言辱骂，弄得我晕头转向。再看大字报上的内容更是荒诞无稽，说我下乡劳动时在厨房捉苍蝇放到学生的饭菜里，把马粪放到粥里毒害革命学生，致使很多人生病拉稀。

　　学生们随即召开我的批斗会，和我一起被批的还有一个老校医，她对学生特别好，关心爱护如同老母亲，全校师生过去一直尊称其为"老大夫"。现在因为她有过三青团的背景（又是被人事干部抛出来的档案材料），被学生辱称为"老对付"，这次被批罪名是在下乡时"乱下虎狼药，加害于学生"。对我们的批斗规模不大，可能多数学生并不相信这等荒唐事，只不过他们想表明和一切教师彻底划清界限的决心而已。

　　我的一举一动都遭到了来自各方面的打击，没想到代培小组的组长也借机对我发起攻击，只是因为我曾经直率地在会上给她提过意见，此时她的批判明显地带有报复性。她质问我参加文革出于什么目的，说我是革命的投机分子，在战争时期就是敌人，现在也不能算是人民内部问题。总而言之，我根本不是在革命，而是借革命之机行个人之实，借红卫兵之言篡夺领导权，属于阶级敌人一类。

　　我十分迷惘，我真是个投机分子吗？可是又想不出我投什么机呢？我有什么不可告人的目的呢？我不想当官掌权，不想出人头地，我所想所做的只是投身革命，在革命中触及灵魂，涤荡自己一切非无产阶级思想而已。而小组长的批评恰恰带有投机的性质，她顺着红卫兵的语气和意向来批判我，无非是取悦于红卫兵，当个革命左派而已。

　　我没有意识到，在红卫兵眼中，"革命"是他们的特权，一切非无产阶级出身的人及他们的"狗崽子"投身革命，都是阶级敌人的反攻倒算，至少是"投机"。我也没有意识到。人性的弱点在这场革命中千百倍地发酵，把这场革命变成了攻讦报复，打击异己的闹剧。

　　我却还时刻想着如何在"革命"中洗刷自己。愚蠢啊！

到了七八月份形势越来越严峻。"红卫兵"组织迅速在大中学校里成立。因为得到毛泽东和中央文革的支持，红卫兵变得越发不可一世起来，中学的红卫兵是清一色的革命干部革命军人子弟组成（也有少数工人子弟），他们身穿父亲的洗得发白的军装（如果是高干或高军出身的则穿将校呢军装），腰系三寸宽的铜扣皮带，红袖章有八寸长。骑着亮铮铮的自行车，车座拔到最高的限度。一大帮人呼啸而来，呼啸而去。高呼"老子英雄儿好汉，老子反动儿混蛋"。他们把人们分为两类，黑七类——地富反坏右黑资，包括他们的子女"狗崽子"。红五类——工农革军烈及其子女（实际上他们同样看不起和排斥工农子弟）。他们扬言"红色恐怖万岁"，对黑七类实行无产阶级专政。小学的叫红小兵，也是只吸收出身好的孩子，深深地伤害了小孩子们纯洁幼小的心灵。

七月下旬，师院附中的红卫兵从北大附中请来了红卫兵领袖彭小蒙等人来"煽风点火"。彭小蒙高喊："我们就是要把火药味搞得浓浓的！爆破筒、手榴弹一起投过去，来一场大搏斗，大厮杀！我们就是要狂妄！我们就是要抡大棒，显神通，施法力，把旧世界打个天翻地覆，打个人仰马翻，打个落花流水，打得乱乱的，越乱越好！"在学生中引起一阵阵狂热的掌声和口号，几乎要掀翻了礼堂的顶棚。从她那里我还听到了"天下者我们的天下，国家者我们的国家，社会者我们的社会，我们不说，谁说？我们不干，谁干？""马克思主义的道理千条万绪，归根结底就是一句话，造反有理，根据这个道理，于是就反抗，就斗争，就干社会主义"后来才知道这些极有煽动性的语言是毛泽东说的话，干部子弟们可以从父母处得到内部文件，知道的比普通人多得多，行动也快，超出一般人的理解水平。

这些话让我热血沸腾，但是也让我隐隐约约地感到不安，我闻到了血腥的气味，我知道他们的"我们"并不包括我在内，而且对我是有威胁的。

在疯狂理论的指导下，红卫兵的行动越发激烈起来，殴打校领导和老师的事情普遍发生。红卫兵运动登峰造极的时代，是在1966年8月18日毛主席接见红卫兵以后。毛主席在天安门城楼上鼓励给他戴上红卫兵袖章的红卫兵代表宋彬彬（宋任穷的女儿）"要武嘛。"之后更有第一夫人江青对普遍开始的打人现象发了懿旨："好人打好人，误会。好人打坏人，活该。"红卫兵得到来自最高阶层的支持，更是有恃无恐。他们高唱自编的造反歌："拿起笔作刀枪，集中火力打黑帮，……"但是他们拿起的已经不是笔了，而是抢起带着大铜扣的军用皮带。

一时间，全市陷入"红色恐怖"之中。特别是中小学，"走资派"领导和出身不好的老师都受到了残酷的专政。不断传出老师被打死的消息，爸爸的大学校友，师大女附中的校长卞仲耘，就被一群女红卫兵活活打死。

师院附中地处各军种司令部的中心，军队子弟云集，打起人来更是凶狠。校长艾友兰被打得皮开肉绽，那天他又被打完关在一个楼梯间里，我经过时向里望了一眼，只见他背向外，跨坐在一张椅子上，上身没有穿衣服，也不可能穿衣服，因为背上没有一块完整的皮肉，全部开了花，血迹斑斑，像一块红白碎花布。还有苍蝇在上面爬来爬去。我倒吸了一口凉气，对"黑帮"的痛恨荡然无存，完全由同情所代替。

我赶紧学习《湖南农民运动考察报告》，以"群众运动是有过火的地方，要看大方向"来平息内心的惊悚，说服自己接受这残酷的现实。

　　一天一伙红卫兵呼啸着奔向师院（与师院附中隔一条街），我和一个代培老师也去看个究竟。原来他们是去揪斗党支部书记教导主任赵幼侠，她的家就在师院里面。给我留下深刻印象的是她的幼小的孩子，赵主任长得不好看，精瘦，面色黄锈，暴牙，眼球外突如甲亢患者，可是她的四五岁大的孩子长得白白嫩嫩，大眼睛，漂亮可爱。他惊慌地看着那群闯入的红卫兵，不知外界发生了什么。他的奶奶极力护着他，把他拉入自己的怀里，挡住他的眼睛，不让他的心灵受到红卫兵的伤害。看着那纯真的孩子我真是觉得于心不忍，心中又在责备自己的资产阶级人性论。

　　赵幼侠被打得半死，还被剃了阴阳头，被令每天爬行入校。我总以为她一定会被折磨死，她那么瘦，怎么经得住如此毒手。她被折磨得一度精神失常，但是奇迹般地活下来了。

　　毛主席说"革命不是请客吃饭，不是做文章，不是绘画绣花，不能那样雅致，那样从容不迫，文质彬彬，那样温良恭让。革命是暴动，是一个阶级推翻一个阶级的暴烈的行动。"根据这条语录，我尽量说服自己理解红卫兵的暴力行动。

师院附中的老教师比较多,学校已经有 50 名老师和职员被当作"牛鬼蛇神"列入学校的"专政队",又名"劳改队",遭到毒打和侮辱。终于有一个老师死在了棍棒之下,她叫喻瑞芬,中国大学毕业,1957 年被打成"右派分子",被剥夺了教师资格,下放到生物实验室打杂。她一直默默无声,夹着尾巴做人。

喻瑞芬被打死的那天早上,红卫兵闯入她的家里,把她抓到学校,剃光了头。一群红卫兵在生物教研室殴打她。喻瑞芬摔倒在地上,有红卫兵就提起她的两条腿,把她从办公室里拖出来,拖出楼道,拖到楼门口。楼门口有一个水泥台阶,目击者说,红卫兵倒提着喻瑞芬的两条腿下台阶,她的头就在一层层水泥台阶上咯咯地碰撞(参见王友琴《文革受难者》第 461 页。开放杂志出版社 2004 年 5 月)

　　红卫兵把喻老师拖到操场上，逼着她跑圈，跑不动就连踢带打。喻老师很胖，最终实在跑不动了，倒在地上。多少年后，我从《炎黄春秋》杂志看到一篇师院附中一个红卫兵的忏悔文章，当时他为了表示自己的革命性，逼迫喻瑞芬沿着操场跑圈，当她跑不动时，就拿军用武装带抽她，直到她倒在地上……（参见《炎黄春秋》2010年第10期）

喻瑞芬倒地后，红卫兵叱骂她装死，有一个红卫兵到学校开水房提来一桶开水，浇在她的头上，脸上和身上。

经过大约两个小时，喻老师就这样生生被折磨死了。

我没有亲眼见到喻老师被打死的过程，上述所说参见王友琴女士《文革受难者》一书（第461页。开放杂志出版社2004年5月）。她是经过与师院附中十几个目击者做了详细调查而写出的报告。

开水浇人在文革中并非这一例，我的一个朋友的父亲，某学校教员，就是被红卫兵用开水活活浇死的。

这还不过瘾，红卫兵又把"专政队"的人召集来，指着喻瑞芬的尸体说："这就是你们的下场。"然后，红卫兵挥着皮带命令"专政队"的老师围绕着喻瑞芬的尸体站成一圈，棒打喻瑞芬的尸体。开水浇过的皮肉不堪抽打，马上皮开肉烂。

红卫兵学生把喻瑞芬的尸体扔在学校的后操场。天气很热。苍蝇很快就爬满尸体。红卫兵又逼迫老师们去"参观牛鬼蛇神的下场"。我亲眼看到喻老师的遗体趴在操场的沙坑里，因为下雨，沙坑里积了一些雨水，只见喻老师的头淹在水里，鞋袜都没有了，身体肿胀，全是紫瘢。

人，死了。账，至今没有清算。

特别要指出的一点是，喻老师的身体很胖，胖人在那场运动中的遭难比常人更加厉害，学校还有很多历史问题比她更严重的老师，却专门揪出她来折磨，不能不说与红卫兵对胖人的痛恨和戏谑有关。这里包含着某种群体性的社会心理因素——胖是地主阶级资产阶级的标配，人们看见胖子就不顺眼，就歧视，戏弄，侮辱。我从小就因为胖被街上的人骂"肥猪""资产阶级臭小姐"，受到了数不清的侮辱，在师院附中的年轻老师中只有我一个人被学生特别歧视侮辱和殴打，很重要的原因就是胖。

几年后我遇到了一件令人惊悚的事：八十年代初，我家里来了一个年轻人，是老家安徽临涣的亲戚。他说他是为母亲平反的事情而来的。他的母亲叫喻瑞芬，是师院附中的老师。我瞠目结舌，被打死的喻老师竟然是我家的亲戚！论排辈，她是我爸爸大姑的儿媳妇，也就是我爸的表弟媳妇，我的表婶。

老天！当初红卫兵要知道我和喻老师有这层关系，我还有活路吗？！

　　1966年8月18日毛泽东在天安门上发出圣旨"要武嘛。"的同时，林彪发表讲话鼓励红卫兵走上街头"大破四旧，大立四新"。从那天起破四旧成了红卫兵的又一狂欢节日。各个商店和街道的名称在一夜之间全改成"红旗反修东风永红"之类的名字。所有的商店门脸都涂成鲜红色，满大街红色扑面，被称为"红海洋"。红卫兵站在街上拿着剪刀见穿细腿裤（裤腿七寸以下为细腿裤），烫头发，梳长辫子，穿尖头皮鞋的不由分说乱剪一气。抄家更是红卫兵最喜爱和最得实惠的活动。而《人民日报》发表社论《好得很》，更为红卫兵的"破四旧"行动推波助澜。

　　我们家也翻天覆地地造了反，保姆阿巧第一个带头把墙上的四幅湘绣条屏"春夏秋冬"摘下来剪碎，镜框也砸烂。把爸爸收集的两尺高的胶木唱片一张张砸得粉碎。那些唱片一半是苏俄歌曲，以前海燕经常带同学来，欣赏音乐，那些同学惊奇地说，你们家还有这么好的宝贝呢！另一半是豫剧唱片，爸爸极为喜爱豫剧，因为他的家乡离河南很近，从小就听豫剧。

　　阿巧的另一个壮举是烧书，她在院子的一角盘了一个灶，没日没夜地烧我家的书。我家的书有几个柜子，烧了三天也没烧完。烧得居委会上门来问，你家有什么东西见不得人，要这样天天烧？幸而父母在胡同里人缘好，免去了更大的麻烦。妈妈责怪阿巧："我家的书籍都是毛主席准许购买和阅读的，你怎么能乱烧？"阿巧说："只要白纸黑字，就是四旧，就是资产阶级！"接着她又补充："就是红宝书不能烧。"

　　阿巧造反不是出于对主人"剥削"的反抗，而是完全为了维护我家的利益。她虽然大字不识一个，但是她本能地知道什么样的危险在逼近，而她的天职就是保护主人不受伤害。

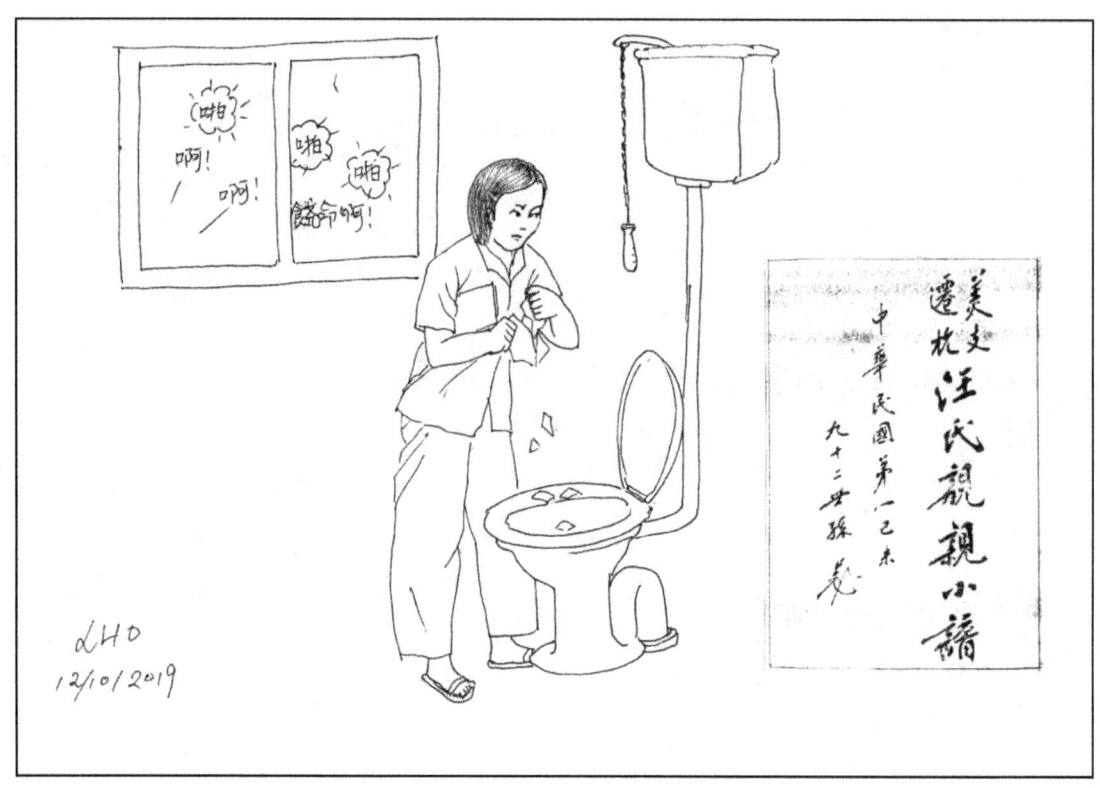

　　除了书我家没有什么四旧或值钱的东西，唯一困扰父母的是家谱。爸爸的刘家是西汉中山靖王刘胜的后裔，而妈妈的汪家则是春秋时期鲁成公二儿子汪颖川的后裔。家中有几经战乱保护下来的家谱，父母决定毁掉它们，爸爸说这些大家族的家谱在故宫都有记载，将来不怕查不到。妈妈把家谱一页页撕碎，扔到抽水马桶里冲走。与此同时隔壁墙外传来打人的声音和被打人的惨叫。妈妈说打了一夜，第二天没声了。在这种形势下，保留家谱还有什么用处？

　　红卫兵又发出通告勒令所有房产主必须在三天之内交出私房,房管局的革命派也贴出大字报命令房产主立即上交房契。我和妈妈去交房契,房管局门口房产主们排着大队,悲悲戚戚愁云惨淡。

　　房子属于国家了,街道安排了四家人住进我家的四合院,独门独院变成了大杂院。

　　按红卫兵的要求,我家的银行存折也交给单位领导冻结。

我和克阳刘元都加入了破自家"四旧"的行列，一方面是受到革命的鼓舞，另一方面内心也生怕灾难上身。我们把北屋廊檐下两边柱子的木楹联摘下来砸碎（楹联写的是："东鲁雅言诗书执礼，西京明诏孝弟力田"），贴上我自己书写的大红对联："金猴奋起千钧棒，玉宇澄清万里埃"，出自毛泽东的《七律和郭沫若同志》。

我们还把爸爸的精装俄文书的硬纸封皮撕下来，里边的书页当作废纸卖掉，爸爸下班回来看见顿足大怒："都是有用的！都是有用的！"见爸爸真的发了脾气，我们也不再敢造次。

爸爸预感到我们家免不了抄家的劫难，怕院子里的大缸被红卫兵砸碎（拿不走的他们就毁），就把大缸献给了故宫，请他们来赶紧搬走。

故宫博物院的专家一见此物即惊叹不已。原来，此缸乃是前清宫中旧物，名曰"金缸"，共有十二只，环列于太和殿四周，是名副其实的国宝级文物。现故宫博物院只有十一只，唯有此缸流入民间多年，渺无踪迹。故宫博物院多方寻访，了无结果。文物专家们感慨万端地表示，这真是"踏破铁鞋无觅处，得来全不费工夫。"想不到会在这里找到它。故宫博物院派来专人专车，将大缸用棉被裹得严严实实，小心翼翼地装上车，运回故宫。

这大缸本不是我家的，是阿巧带来的。阿巧原来在一家满清贵族家当佣人，后来那家家道中落，欠了阿巧十年工资，就把大缸给她顶了债。阿巧把大缸带到我家又抵给了我爸，借了一大笔钱，买了三所房子出租。她的算盘是有了房子和租金，将来养老不愁。阿巧是"自梳女"，自梳女就是这样为自己的晚年打算的。

大缸摆在院中间，养鱼观赏，给我们的童年带来许多乐趣。

结果文革来了，阿巧的三所房子交了公，大缸献了国家，借给阿巧的钱化为乌有。唯一得到是故宫博物院给的一纸证明——某某捐献清初茶叶末大缸。同时赠送十张故宫参观券，那时参观故宫一毛钱一张票。

按照阿巧的话说"竹篮打水一场空"。

阿巧在我家终老，去世时还没有落实私房的政策，去世后没人知道她那三处房子在哪儿，只知道在公家那儿。

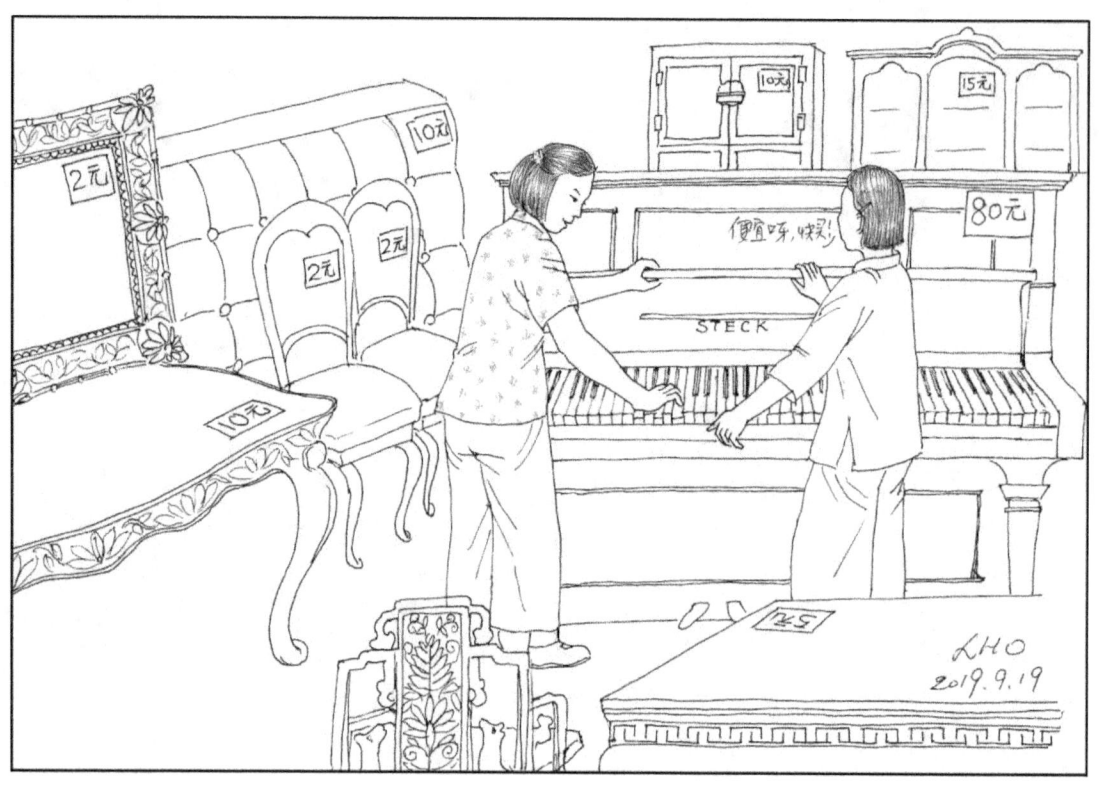

　　破四旧最激昂的行动是抄家。红卫兵闯入"地富反坏右黑资"和社会名人的家里，一车一车地把他们的浮财细软装进大卡车拉走。遇到抵制的家庭，就把人活活打死。通常金银珠宝据为己有，古董家具则送到委托商行寄卖。那一段时间，全市仅有的一两家委托商行（二手商店），家具爆满。

　　阿巧倒是有一点眼光的，有一天她把我拉到东单委托商行，指着一架标价80元的德国大钢琴说："便宜呀，你赶紧买下来吧！"阿巧真不愧是在大户人家做过保姆的，知道什么东西高贵。我喜欢得不得了，我从小就对钢琴有解不开的情结，一直梦想拥有一架钢琴，但是当时"星海"牌钢琴也要三千多元，妈妈不肯给我们买。现在摆在面前的名牌钢琴竟只有四十分之一的价格，我实在动心，徘徊半天，觉得买是不现实的，第一，在这种时候买钢琴，纯粹是受人以把柄。第二，我给自己敲起了警钟：绝不能让资产阶级的思想抬头。但是我连着几天去委托行围着钢琴转，不到一个星期钢琴卖出去了。想到真有为钢琴而不怕死的人，心中暗暗佩服，又有几分后悔。

  红卫兵终于破门而入。附近美院附中的红卫兵来抄家，为首的自报家门："我出身于工人阶级家庭，我倒想看一看资产阶级学术权威是怎样变成资产阶级学术权威的。"随后贪婪地把眼睛贴在书柜上。我们家书多，好几大书柜，古今中外的世界名著差不多全了，学校图书馆也不一定有这么多名著。这帮红卫兵还算平和，挑走了几百本自己喜欢的书而已，说实在的，爱书的人我倒不怎么反感。

　　接着,克阳的同班同学——女十一中的红卫兵又来抄家。她们也没料到高级知识分子的家除了书,真的找不到什么东西,只好拉走了几车书。两拨人共抄走了一千多本,书柜里只剩了清一色的马恩列斯毛,外加鲁迅。我庆幸海燕此时不在北京,嗜书如命又心直口快的她,见到这场面还不和她们打起来?

家抄过了，本以为应该平安无事了，却不料厄运突然降临。那天妈妈让我写一张大字报，内容是我们的房屋已经交公，有几千元存款的存折也已经交给领导，由银行冻结，再表示一下我们彻底革命的决心。大字报贴在我家房前的花房玻璃上，为的是如果街道积极分子或任何闯进来的人都可以看到。

我没有发现上面有一个致命的错误：所有的大字报的共同程式是在开头要有毛主席语录，结尾要三呼"祝毛主席万寿无疆！万寿无疆！！万寿无疆！！！"这里我出了一个笔误，写成"祝毛主席无寿无疆"（写至此时，电脑中打出了"祝毛主席无首乌江"，真够反动的，但若真如此，还有文革这一劫吗……）（我的回忆写于二十年前，用的是"南极星"中文输入法1.0版。）

当我发现了这个错误，全身的血液都僵住了。在红色恐怖漫天笼罩的时期，写错这么一个关键的字是可以送命的，不仅我一个，而且全家的命都可能送掉。写错字的人被当作写"反动标语"而活活打死，这样的事在文革中屡见不鲜，就连一个八岁的小孩都因此丧命。因为红卫兵不认为你是写错字，而认定你是恶毒诅咒伟大领袖毛泽东。把大字报撕了吧，绝不能，自从毛泽东说大字报好得很，只要大字报一贴在墙上，无论谁写的，就如圣旨上了墙，谁敢撕就是破坏无产阶级文化大革命，罪加一等。

家人围着这张大字报团团转不知如何是好。我立即写了一份检讨批判自己的大字报贴在旁边，但对这张"反革命大字报"又该怎么办呢？此时居委会已经闻声而来，居委会主任王大爷是个通情达理的人，平日对我家不错，面对如此重大的问题他也不敢作主，就报告了妈妈的单位妇联。当时妈妈正在上班，领导告诉她说，你家出了事，你女儿写了反革命大字报。妈妈立刻回家，妇联的领导也来了，他们的处理意见是，让我自己向师院附中的红卫兵报告。听到这决定真如五雷轰顶，怕就怕师院附中的学生知道，他们刚刚打死了生物喻老师和数学老师田钦的弟弟，现在正抡着大皮带在社会上到处抄家打人呢，并且已经打死了校外几个人。可是不报告是不行的，妇联妈妈的上司王昭是个极左分子，正在不依不饶地把妈妈往叛徒特务方面打。而她的女儿就在师院附中上高一，永远是一脸杀气腾腾，对我尤为仇视，一见我面就双目喷火，这一串关系我能躲得开吗？

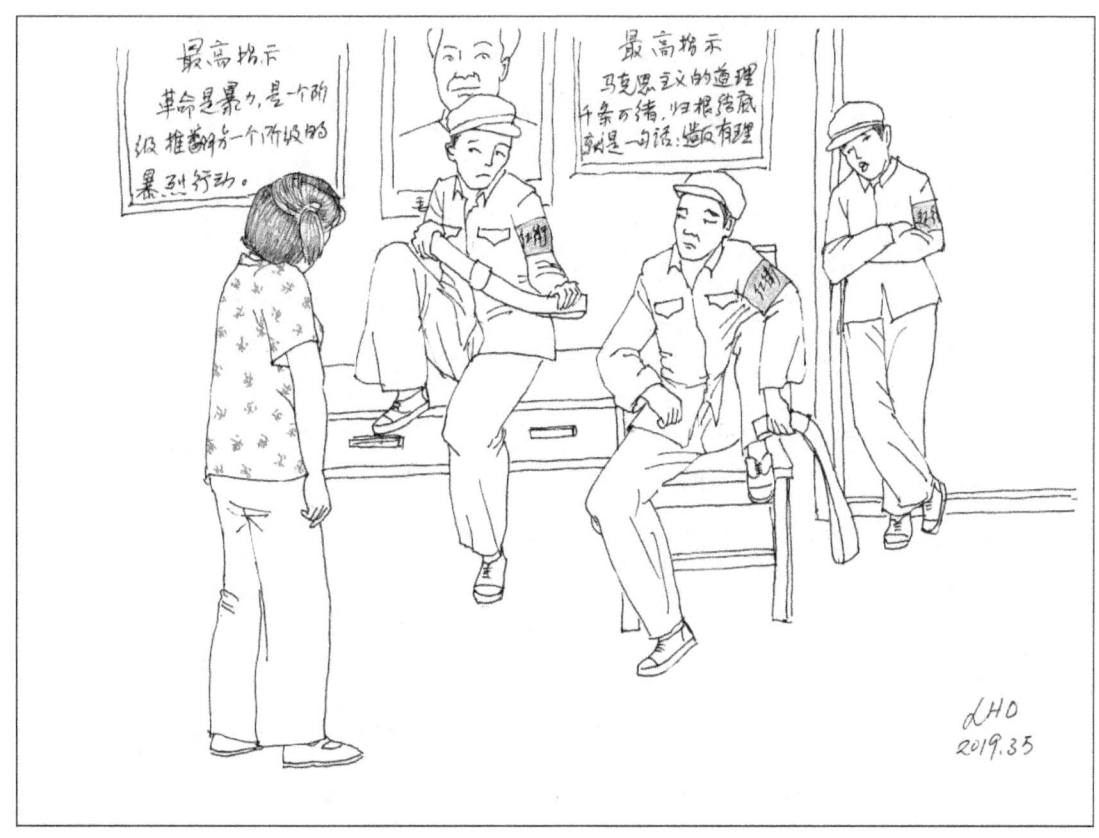

　　全家人在坐立不安中度过了一晚上，我一宿简直没法睡觉。第二天早上我战战兢兢地返回学校，心情如同押赴刑场。万幸的是红卫兵中打人最凶的那一伙都外出打砸抢去了，红卫兵总部里留了几个不算太激进的学生。我颤声汇报了"反革命大字报"的事后，那个为首的面无表情地对其他人说："走，去看看。"

　　为首的红卫兵据说是是民航局长邝任农的儿子，高个子。文革前不像一般的干部子弟那样朴素，他穿得很讲究，经常看见他穿一件天蓝色的开丝米毛衣，一条米色的卡叽裤子在篮球场上驰骋，上篮的姿势花得很。他留给我的印象是个公子哥儿类型的人。文革中倒是从未见他在整人的行列中出现过，比较低调。听到我的汇报，他也没有对我吹胡子瞪眼。

　　一帮人骑车来到我家，随便瞭了一眼大字报，也没说什么，他们感兴趣的是抄家。邝公子打开衣柜，把东西往地下扒拉，看见了妈妈的德国莱卡照相机，十分喜爱，拿出来把玩了一会儿，说："这个得带走。"又翻出妈妈的皮大衣，说："这个拿走。"

　　翻得差不多了，红卫兵准备离开，一个拿了妈妈的莱卡相机，一个拿了妈妈的皮大衣、爸爸的西装，一个女红卫兵抱着妈妈的"宝贝箱"。"宝贝箱"里是妈妈搜集的小东西，妈妈最喜爱小小玩意儿，并不值钱，三五毛钱买回来的，但非常可爱。

　　正在此时街道王主任来了，是阿巧急急忙忙把他找来的。王主任问："你们是哪个学校的？"他们说："师院附中的。"王主任说："我们这一片的抄家不归你们学校管，你们请回吧。我会通知我们这片的学校来抄家的。"那帮人也老实，说："那叫我们来干吗？"放下东西，悻悻地走了。王主任当然不会叫人来抄家，全家人都庆幸躲过了这场灾难。

　　我怀疑真有"分片抄家"之说吗？我觉得这是街道主任保护我家的托词。后来看到很多回忆文章说街道积极分子充当带路党，引领红卫兵抄家，可是我们碰上了好人，我们一家都感谢王主任。当然这也归因于父母一贯平易近人，在街道上很受敬重。

  第二天到学校没有发生什么事，我暗暗松了一口气。

  岂料下午回家的时候，经过校园门口的花坛。花坛边上坐着一圈初中的红卫兵，其中有打人最厉害的初二学生丁四野（忘记他姓什么了，好像是丁，姑且用此姓，但名字是不会忘的），听听这名字就知道他的父亲是个打过仗的军人，而且是对军旅生活特别留恋的人（四野即中国人民解放军第四野战军，国共第三次内战时期解放军之首要主力）。那个孩子文革前就是个学习纪律都特别差，混蛮不讲理，无法无天的问题学生，文革中打人如同恶魔，老师人人见了都害怕。平时他见了我总是恶狠狠地瞪着我，像要吃人，并且一定要辱骂几声。这时他勾起一个手指头把我叫到跟前。

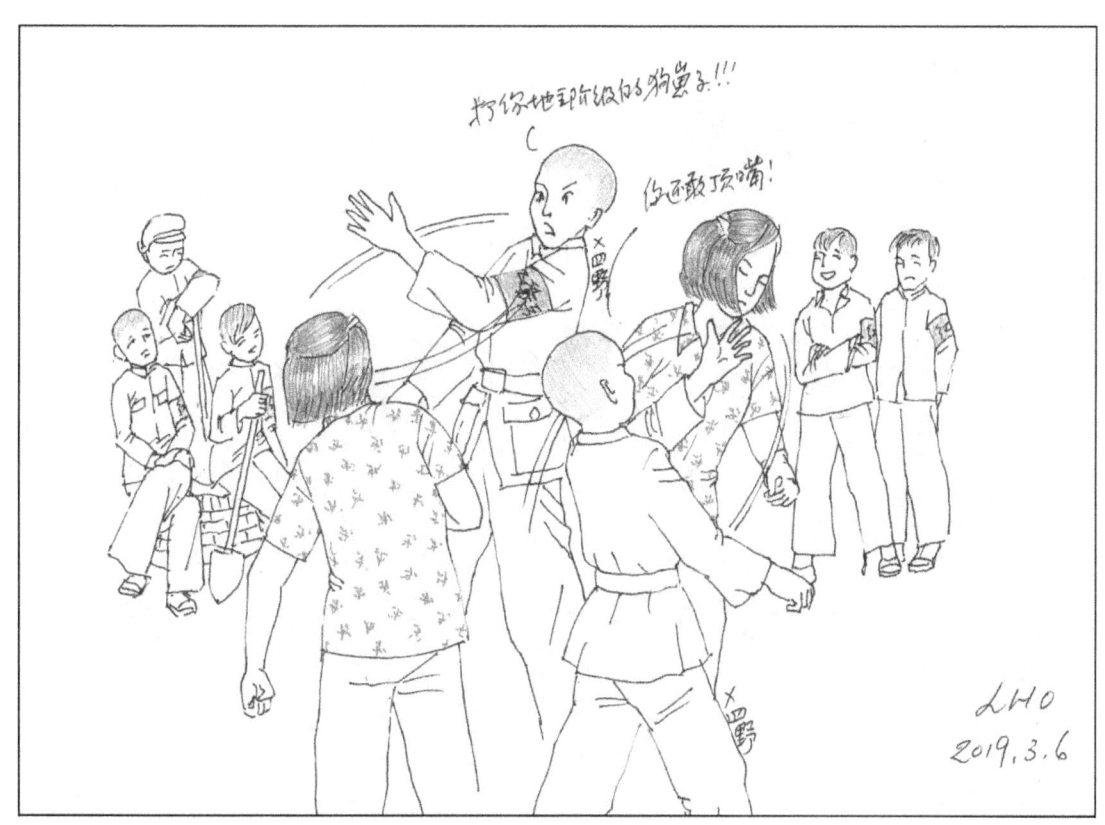

　　他问:"听说你写了反动标语?"我答:"那是笔误。"他一下子火了起来:"你竟敢狡辩!你什么出身?"我老老实实地答:"职员。""你爷爷呢?""地主。"我真蠢,为什么想当然地说爷爷是地主,几十年后我才知道爷爷根本不是什么地主,而是一个精忠报国的辛亥革命元老,参加过几次与日本侵略者大会战的国军将领,在国共内战中戮力保卫中华民国的军人。"你这个反动地主的狗崽子,竟敢隐瞒出身,冒充革干!"又是"隐瞒出身"的罪名,全校都知道!我语迟,不知怎样解释这件事情。说时迟那时快,他上前猛然给我一个耳光,打得我眼冒金星,又一个耳光,再一个耳光。我的头发披散在脸上,不说话也没吭声。

我的沉默更惹起他的怒火,他抄起一把铁锹(我现在总想不明白他手边哪来的铁锹呢,也可能是随身携带的一条铁锹随时打人用)照着我的背上臀上腿上浑身乱打,我没有躲闪,只是本能地背转身,避免他打着我的前身。因为我的一声不吭,他越打越上火,铁锹柄竟打断了,铁锹头哐啷啷飞出去老远。他用手中剩下的铁锹短把,更加死命地抡在我的身上。似乎还有人一起打,我已经蒙头转向看不清了,但我尽量地保持平衡,我知道一倒下,那帮人蜂拥而上,我的命就没了。

我自始至终咬紧牙关,一声不哼。命不该我死,正当我趔趔趄趄快要招架不住"四野"们野兽般的扑斗,过来了一个高二的学生,汤晋平,红卫兵革命领导小组的成员之一,同学们都叫他的小名"二七"。文革中他的调子不高,不像多数红卫兵仗恃家庭出身好,上窜下跳,完全变了人性。汤晋平走过来,并不看我,拉了四野,和他称兄道弟地揽起他的肩膀,把他带走了,不露声色地制止了这场恶斗。旁边看热闹的同学,嘴里骂骂咧咧的也就无趣地散开了。

汤晋平的家庭不久也遭变故,他的父亲汤平——总后勤部的副司令员——自杀。我不管他当时和后来是个怎么样的人,我只记得他救了我一命,所以我一辈子都感激他。

　　我推着自行车离开校园,自行车横把上立着我制作的毛主席像镜框。那阵时兴在自行车前放置主席像,意思是"毛主席指路我前进"。我做得非常精巧,把毛主席的彩色照片装在一个小镜框里,又在车把上做了一个支架,支撑着毛主席像框,这个装置引起了很多人的赞叹和羡慕,甚至连一些红卫兵都向我订做。我忍着疼痛骑上车,麻木地行进着,眼泪流下来,在泪水迷蒙中由毛主席指引着前进的道路。

　　回到家我的脸已经青肿,妈妈惊奇地问,脸怎么了。我说是从自行车上摔下来栽到路边灌木丛中。可怜一辈子不会骑车的妈妈相信了我的谎言:"哎呀!骑车怎么那么不小心,眼睛都会戳瞎的!" 她不知道这需要多高的技巧才能倒栽葱地扎进灌木丛里。

晚上洗澡时看见背上屁股上腿上全都是青紫色，那些天尽管是盛夏溽暑，我在家里只能穿着长袖衣裤，生怕爸爸妈妈看见伤心。我的想法很奇怪，认为这件事是我的耻辱，因此我从来不提被打的事。爸爸妈妈姐姐妹妹和任何人都不知道。爸爸去世后，一天我和海燕发生争辩，她情绪激烈地控诉我极左，理由是文革中带红卫兵来抄家，说爸爸至死对这事都很伤心和气愤。至此我才知道原来爸爸是这样看我的。红卫兵抄家那天必定是他下班后阿巧告诉他海鸥今天带人来抄家。爸爸从来没问过我什么，但是把对我的不满一直存在心里。我给海燕写了一封长信详细地述说了事情的原委（海燕文革时在新疆，对抄家事更是道听途说），海燕看完信对我说了句"对不起"，可是爸爸呢，他带着对我的芥蒂离开了，永远无法再知道真相。我当时为什么不告诉他们呢？我没错，是红卫兵的恶行应该昭告于天下。

文革开始我像傻瓜一样心潮澎湃地高诵和高唱伟人的许愿："世界是你们的……归根到底是你们的。"经过了血与火的煎熬，我开始明白了，世界不属于我，过去不属于，现在和将来，归根结底都不属于我。世界是他们的。

十二、大寨"禁果"

(1966.10-1966.11)

"大寨禁果"事件不过是他们生活无趣时制造的一种调料,抓个人来斗一斗,解解闷。欲加之罪,何患无辞。几个月来我对红卫兵的理解宽容忍耐突然走到了尽头,爆发出反抗的怒火,我坚决拒绝了他们的惩罚。

1966年8月18日毛主席检阅红卫兵之后，全国各地的红卫兵不断上京接受检阅。到1966年的9月上旬，毛泽东已经数次接见红卫兵。红卫兵的食宿行全部由国家承担，几千万人口在中国流动，或去煽风点火，或去取经送宝（动词后均有"革命"二字，懒得写了），由此开始了文革的新阶段——全国性的"革命大串连"。师院附中的红卫兵走了许多，校内的形势不再那么杀气腾腾的了。

1966年10月，学校高三学生张铁军那派的红卫兵组织学生去大寨参观和劳动，自愿报名，我们代培组的有五位女老师参加。张铁军的红卫兵相对其他红卫兵的"红色恐怖"组织，稍微温和一些。尽管我的处境在学生中仍是很不利的，但管不了那么多了，我太向往外出了，这是一个多么好的机会！再说"工业学大庆，农业学大寨"的口号响彻云天，能够亲临实地参观，向贫下中农学习是一件激动人心的事情！虽然频受打击，我仍然不屈不挠地发自内心地要表现自我革命的愿望和行动。

参观队伍庞大，师生共有二百多人，多是一些初中小孩，大约是爸妈不放心他们单独串连，就让他们跟了张铁军。我们从学校步行走到火车站，火车站人山人海，几乎无插脚之地，在车站等了一天一夜才登上火车。

在太原换车去阳泉要等几个小时，我在火车站边的食堂买了一碗刀削面充饥，就是一碗光面，里什么佐料也没有，但饭桌上有酱油醋辣椒自理。久闻山西醋之名，果然好吃，不很酸，味道醇香，为了这可口的醋，我又多买了一碗刀削面。

听说黄河穿过太原市,我坐公交车专程去看黄河。太原市给我的印象很好,整洁安静,还没有被造反浪潮改造得面目全非。公共汽车上有小孩子给大家念毛主席语录,声音稚嫩,稍带口音,很是动听。

到了阳泉还要坐长途汽车到昔阳的大寨。趁在阳泉等车的机会我独自去谒拜了烈士陵园。陵园杂草丛生，看来缺乏管理，也没有看到访客。我恭恭敬敬地在纪念碑前鞠躬。多年的革命英雄主义教育，使我对革命先烈有着无限崇敬的感情。我去过北京的人民英雄纪念碑，去过八宝山烈士公墓；去过广州的红花岗、黄花岗；去过南京的雨花台。在阳泉烈士墓前，我心潮澎湃，默诵："无数革命先烈为了人民的利益牺牲了他们的性命，我们还有什么缺点和错误不能抛弃的吗？让我们踏着他们的血迹前进吧！"

阳泉车站外有很多卖梨的，梨是未经嫁接的小酸梨。学生们都买了梨来解渴。我用妈妈在广东阳江买的小刀削梨。我削水果的手法与妈妈相同：食指推刀背，从左往右，逆时针地转着削，削得飞快（这一辈子除了妈妈克阳和我，我没见到第四个人这样削水果）。很多学生觉得新奇，递上水果来让我帮着削，仿佛忘记了在校时对我的仇视，其实他们根本也不知道仇视我什么。我削了一个又一个，自己都顾不上吃，暗中觉得好笑，这时候我觉得他们不再是什么红卫兵，就是一群天真幼稚的小孩子。

十二　大寨"禁果"（1966.10-1966.11）　　255

  到了大寨，我们几个代培生住在大寨附近的武家坪大队一个老乡家里。我们的房间是他们的杂物间临时腾出来的，常年没人住，又冷又脏。头一天晚上女主人给烧了炕，热得我们像贴饼子一样，翻来覆去睡不着觉。后来的那些晚上，她就不再烧炕，十月底的天气睡在冰凉的大炕上，冻得没法入睡。最要命的是身上奇痒，不知是虱子跳蚤咬的，还是山风太硬，水土不服起的风疙瘩，从头到脚全身红斑。晚上数一数竟有三百五十多个包，通宵就在咔哧咔哧地抓痒，不能合眼。夜里大家聊天，我说："我最大的愿望就是赶快回北京洗个热水澡。"老那——代培小组中我要好的朋友紧跟上："我也是。"其他几个人没吭声，我马上后悔了，他们在想什么？资产阶级小姐作风？没有贫下中农感情？假革命或口头革命派？他们会不会向红卫兵汇报？

　　我们在房东家里吃派饭。每顿一人一碗糊糊，吃不出是用什么做的，大约是荞麦面或什么东西，里面有几根从菜园子里摘下来的干豆角，整个连皮煮，皮已经又干又硬，我一边嚼一边犹豫，嚼不烂的渣滓是吐出来还是咽下去。看看房东，吃得干干净净，一点渣子也没有，只好学习劳动人民，把皮强咽下去。糊糊没有一丝油星，连盐味都没有，最好吃的是放在糊糊上面的一小勺辣子，又咸又辣，提味。舍不得一口吃完，等辣味洇出来，吃掉辣子周围的糊糊，再等辣味洇出来。干了一天活，一碗糊糊根本糊弄不饱肚子。这里只有男劳力才吃干粮。眼睁睁地看着男房东吃了两大海碗糊糊（那碗的直径少说也有八寸），还啃着窝头，馋得不行，心里鼓励着自己，再坚持一段，等回了北京，不管吃什么，首先好好地填饱肚子。

　　在大寨主要是干农活，活路很广，割豆子搬石头修公路掰玉米挑担子，干了近半个月。大寨是以在贫瘠的山地上建设梯田著称的。不管什么活路都要沿着梯田上上下下。挑担上山是最累的活，有几天我们要把收获的玉米挑到山上的场院。挑着两筐玉米（到了场院要过秤，最多的一次我挑了一百零一斤），肩膀压得生痛，腿几乎抬不起来。几个大寨女子也在挑大筐，身条儿削瘦，纤细的腰身一摆一摆的，轻轻巧巧地走着，几步就赶上了我。仔细观察她们走路的窍门，发现她们走的是"猫步"，胯一摆，一只脚落在另一只脚的正前方，再一摆，后脚又落在前脚的正前方，走的是一条直线。我学着这样走路，真的省了好多气力。挑筐的姑娘们下山与我相遇，总要笑眯眯地问一句："冷哩不冷？""累哩不累？"是用山西醋浸泡出来的脆生生的嗓音，像唱歌一样，可以谱得出曲子，至今音犹在耳。

除了干活,我们还和大寨党支部副书记贾进才,武家坪民兵,贫协主席等开了座谈会,参观了大寨和一些展览室。学习着大寨人战天斗地的精神,学生们"与人奋斗,其乐无穷"那根筋又痒痒了,没有黑帮分子也要想办法找出一些阶级斗争的动向,调剂一下无聊的生活。

一天下了工我和代培小组的人到大寨唯一的供销社转了一圈。大寨供销社比一般农村的小铺要大一些,是新盖的,全村最好的砖瓦建筑物,想来是为了满足大寨参观者的需要而建。商品不多,那年月我们也不会企望有更多的东西。吸引住我们眼睛的是苹果和梨,苹果又大又红,梨子也特大,黄澄澄的,一看就是新鲜多汁的。老那倡议:"咱们来到大寨应该吃个大寨水果作纪念。"得到其他人的响应。我愣了一下,因为一开始张铁军宣布的纪律里有一条是不许上供销社买吃的,实际上供销社里每天都挤满了娇生惯养的"红卫兵小将",购买各种各样的食物。没人反对老那的建议,"法不责众"嘛,一人买了一个大苹果。我犹豫再三,我是一个非常敏感的人物,会不会又招惹是非?最终我还是买了一个苹果,果然好吃,又脆又甜又多汁,冰凉凉的,沁到心底。

当天晚上,全校师生和贫下中农集中在大寨人开会的露天场院。我不知又要开什么会,只是带上白天的疲劳听上一耳朵。只听得张铁军声色俱厉地说:"红卫兵小将们,树欲静而风不止,阶级斗争不能忘,在我们身边又出现了阶级斗争的新动向!今天召开批判大会,批判投机分子刘企鹅破坏农业学大寨的罪行。"啊?又是我?!

几个红卫兵把我给揪上了台,推推搡搡地按下我的头。罪行很简单:买了一个苹果吃。批判一个接一个,无限上纲——混进革命队伍,给北京的红卫兵抹黑,破坏农业学大寨,地主阶级享乐主义本性等等。他们喊着口号:"打倒刘企鹅!""刘企鹅不投降就让她灭亡!"特别响亮地起哄式地把重音落在那个侮辱性的外号上。

大寨苹果对我是禁果,我没有资格吃,吃了就是犯了红卫兵的天条!

  我心中一万个不服气,我之所以敢买苹果,首先因为"红卫兵小将们"挤在柜台前几斤几斤地买水果点心罐头糖果,大摇大摆地当街吃喝。为什么他们可以买我就不能买?说红卫兵对己对人使用着双重标准,那是抬举他们,实际上他们对我不过是玩猫捉老鼠的游戏而已,几天没"搞阶级斗争",心里就痒痒得不行,所谓"阶级斗争的新动向"不过是他们生活无趣时制造的一种调料,抓个人来斗一斗,解解闷。欲加之罪,何患无辞。

  我没有胆量辩解和反抗,一条条黄铜扣的皮带包围着我,我知道他们打人是不要命的。这样的当众受辱我已经历过多次,在学生面前已经是死猪不怕开水烫了。最让我难堪的是农民们也在场,因为我劳动卖力,他们本来对我印象很好,态度也非常友善,现在一下子成了现行反革命,他们怎么看待我?太丢脸了!

  更让我失望的是,其他几个代培老师也都买了苹果和梨吃,一个个心安理得地坐在下面,为什么要让我承担一切,何况我是被动的,最后一个买的。再看首倡者老那,一声不敢吭,把头埋在膝盖里,像个耗子一样缩着。人到了这时只会明哲保身,真是令人寒心,我一直是把她当作好朋友的。

  我心里想,是谁告的密不重要,重要的是没有一个人值得信任,关键时刻都背叛了你。

张铁军宣布惩罚条令，惩罚的方式很奇怪，让我给学生送夜宵（瞧瞧，还要吃夜宵，一帮少爷小姐又在玩弄着双重革命标准），以及每天吃饭前要给红卫兵的食堂（他们不吃派饭，自己做饭）挑三担水。想起今年三夏劳动时，因为对我有怀疑，就令我去厨房干活，以制造证据，后来有些学生拉肚子，就证实了他们的怀疑——我在饭菜里下了毒，迫害革命小将。为了证实一个人是反革命，不惜牺牲其他人的性命，多么奇怪的逻辑。这次又是同样的伎俩。

当晚，我有些发蒙，顺从了他们，由红卫兵皮带押解，把夜宵挑到红卫兵驻地。所谓的夜宵，是学生们自己做的东西，熬了一大锅稠糊糊的粥，里面油盐酱醋味精都放上了，还放了大量的糖、核桃和葡萄干，还有许多他们在大寨商店买的好吃的。那东西做的又咸又甜，烂稀稀的，令人恶心。稀饭装在两大铁桶中，死沉死沉，心中只求他们别胡吃海塞，跑肚窜稀。幸好，那些粥红卫兵也不爱吃，最后都倒掉喂了猪。

第二天红卫兵又来押解我去挑水。我的脑子已经清醒起来：如果是为集体服务，挑几担水也没有什么，但作为惩罚我不能接受。几个月来我对红卫兵的理解宽容忍耐突然走到了尽头，爆发出反抗的怒火，我坚决拒绝道："我不干，我不挑水也不送饭！"红卫兵把水桶扁担扔在我面前说："如果你不干，你就永远也别想吃饭。"有几个学生又想上来打人，我心里也害怕，拿起桶，嘴里硬顶道："我是来向贫下中农学习的，要挑水我只给贫下中农挑。"心想你们总不能在大寨这块革命"圣地"把我打死吧。我随便找了一家门檐上贴着"光荣军属"的农户，给他家挑满了水缸。拿贫下中农做挡箭牌，红卫兵居然拿我没办法。

　　挑罢水，我坐在门口土坡的石头上默默流泪。我百思不得其解，为什么来到这块英雄的土地，却要受这些人的气？为什么几个月来我一直被打击被侮辱，以至不能全心全意投入到运动中去？我的上了大学的高中同学几乎都是革命的闯将，可是我在运动中又受到了什么样的锻炼呢？我越是想革命，就越是遭到侮辱和抵制。我又明白一条道理，"革命"这个词放在不同人的身上，有不同的含义。非革命干部出身的人是没有权利"革命"的，如果这些人要"革命"，那么首先要问"革谁的命"，在红卫兵看来，答案只有一个，他们要革无产阶级革命派的命。我开始对红卫兵产生了强烈的抵触情绪。通过文革的这些日子，我知道自己是永远也不能和他们融合的，他们的优越感已经将他们的行为带向了极端。

大寨留给我的记忆不堪回首,唯一的亮点来自一位女学生。她是八里庄农村的孩子(师院附中的学生来源主要两部分,一是附近军队大院,一是附近农村),初三的学生,长得粗粗笨笨,可很会干农活。

有一天我们两个人一起在山上割黄豆(从来看不见一个红卫兵干活),她割起豆子来很麻利,还不知从哪弄来一副手套。豆子已经半干,豆荚尖扎手,豆秆上的毛刺弄得手又痛又痒。女孩给了我一只手套,教我怎么样割豆子。要使巧劲,镰刀贴着地皮,刀尖轻轻一划,豆秆就倒下了。

我们边割边聊天,都是些家长里短的事,她絮絮叨叨地讲父母挣多少工分,姐姐嫁到哪个村子。她丝毫没有干部子弟红卫兵的娇骄二气和"阶级斗争的警惕性",她仍叫我老师,光是这一声老师就让我十分感动。她说一点也不喜欢班上的红卫兵,他们重视的只是父母当什么官,根本看不起农民子女,她连红卫兵也加入不上,也不想加入,整天打打闹闹有什么意思。文化革命似乎与她无关。我心里隐约觉得她觉悟很低,到那时我还是够"左"的,自己被红卫兵整得昏天黑地,还认为文革的大方向是正确的。不过我没对她说什么,和她在一起,大半年来紧绷的阶级斗争的弦一下子放松了,那么轻松,那么有人味。

干着半截活我想解大便,她也要拉。整个山头就我们两个人,不怕蹲在地边解决问题。我们边聊边拉,拉一节,挪一步,突然想起身上没有手纸,她从兜里翻出一块皱皱巴巴的报纸递给我。"你呢?"我问。"没关系,我不用。"回手从身旁摘下两张蓖麻叶子,抹了两下,"我们农村都这么擦。"如果说拉屎让我的心与她更贴近,这话听起来荒唐可笑,但这就是我的切身感受,也许她根本无所谓,但这是我在大寨,或者更久以来在如火如荼的革命中得到的唯一一点温暖。

　　终于熬到了回北京的时候,那些红卫兵更是欢呼雀跃迫不及待。全国性的大串连已经进入高潮,从阳泉到北京的火车拥挤不堪,人挨人地站着,晚上 6 点从阳泉出发,11 个小时在车上不吃不喝,不拉不撒,一动不能动,直挺挺地站了一宿,终于在黎明时分挨到了北京。

十三、洪湖水，浪打浪

（1966.11-1966.12）

当年的极"左"路线彻底摧毁了湘鄂西革命根据地。我在日记上写道："战争时期多少优秀的人民的儿子牺牲于错误路线之下，今天资产阶级反动路线依然存在，如不彻底批判，二十年后迟早要出现人头落地的现象。"但什么是"当前的错误路线"？我怎么会想到，最大最粗的一条资产阶级反动路线正是"毛主席的革命路线"？全党全军全国人民从头至尾就是在这条错误路线的指挥下行。

　　从大寨回到北京在家呆了几天，招待从南京来串连的表弟。等送走他们，到学校一看竟是一片萧条寥落，当初闹得轰轰烈烈的红卫兵都已鸟兽散，大字报零零落落，随风飘摇。尽管中央有通知老师不得串连，多数老师都已不知去向，代培小组的人也都出去了。

　　学校的教室全都用来辟作接待站，住满了外地串连的学生。回到宿舍看见我的床上只剩下床板，被褥全被席卷一空，别人说是红卫兵拿去招待外地的学生了。我的火气不打一处来，自从大寨苹果风波之后，我对红卫兵已经十分地厌恶，并且决定不再顺从他们。我一个个教室去寻找，教室地上铺着稻草，上面排着被褥。我找到了自己的，毫不客气地卷起来拿回家了。外地的串连孩子，对不起了，我对你们没有任何成见，只是痛恨那些不把我当人看待的红卫兵，我就是要和他们对着干。

　　第二天再回校时，又见墙上张贴着辱骂我的大字报，说我对串连的红卫兵采取了阶级报复行动，破坏红卫兵串连运动就是破坏无产阶级文化大革命，云云。以前一见骂我的大字报，我的心咚咚地跳，恨不得找个地缝钻进去，现在这一类的攻击对我已经不起任何作用，我冷笑一声，转身离去。

我太想出去了，串连的火车票是免费的，但是需要单位的介绍信领取。学校已经被红卫兵夺了权，我不得不硬着头皮去找红卫兵总部开介绍信，毫无悬念的，不仅没有得到，还受到一番羞辱："你刘企鹅是'投机分子'，不对你实行无产阶级专政已经够客气了，还想出去串连？红卫兵串连是扇革命之风，点革命之火，你出去只能扇阴风点鬼火！"

我干嘛要去找他们？真是与虎谋皮，自取其辱。但是我绝不甘心留在北京，考上大学的同学都是红卫兵，可以满世界乱窜。我和他们有什么区别？而且为什么代培小组其他的老师都能去串连，我就不能？更何况大多数老师，甚至那些被整的"老家伙"们也都走了，难道我还不如他们？我一定要去，我心中最大的理想一直是"走遍祖国的大江南北"，"好儿女志在四方"，现在机会来了，我绝不能放过。死了张屠户，不吃混毛猪。我不信我就出不去。

我去找上大学的同学，我可以借助他们的介绍信串连，找了六七个人，都已经不在北京了。老天帮助，最终找到了政法学院的小姣，在高中时她是我"一帮一，一对红"的对子（她帮我），我们那时就是好朋友。她之所以没走是因为她妈妈不放心她一个人出门，有我作伴（她妈妈特地到我家来考察一番），她妈妈同意了。小姣拿来了一叠空白介绍信，我有了串连的自由！

到了北京站，才知道串连已经成了多么伟大的创举。候车室早已进不去，北京站前偌大的广场，挤满了全国各地的青少年。火车运载供不应求，人们扒上哪辆车就是哪辆车。

滞留在广场的人们，看似人山人海，实际上如毛线编织的衣服有着严密的队伍，我们好不容易才找到尾巴，占好位置。

天黑了，人们就席地而睡。已是十一月中旬，气候在零度以下。广场歌声口号此起彼伏，近处响起"下定决心，不怕牺牲……"的语录声，远处又传来"抬头望见北斗星，心中想念毛泽东……"的歌声。还有的孩子们拥作一堆："挤呀挤呀挤狗屎呀……"一片哗然，然后就有人高诵语录："念念不忘阶级斗争。"更有无法无天的孩子竟然点起一堆堆篝火。

我和小姣裹紧了大衣坐在地上聊天，后来又躺在地上。我带的是妈妈穿了十几年的皮大衣，小姣也穿了她妈妈的皮大衣。最终我们还是抵挡不住午夜后的寒冷，凌晨一点，我回家取被子。公交车早已回场，我是步行五六公里回家的。敲开紧闭的大门，拿了一床被子，打了一个规规整整的解放军式的背包，大步流星地回到车站广场。我们两个铺着被子盖着大衣美美地睡到天亮。后来的很多夜晚我们都是这么睡觉的。

  第二天上午十点钟终于乘上了火车。全国那么多地方去哪儿？根本由不得你选择，领到去什么地方的票就得去什么地方。我们得到的是武汉的票。

  和以后每次的串连一样，上下车都是一场战斗。火车到任何一站，车门都会立刻被围得水泄不通，车上的人下不去，车下的人上不来。每个车窗口都有人在爬窗户上下。有一次我正在爬窗户上车，被下面的列车员拉住双腿拽下地。他骂骂咧咧道："这么大姑娘扒窗户也不嫌害臊。"我知道我的姿势是非常不雅的，我胖，上半身挤进窗子，留下一个硕大的臀部在窗口扭动，但是为了能上车顾不得面子了，反正谁也不认识谁。

　　车里全是人，位子上过道里两个车厢中间洗脸池厕所都被人占领。我们坐在地上，还好，还有地方可坐。列车员已经看不见了，他们无法通行，根本不打扫也没法打扫卫生，连水也不送，钻进自己的休息室呆着，什么也不管。

　　晚上太困了，坐着睡不着觉，就干脆钻进椅子底下，躺在地上睡，顾不上满地的果皮烂纸粘痰瓜子壳。能占这么一席之地已经非常不错了，可以躺着，还可以把窝了一天的腿伸展开来。

　　在后来的串连中，我还在行李架上睡过觉，那时候年轻人串连都没有什么行李，一人背一个军用书包就走南闯北了。行李架一尺多宽，够睡了。躺在架上也曾担心过，架子塌下来怎么办，遭难的首先是下面的人，不等于杀了人吗？不过太困太累又实在不愿意放弃那块地方。车厢的行李架上头顶头脚对脚躺满了人，我也就心安理得了。偶尔被挤过来的列车员看见，吆喝着："下来！下来！"等他一走，人们又纷纷爬上架子。要不然去哪儿？下面已经没有你的立足之地了。后来我也曾听说有个列车的行李架塌下来，砸死了人。

火车到武昌就不走了,我们被安排在武昌药检专科学校的红卫兵接待站,然后马不停蹄地去各大院校看大字报,抄大字报。那时很单纯,出来只有一个目的,就是了解各地的文化革命。大字报无非是打倒湖北省委书记张体学或保卫张体学两派观点,更多的是从北京各大院校抄来的大字报。

武汉没有给我留下什么好印象,肮脏混乱贫穷。在火车上就已经看到铁路线两边低矮黑色的板房,似乎从火车窗一伸手就能摸到,真不知道那里的住户是怎么忍受每天无数呼啸而过的火车声(后来看到女作家方方的小说《风景》,描述的正是铁路线边上木棚中人们的生活状况,十分的阴暗)。人们也好像个个火气十足,说话如同吵架,加上街上的游行批斗,宣传车上的高音大喇叭,嘈吵不堪。

一个下午,看罢大字报返回驻地时,看见药检学校所在的那一条街全部烧光。武汉的居民房多是木板房,歪歪斜斜,挤挤挨挨连成一片。一家失火,立即蔓延到一整条街,木屋全部化为焦炭。我们到时,焦黑的木板还在冒烟。流离失所的居民坐在街上,守着抢救出来的一点家当,湿漉漉的烧了半边的被褥、几只板凳椅子、锅碗瓢盆几棵瓜菜……孩子和女人在哭泣,人们眼里是呆滞无望的神情。

一到武汉我就感冒了,喉咙肿痛,是那天晚上在北京站广场冻的。药检学校食堂供应的是粗糙的红米饭,一粒粒的,硬得难以下咽。菜也很难吃,腌萝卜又辣又咸。我向食堂申请了病号饭。出人意料,要为上千人做饭的食堂还真为我(也不是为我一个人,有很多生病的孩子)作了病号饭,是面疙瘩汤。清汤里有一大块一大块的面坨坨,有青菜叶,似乎还有蛋花,油星,清爽可口,吃了几顿很舒服,病自愈。

十三 洪湖水,浪打浪(1966.11-1966.12)

早就听说红卫兵又翻出了新花样——步行串连。最早是八月二十五日,大连海运学院的十几名学生举着"大连－北京长征红卫队"旗子出发,徒步近两千里历时近两个月到达北京,《人民日报》立即在十月二十二日的社论《红卫兵不怕远征难》中赞扬了这种串连形式,说他们发扬了红军二万五千里长征的革命精神,沿途宣传了文化大革命散布了革命的火种点燃了文化大革命的烈火云云(其实更主要更直接的原因是缓解了全国铁路运输的巨大压力)。一时间正在外地的红卫兵们纷纷放弃坐车串连,就地组织了长征队,并且目标宏伟得很:沿着当年红军长征的路线走完两万五千里。

到了武昌的第二天,我和小姣就做了决定也要步行串连。问题是只有我们两个女子怎么能"长征"呢,唯一的办法就是参加别人的长征队。我们查阅了接待站的住宿登记簿,长征队很多,"井冈山""万水千山""延河水""宝塔山"……来自全国各地,最多的是湖北乡间的农民子弟徒步来省城观光。

终于发现一支西北工业大学十一个男生组成的长征队,和他们交谈之下,知道他们做了"长征"的充分准备,印制了队旗,自编了队歌,设计了路线——首先进入洪湖地区,对当年的湘鄂西革命根据地进行考察,然后到岳阳南下再西进,沿着红军长征的道路到陕北,最后回西安。他们的队长与队员商量了一下,爽快地同意我们加入他们的长征队,这支队伍多数人来自西北农村,朴素平易,我们俩极其欢欣鼓舞。

1966年12月1日的清晨,"西北工业大学长征队"迎着太阳,高诵"下定决心,不怕牺牲,排除万难,去争取胜利。"唱着他们自编的歌曲《我们是革命的硬骨头》出发了。

我和小姣束着腰带,打着绑腿,背着背包(我们出来时一人带了一件大衣,两件大衣打一个背包,还有一床被子,打了另一个背包),一副土八路的样子,开始踏上征程。

　　下午两点，我们在一个小镇打尖，已经过了吃饭的时间。接待站的厨房专门给我们开火下挂面。一人一大碗素汤面，上面撒了一点葱花和油花，好吃极了，我觉得这一辈子也没吃过这么香的面条。

　　晚上落脚汉阳县，住在县城红卫兵接待站。这天我们走了六十五里地，我的脚底打起了乒乓球大小的水泡。人家说脚底打泡用针挑破，泡里的液体流出来，脚就不痛了。我的泡没那么简单，因为身体重，脚后跟本来就有厚厚的一层茧子，而水泡打在了茧子的里面，看不见扎不透，疼得钻心，不过那天我们都非常愉快。

　　接待站里挤挤哄哄的都是徒步串连的学生。有十几个木盆给大家洗脸洗脚用。盆少人多，一个人用完，马上就有人接过去，不管别人洗过脸还是洗过脚或屁股，有一个盆用就已经是很不错了。

　　我的邻床有几个女孩，听她们说话是北京口音，在这个小地方听到北京话非常亲切。她们也听到我们的北京话，其中一个人突然问我："你认识刘海燕吗？"我说："刘海燕是我姐姐。"她说："你说话的声音特别像她的，我们是她的高中同学。"我觉得真是不可思议，在一个中国的一个小县城，竟能凭口音扯上熟人之间的关联。

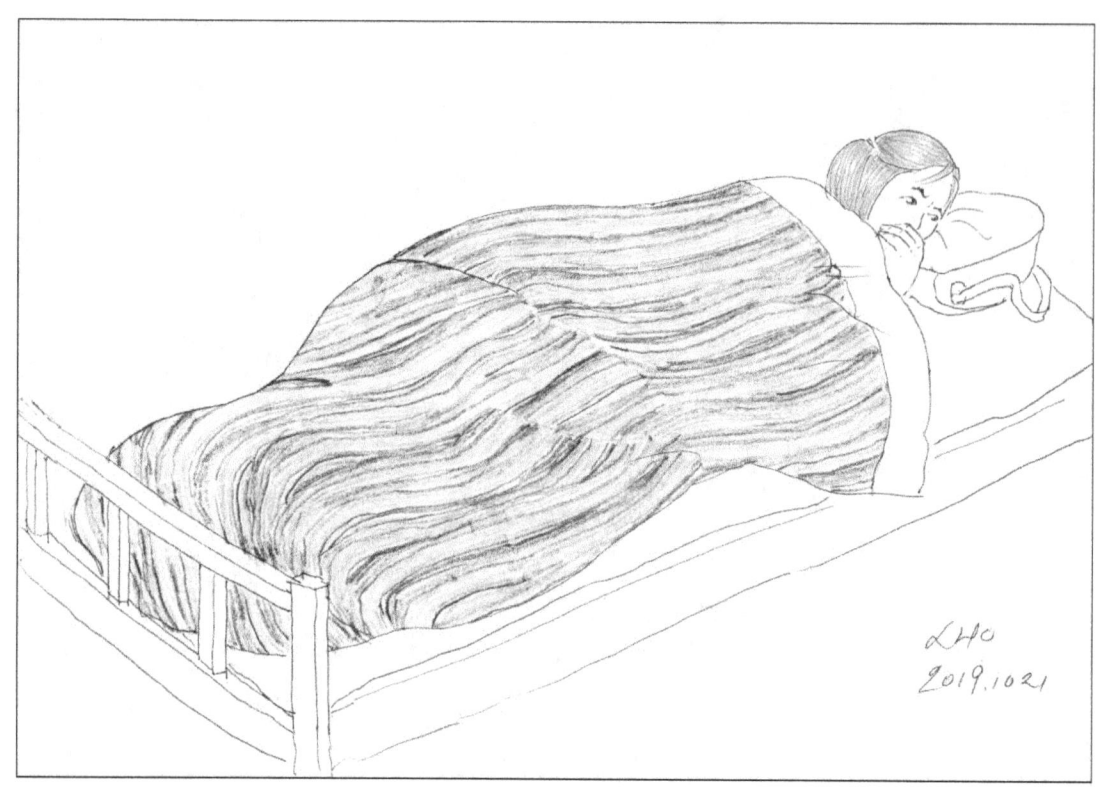

第二天的晚上在永安落脚。那个地方还没有红卫兵过来,他们专为我们做了一顿可口饭菜,又把一间小阁楼的楼上腾出来给我和小姣住。赶了一天路,吃饱洗净,两个人各躺一床,高枕无忧,舒服之极。

第三天我们一直在荒无人烟的草坝子上行走。我的脚痛,腿累,肚子饿,几乎迈不开步子了。一路默念"下定决心,不怕牺牲……"还真是有些作用呢。这一天走了约八九十里,终于在晚上六点钟到了水洪公社吃了午饭兼晚饭。

第四天一上路就累了,昨天的疲劳还没有恢复过来。因为阴雨连天,总在泥泞中行走,脚上的水泡溃烂,路上踩到每个小坎坷,甚至每个小石子都一直疼到心上,幸亏中午我们到了新滩口区就不再走了,否则我真不知道是否还能坚持得住。

新滩口已经属于洪湖县。夜宿新滩口中学,学校放假了,学生的集体宿舍是一间大屋子,十几张上下床铺,任我们两个人睡觉。串连以来,如果接待站不提供被子,我们俩只能睡一张床,合盖一个被窝,一人睡一头。这回有足够的床和被子让我们挑选,一定可以睡个好觉了。我们找了两张挨着的上铺,舒舒服服地躺下。我特地选了一床好看的被子,被里被面是家织的土布,深蓝浅蓝白色和棕色条纹纵横交织,粗犷中透着清雅。哪知道被子盖在身上全不是那么回事了,潮湿得可以拧出水来,一会儿全身就湿乎乎的,还散发着霉湿、汗油和臭脚的怪味(由此我判断,这是男生宿舍),难受得不行,一宿没睡着。

连续几天行军，有时穿过村庄，有时在泥泞的田间小道行走，有时在荒无人烟的草坝子上行走。男生走得很快，我们两个女生紧跟着，还是落得很远。

常常是一整天我和小姣的背包都在男生们的肩上轮换，他们对我俩一直非常照顾，即使这样我还是走得千辛万苦。湖北的冬天阴湿阴湿的，天下着毛毛雨。农村的地一下起雨来泥泞粘滑，脚下像踩着油，一步一出溜，泥水打湿到膝盖以上。我找了一根树枝当拐杖，步履蹒跚，仍然是不断地摔跤，弄得一身泥浆。

凡经过村落，必有农村小孩跟着队伍大喊大叫，招得婆婆妈妈们出来倚在门口观看。我想象着三十多年前还是大姑娘小媳妇的她们就是一样地站在门口看"过红"（过红军的队伍）吧。老婆婆们嘴里啧啧着，说着大概和当年一样的话："咦哟，好可怜哪。咦哟，好苦哇。"

累、摔跤还有脚疼都不是大问题，最怕的是老乡的狗。我们一身泥泞，手拖拐杖，俨然是沿街乞讨的叫花子的模样，狗看见就要追着吠。有经验的人说你越跑它越咬，只要做弯腰捡石头状，它一定躲开。我试了一下果然很灵，但多数情况下，遇到狗本能的反应是逃跑，被狗追得上气不接下气。

十三 洪湖水，浪打浪（1966.11-1966.12）

　　过桥也是一件令人心惊胆战的事。洪湖地区到处是水塘河汊，三五步便有一座桥。有石桥木桥竹桥水泥桥。桥有宽有窄有长有短有高有低，我一辈子也没走过那么多桥。多数桥窄小没有扶手，我最怕的就是这种桥，走在上面，小桥颤颤巍巍，看着下面，流水忽忽悠悠，再加上天阴雨湿路滑，心都提到嘴上来了。

　　最恐怖的是有一次碰上一个梯形竹桥。高架在水面上，而且水面挺宽，桥身不短，由竹子搭成梯形。可怕的是桥面仅由三四根粗竹子捆绑而成，宽不过四五十公分，圆滚滚的不平，加上天又小雨，得有十二分的胆量才能过得去。桥两边聚集了很多等待过桥的长征队。人们只能一个一个地过，速度非常慢，有的人横握着队旗或持一根长杆以保持平衡，像走钢丝一样小心翼翼地走过去，有的平卧在桥上爬过去，我呢，和多数人一样坐在桥上，双腿跨着桥面一屁股一屁股蹭过桥的。

路上经常碰见一队队的长征队伍，见了面，就像兄弟部队见面一样，挥舞红旗，大声给对方念语录或唱语录歌，互相鼓舞士气，我非常喜欢这种气氛。一次我和小姣远远落后在队伍后面，又累又乏几乎走不动路，这时迎面来了一支队伍，举着"中国二万五千里长征队"大旗，他们满腔热情地给我和小姣唱歌念语录打快板说顺口溜，我俩士气大振，大步流星就赶上了队伍。这种特殊环境下的人际关系真好，真单纯。

  第五天我们一天都在大同湖八一农场的地界里行走，这是解放军的农场。中午在农场一分厂吃饭。一人一条蒸鱼干加青菜。洪湖地区是鱼米之乡，很多地方都招待以鲜鱼或鱼干。解放军农场的鱼干简直太好吃了，吃完还想要，就是不好意思开口（其实后来我发现只要敢说，什么都能有，比如有一次在火车上吃饭，菜吃完了，就剩米饭，鼓了半天勇气，去餐车说能不能再加点菜，大师傅二话没说，盛了满满一勺肉丝炒蒜苗，扣到我碗里，菜多饭少，吃得满嘴流油，大师傅真好）。

  农场的工人边给我们添饭边和我们聊天，他们接待南来北往的红卫兵，听到的小道消息比我们还多。他们说走红军长征路线的红卫兵在困难的当口儿，如飞渡金沙江，过乌江天险，强渡大渡河时，有解放军接送。过雪山草地时有解放军的直升飞机运载。毛主席发了话，绝不能让红卫兵死一个人。到1968年毛主席将在北京亲自大检阅长征红卫兵，云云。听得我又是热血沸腾，心想毛主席这样亲切地鼓励我们支援我们，我们还有什么困难不能克服呢？我当下决定，这次步行串连就当作一次战前练兵活动，等回到北京后再参加一个大型长征队，沿红军的路走二万五千里，一定要把自己磨练出一身无产阶级硬骨头。下午走起路来，劲头特别大，竟然不觉得累。

  当然，也听到这样的小道消息，一支红卫兵长征队在贵州大深山里行进时，被狼群包围，吃掉。

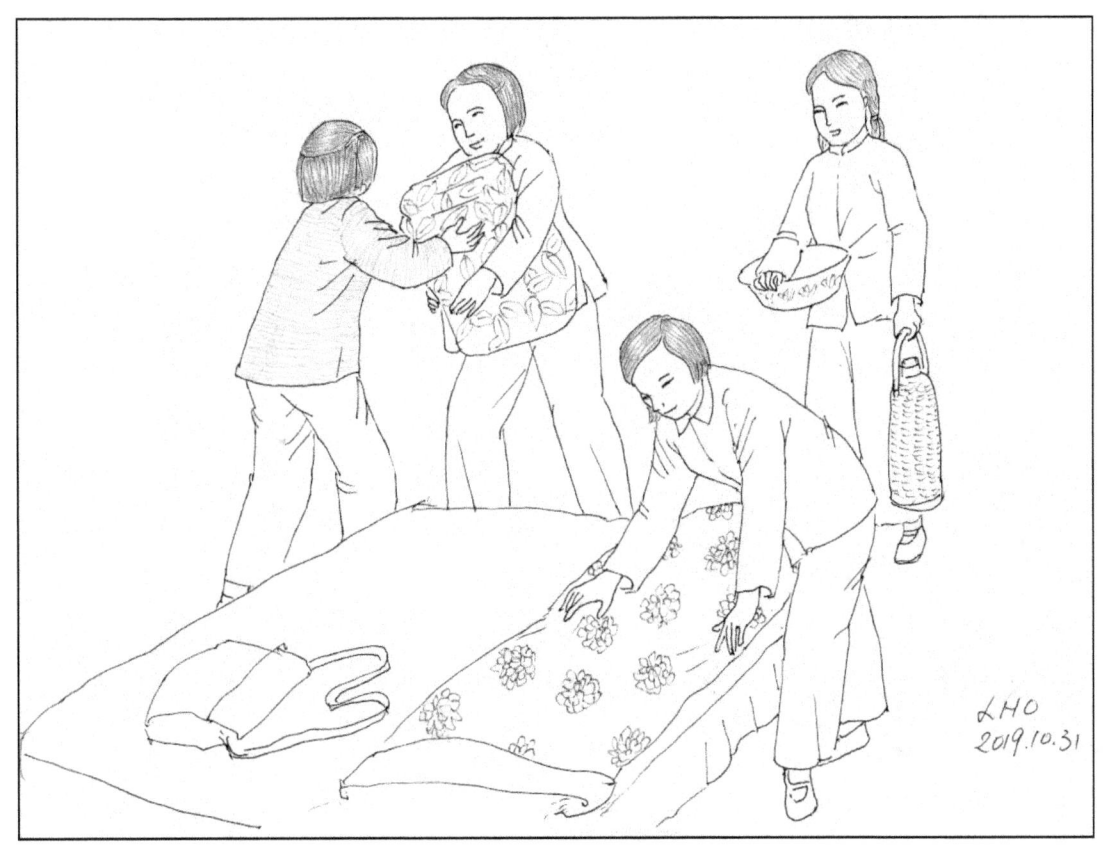

　　晚上在军营住，军属大嫂们对我们的招待非常热情，铺了几大捆稻草保暖，又抱来两床干净的大棉被，又送热水又送盆，让我们好好烫脚。晚上军营竟然还给长征队演了一场电影《无名岛》。

步行的第六天,我们到达了新堤镇(现在叫洪湖市)。大革命时期新堤镇是湘鄂西革命根据地的中心地带。

很多串连学生都聚集在这里。我们在这里停留了几天。我们听长征老红军和洪湖地区的老交通员讲革命故事,还参观了革命展览馆、烈士陵园。在烈士墓前我默默宣誓要高举烈士的旗帜,踏着他们的血迹,沿着他们开辟的道路坚定不移地前进!

镇上每天都放映电影《洪湖赤卫队》,这个电影在1961年公映后我已看过多次,里面的歌曲全国上下几乎没有人不会唱,但在这个特殊的时间特殊的地方看,便有一种特殊的感受。遥望大革命的年代,我多么盼望自己能生在那个时候,投入轰轰烈烈的斗争呀,当前的文化大革命虽说也是一场轰轰烈烈的斗争,但是"敌人"在哪里,"我们"又在哪里?一想起师院附中的红卫兵把我当作敌人,心就凉了一半。

在新堤镇停留了三天,我们的下一个目标是瞿家湾,需要跨越浩浩荡荡的洪湖。从早上到下午四点,我们都是乘船而行。是冬天,湖水很浅,船经常搁浅,但是这并没减少我们坐在船上的好心情。芦苇荡一个接一个,船儿所到之处,野鸭扑簌簌惊飞。一时间,绿色的棕色的芦苇像屏障挡住了视线,前面似乎无路可走,走到头,船夫轻轻一拨,豁然一下,前面又出现了开阔的水面,一望无际。我们不断地唱着:"洪湖水浪打浪……""洪湖水呀长又长……"惬意,畅快,新鲜,同时也为不必双腿赶路而高兴。

又经过一天的急行军，终于到达湘鄂西根据地的心脏——瞿家湾。我们住的招待所那条街上都是当年共产党湘鄂西省委的各种机关的遗址，有省政府、组织部、武装部、红旗报社、苏维埃政府、军事委员会、列宁饭店、列宁小学。可惜都是年久失修墙皮脱落，保存得非常不好。

放下背包我就去参观湘鄂西省委会遗址。在展览室我像发现了革命的宝藏，以极大的兴趣追踪革命者的遗迹。洪湖的故事三天三夜也讲不完，听不完，抄不完。那几天几乎所有的时间我都泡在这里。我抄录了"工农革命军歌"（用的是"苏武牧羊"的曲调）、第一次国内战争时期的历史标语、十大纪律、士兵十愿、革命条令、当地流行的革命歌谣，还有一份革命老人崔声棋写的珍贵的革命回忆录。

有一首宣传诗是我从来没见过的形式，叫宝塔诗，第一行一个字，第二行两个字，如此类推，整首诗形成一个宝塔状。

我还发现《洪湖赤卫队》里的许多歌词都可以在这些诗歌里找到原型。

　　各路在此停留的长征队请一个老赤卫队员黄小炎和一个叫蔡必伍的长征老红军给我们讲革命故事，可惜基本没听懂他们浓重的方言。老红军讲到兴头上，似乎在讲贺龙洗脚的什么事，孩子们笑得东倒西歪，一位报告会的组织者，某长征队的红卫兵，请他暂停，用普通话对大家说："请大家注意，他们的讲话有观点性问题，津津乐道红军中的阴暗面和枝节问题。我们在听时，一定要加强阶级斗争的观点，运用毛泽东思想作武器，分析地听，批判地听。"轻松了多天之后，又闻到了火药味。我为那几个老革命捏了一把汗，生怕革命传统教育会突然变成斗争会。在北京，前一分钟还在革别人的命，后一分钟就被别人革了命，这样的情况屡见不鲜。而那几个老革命，并非真想给红军抹黑，不过是客观地叙述事实，讲了真话。

　　我们还参观了当年贺龙的队伍打胜仗后举行庆功会的场子。带路人告诉我们这就是当年贺龙讲演的台子，这就是摆放缴获的三千支枪的地方。我们又被带到当年白军屠杀革命者的刑场。这是一片稻田，稻苗已经绿油油的，田埂上头罩蓝帕，腰系花围裙的妇女挑着担子来来往往。就在这片稻田里，三十多年前，在一个早上就有七十多个红军被杀害。他们被推进稻田，然后被残忍地用牛拉犁耕过他们的身体。他们牺牲前高呼："二十年以后再见！"鲜血染红了整个稻田，整个山坡。大革命失败了，苏维埃根据地被彻底摧毁。

为什么湘鄂西根据地遭到了毁灭性的破坏？瞿家湾老红军们印象最深的是"左"倾主义路线，至今谈起来还是痛彻心腑。我们听到最多的一个名字不是贺龙，而是"夏曦"，一个共产党杀人魔王，就是他导致了红军根据地的覆灭。

夏曦是中共湘鄂西中央分局书记，一个"左"倾冒险主义路线的忠实的执行者。从1931年到1933年间在湘鄂西地区疯狂地搞了四次"肃反"，清除"改组派"（所谓的混入共产党内的国民党反动派），杀人无数。老红军们说：他们半夜里偷偷摸进革命者的家，一个黑口袋套在头上，不由分说，拉出去就给干掉，或者活着就石沉洪湖。一时间从苏区中央的领导到红军中排长以上的干部几千人全部都被当作"改组派"杀死，换上了一批没有战斗经验的新人。白军乘机进攻时，这些干部毫无经验，一打仗就吃败仗，很快红三军断送在夏曦的手中，湘鄂西革命根据地落入白军之手。

我当时在日记上记下了感想："战争时期多少优秀的人民的儿子牺牲于错误路线之下，今天资产阶级反动路线依然存在，如不彻底批判，二十年后迟早要出现人头落地的现象。"但是什么是"当前的错误路线"，那么向往革命的我怎么会想到，最大最粗的一条资产阶级反动路线正是"毛主席的革命路线"？全党全军全国人民从头至尾就是在这条错误路线的指挥下行动。

若干年后在网上查看，得知中共成立后不久，就开始了对自己人的清剿，1930年，毛泽东亲自领导的肃反，导致几万名红军和革命群众被当做"AB团"惨遭杀害；1931年闽西革命根据地六千多红军被当作"社会民主党分子"杀害……据1991年，中共中央党史研究室编写出版的《中国共产党历史》上卷记载：因"AB团"的罪名被害7万多人、"社会民主党"6352人，"改组派"2万多人。这可能还是缩减了的数字，据萧克将军回忆录记载，中央苏区肃反累计屠杀了十万红军。造孽啊！

在瞿家湾，地方政府招待全体串连学生吃了一顿红烧洪湖野鸭。接待站前面的街上摆了长长一溜桌椅，排坐着串连的孩子，一人一碗红烧野鸭。几个当地的青年有的热情地给我们添饭添菜，有的站在桌旁高诵毛主席语录，演唱湖北渔鼓，眼睛里流露出发自内心的热情和真诚。这种眼神在文革以后再也找不到看不见了。

在接待站我们和其他的长征队开了一个联欢会，我和小姣唱了一支歌，《长征组歌》里的"入云南"："横断山，路难行……"这是组歌中我最喜欢的一首。自从那次遭到红卫兵的严厉斥责后再也没有唱这支歌了，现在我终于可以放声歌唱，再也不必担心有红卫兵粗暴的禁止和斥骂了。

在瞿家湾又遇到了一件巧事，那天下了一天雨，晚上我和小姣在招待所厅堂的火盆烤火，进来一个美男子，皮肤白里透红，高鼻梁，眉眼端秀，身材修长。他戴着一个大斗笠，浑身湿透，裤脚挽得高高的，如长腿鹭鸶。我觉得他眼熟，仔细一看竟是托儿所的小朋友铁柱，萧乾和其英国夫人的孩子。他小时候很调皮，我跟他很玩得到一起。他爸爸和我爸爸是同事，后来在一些新年联欢会春节团拜会上见过几面，所以还互相有印象。我说："铁柱？"他也竟然能认出我："海鸥。"铁柱说他已经独自去了福建的宁化清流归化和江西的井冈山，他还准备步行到广西越境参加抗美援越。我佩服得不得了，真想和他一起去，但是我在男孩子面前缺乏自信，只好在心里暗下决心，下一步行动也要去越南。

九十年代在报纸上看到关于萧乾一家人的报道，说铁柱一生都是个独行侠，文革时自己到处行走，还去了西藏，后来又走到英国，现在是新加坡某大学教授。

离开瞿家湾我们冒雨走了一天，有意思的是，晚上在郭铺公社落脚时，问当地人，瞿家湾离此地有多远，答曰：15里。不知是我们鬼打墙兜圈子，还是当地人缺乏"里"的概念。

又一天中午到达朱河公社，受到了贵客般的招待。当地领导摆了一桌桌丰盛的菜肴，有鱼有肉有鸡鸭。好多天没有吃这么好的东西了，坐在桌边已经馋得涎水暗暗直流，可是刚刚拿起筷子，有一个红卫兵站起来发出了"千万不要忘记阶级斗争，严防走资派用糖衣炮弹拉拢腐蚀红卫兵"的警告。准备了那么多好饭菜的"走资派"尴尴尬尬地点头，真让人同情。警告是警告，并不妨碍大家包括红卫兵头头把盛宴席卷一空。

这个地方距岳阳已经不到一百里地了，越是接近城市，火药味越浓起来。

最后一天,还有几十里地就到岳阳,前面是波澜壮阔的长江。我们坐着木船,由艄公把我们摆渡过江。在船上想象着"百万雄师过大江"的豪迈场面,不禁高唱"钟山风雨起苍黄……"。

　　我们终于到达了湖南省的岳阳市。街上贴满了公告,要求大学生回校听候分配,西工大的同学急于返校,宣告解散长征队。步行串连以来,西工大同学每天晚上都要开总结会,在岳阳我们和他们开了最后一次会话别。这么多天,我们和他们相处很好,这些北方的农村子弟朴实,吃苦耐劳。他们对我和小姣很照顾,路上常常把我们的行李抢去背着。他们一边走一边给我们说笑话,一路笑着也就不累了,有时候光顾了笑,就能在泥地上滑一大跤。

　　一到岳阳我就病倒了,胃疼,呕吐,卧床(实际上是躺在铺在地上的稻草上)不起。第二天下午感觉身体好些了,就和小姣出门看看市容。一出门就遇上了天下不能再有的巧事——我们碰见了小姣的弟弟!原来小姣妈妈在北京始终得不到我们的消息,急坏了,就让小姣的弟弟出来寻找我们。她弟弟在沿着京广铁路线的几个大中小城市的接待站一一寻找,已经找了好多天,那不是等于大海捞针吗?这天他来到岳阳,已经去了几个接待站,正要进入我们的接待站,就在门口碰上了我们。简直是不可思议,中国这么大地方,人海茫茫,竟能在这个陌生的小地方的这一个时刻把针捞上来了!早晚半分钟都会错过碰面的机会,这只能说是上天的安排。我们三人又惊又喜,一起去参观了岳阳楼。到了岳阳,由范仲淹的《岳阳楼记》而出名的岳阳楼是一定要看的。

　　三十多年后,小姣还在说,我弟弟对你印象可深了,每次见面都要提到那次岳阳偶遇:"刘海鸥破衣拉撒,挂着一根拐杖,像个叫化子。"我们那时就是这个形象,没有人觉得奇怪。

　　我们在车站等了近一天,才登上了去北京的列车。

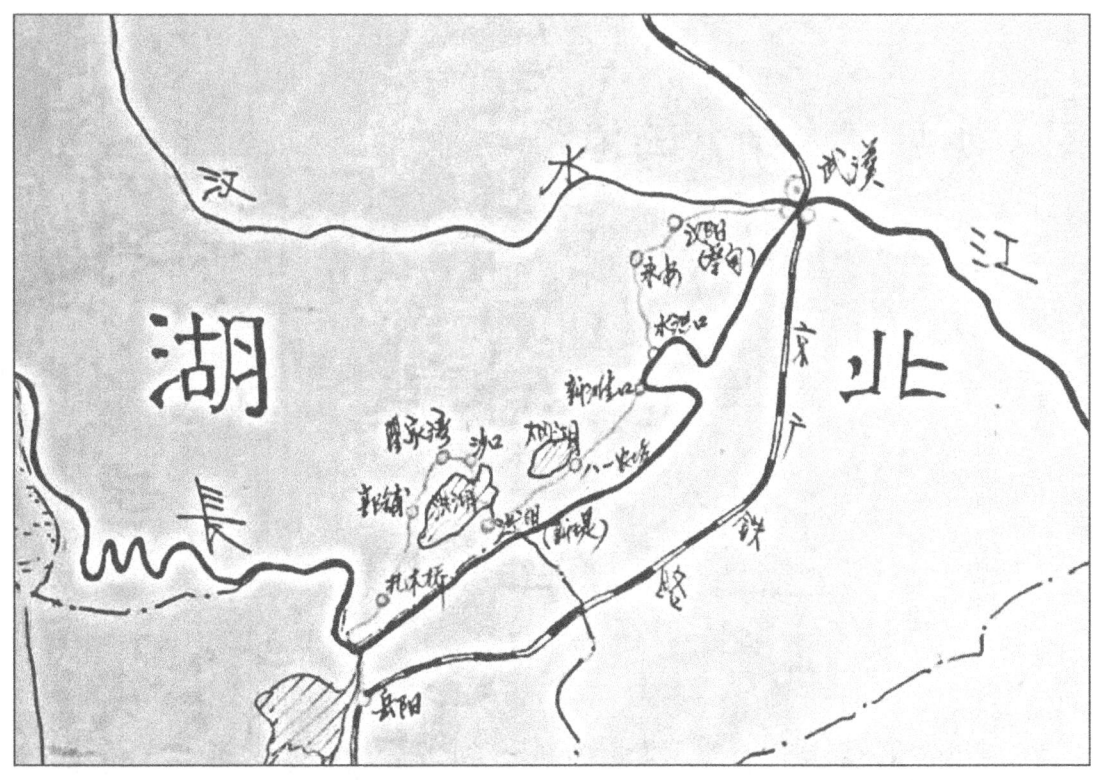

这次步行串连二十天,在我的一生中留下了最深刻的印象。

大约是 2010 年,当年的长征队长傅瑞亭在网上看见了我写的这段步行串连回忆,和我与小姣联系上了。之后我们多次错过了见面的机会,直到 2019 年 6 月,他邀请我和小姣到陕西鄠邑县家与当年的长征队员聚会。到场的队员有六七位,没有到场的队员我们当场通过视频见面,共话当年。傅队长热情待客,带我们游玩了当地的旅游景点,品尝了陕西特色食品。他送给我和小姣每人一幅他编撰和书写的对联,我则把湘鄂西步行串连的连环画印成画册,送给每人一本。我们在鄠邑度过了愉快的两天。

图中的红线是我们当年"长征"的路线,由队员申以正同学绘制。

十四、走与工人结合的道路

（1967.1-1967.3）

1967年一月，毛泽东热烈支持的造反派夺权风暴迅速席卷全国。北京各大院校的学生纷纷出动去各地支持夺权运动。我也卷入了这场伟大的革命风暴。但是我对夺权没有兴趣，我要趁此大好良机到工厂走和工人结合的道路。

我不打算再回到师院附中了，将来是否正式分配工作我根本不在乎，反正我已经下定决心文革结束（人们都以为一两年就结束了）就去农村。所以1967年我大部分的时间在全国各地串连，外面的一切都在吸引着我，引导我走入一个个社会大画面中，我的主导思想是要全身心地投入这个千载难逢的大革命之中。

1967年1月份，上海掀起了夺取政权的"一月风暴"，工人造反派一举夺取了公安厅市公安局报社电台市委等国家机器的大权，成立"上海人民公社"（几天后毛主席为之改名"上海革命委员会"）。《人民日报》立即发表社论热情支持，继而夺权的风暴席卷全国各省市。北京各大院校的学生纷纷出动去全国各地支持造反派夺权。

我又开始摩拳擦掌，要参加这场伟大的革命风暴。我对夺权没有兴趣，我要趁此大好良机到工厂走和工人结合的道路。

"一月风暴"之后公检法都被夺了权，已经陷入瘫痪状态。两派殴斗中人们的冤情在当地无法诉诸法律，就上京告状，如封建社会时一样。只是名称稍有改动，叫"上访"。各部委各大院校都住满了上访的外地人。中央巴不得他们赶快回去，提供免费的返程票。我在纺织工业部找到了上访的贵阳纺织厂的女工，她们希望我们去她们工厂支持造反派，我和克阳和刘元立刻和她们一起离开了北京。

妈妈非常支持我们的行动，她比我们更天真，让我们就留在贵阳纺织厂，当个工人，就此安定下来，不要再回北京了。我呢，走着瞧，喜欢就留，不喜欢就溜。

我们走的是成渝铁路线，历时五十六小时，在车上我们认识了许多上京告状返回的"重庆工人战斗军"。他们因为不赞成打倒工厂和省市领导而被斥为"保皇派"。工人们字字血声声泪地给我们讲述造反派如何制造"一二四"惨案，打死打伤他们的工人，他们如何冒着生命危险逃出来上京求援。工人们热切地希望我们能到他们的工厂去帮助他们搞文化革命。我不了解情况，没法表态。我出来是一心一意要支持造反派的，但是这些"老保"看起来是十分可爱的工人，他们当中绝大多数是党团员、五好工人、劳动模范、复员军人、老工人。相反，各地造反派的共同特点是落后分子、刺头、调皮捣蛋、二流子居多。我对这些"保皇派"既同情又惋惜，我认为他们对党和毛主席热爱的感情，成了顽固维护资产阶级反动路线的根据。下车后工人们依依不舍地和我们告别，一再叮嘱："到我们厂来啊。"更让我心里矛盾和迷惘。

人人都说自己是站在无产阶级革命路线一方的。究竟谁是对的？我又学习了1967年的《人民日报》元旦社论，社论指出："执行资产阶级反动路线的人，最重要的阴谋诡计，就是挑动群众斗群众。他们暗中组织和操纵一些受他们蒙蔽的群众和群众组织，压制革命，保护自己，挑起武斗，企图制造混乱……他们妄图继续把斗争的矛头指向革命群众，指向无产阶级革命路线，指向无产阶级司令部。"

社论的矛头明显地指向各级领导，支持"造反派"。读了这段社论，我及全国人民被这样的煽动弄得更糊涂。在这样的社论指引下，全国的文化革命从混乱走向混乱。

在重庆换车，去贵阳的车票暂时搞不到，我们也就留了下来，趁此机会去参观了沙坪坝的中美合作所、白公馆、渣滓洞。看到阴森的监狱和美式刑具，想着革命烈士坚贞不屈视死如归的革命气魄，觉得很受教育。

几天以后，我们好不容易搞到了车票，乘上了开往贵阳的列车。火车在烟雨迷蒙的云贵高原上穿行，神妙迷人，风景实在是秀美！火车经常中途停车，更让我们下车大饱眼福。我曾在辽阔的华北平原上穿越过，在明秀的南岭与北江间行进过，在雄浑的黄土高原上奔驰过。我不断地感受着祖国的壮丽，并把这种感受化为一种激动人心的力量，鼓舞着自己去做一些什么，此时此刻，我想的是尽快地走上与工人相结合的道路，把自己锻炼成一个铁骨红心的革命接班人。

1967年1月22日我们到达贵阳，住在南明区接待站。南明区接待站挤满了串连的学生。几十人住在一个房子里，睡地铺。每天都吃同样的饭菜：粗米饭，辣子炒胡萝卜，我本来最恨吃胡萝卜，这些天竟吃出了感情，从此爱上了胡萝卜。

在贵阳的北京学生使命就是帮助革命造反派夺权，所以每一个工厂单位都有北京的学生进驻。当地人对"毛主席身边来的人"就像对钦差大使一样重视。一个几万人的群众组织要请北京学生去做参谋，一个普通的北京学生能够同时得到许多大会主席团位置的请柬，《贵州日报》的革命造反派甚至请北京学生做接管委员。

越是把我们抬得这么高，我的心里越是怵得不行，怕说错了话，给北京人丢脸，自己更丢脸。这还不是主要的，我在学校被红卫兵整得五迷三道，我总怀疑自己是反动的，我对自己一点自信也没有。

"首都大专院校红卫兵革命造反总司令部"（简称"三司"，是由江青的中央文革直接控制的，支持各地造反派，指挥各省市夺权的总司令部）驻贵阳联络站的学生建议我们去贵阳矿山机械厂，说那里还没有北京学生。贵矿在离贵阳十几公里处，再下去就是著名风景区花溪，但我们自始至终也没有去过花溪，我们的心里只有革命。

我们姐妹三人为了壮声势，约定不可暴露我们是姐妹。克阳因为长得不太像我和刘元，保存自己的名字，刘元长得和我相像，用假名汪元。我们宿舍里住着两个华南工学院的女生。她们整天用广东话嘀嘀咕咕讲工厂的情况。有一天她们好像想起了什么忽然问我们："你们听得懂广东话吗？"我们忙说："听不懂。"她们用广东话说："这三个女孩长得好像呀，像姐妹一样。"我们听了偷笑，我们妈妈是广东人，能不懂吗？

我们三姐妹组织了一个战斗队，取名叫"肯登攀"，来自毛泽东的诗词中"世上无难事，只要肯登攀"，我想我们是走和工人相结合的道路来了，当然要谦虚，和当时那些叫"五洋捉鳖"、"九天揽月"之类名字的战斗队比起来，我们的名字不仅不张狂，简直不提气。

贵阳的造反派和各地造反派一样，都已经实现横向联合，叫"红卫军"，各单位的造反派都是"红卫军"的分支。三司贵阳联络站的学生介绍，"红卫军"是夺权的主力军。我们就贴出一份大字报支持贵矿红卫军。其实反对红卫军的那派工人对我们也很好，很信任我们，希望我们能帮助他们。大字报贴出以后，我觉得特别对不起那些工人，简直不好意思见到他们。大字报刚贴出去，就有消息从北京传来，"红卫军"的首领在北京被捕，中央的通告上说该组织是反革命集团，这一下局面更复杂了，我们的脑子十分混乱，完全不知道站在哪一方。

矿山厂领导干部集体表态后，我又贴出大字报，说走资派集体亮相是一个大阴谋。"怀疑一切，打倒一切"是文革造反的指导思想，已经植入我脑子，觉得凡领导就要怀疑，就要打倒。本来厂领导对我们几个小女子一直恭恭敬敬，我心里觉得那些"走资派"很可怜。

我没有自己的观点，听谁说都觉得有理，对谁都同情。我的敢拼敢闯的冲劲在文革之初已经被红卫兵的大棒狠狠打掉，我的冷静理智的分析能力已经被一天一变的文革部署搅成一锅糊涂糨子。

现在想起来，那么混乱的一个时代，有多少人看清了形势呢，其实本来就是一个"天下本无事"的局面，凭白生出许多事来，一般老百姓不明所以，"革命"最欢的人不是最不识时务者，就是最大的混乱的制造者。

可笑的是，我们被安排在行政科，也可能是厂革委会怕我们干扰他们的斗争大方向，搅乱工厂的局面，也可能根本没瞧上我们这几个黄毛丫头。我心里也很自卑，我的基本思想就是向工人阶级学习，铲除脑子里一切资产阶级小资产阶级思想，在工人面前我没有资格指手划脚。再者我们根本摸不清所谓斗争大方向，只知道要斗走资派，但是工厂的两大派互相指责对方保护的当权派是走资派，谁是走资派呢？

行政科的一个小科长对我们很客气，正经八百地向我们三人汇报厂里的"阶级斗争"情况，但是分派给我们的工作是在行政科点粮票，在饭票上盖章，或者下厨房帮厨。行政科的科员们什么事也不干，整天围着火炉聊天，这样的工作让我们啼笑皆非。

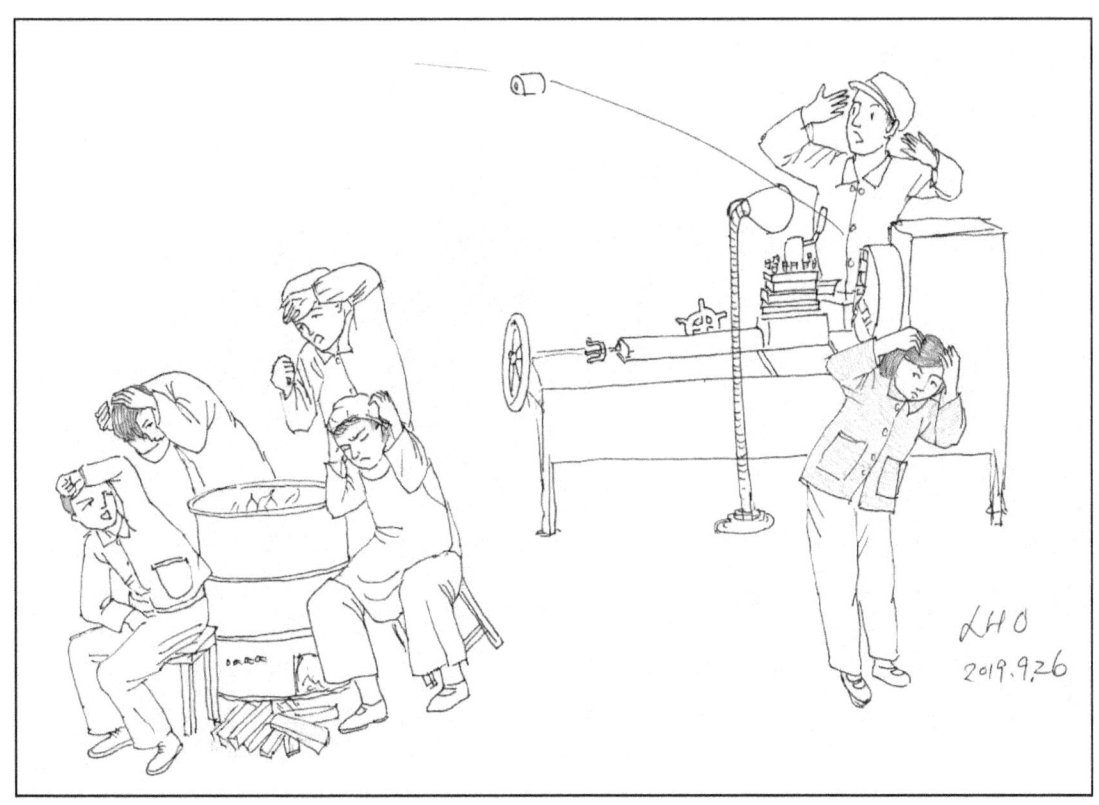

我觉得这样下去将一无所获,就和科里的人说要到车间工作。在我的坚持下,我们三人终于下了车间。我和克阳做车工,刘元做铣工,一人跟一个师傅。我跟的那个女师傅年轻漂亮又傲气,几乎不跟我说话,只让我站在她身边看。看了几天觉得十分无聊,我就开始在车间里走动。克阳的师傅是一个南京青工,技校毕业分到贵阳当工人,整天愁眉苦脸,几乎什么活也不干,像怨妇一样抱怨贵阳、工厂、生活……对一切都不满。不过他人比较随意,自来熟,看我没事干,就让我开他的车床。车零件是个高技术的活,零件在机器上转得飞快,然后把车刀慢慢对上去,丝毫都不能差。这个技术要经过无数次的实践才能掌握。我削了几个零件,都不合格。一天南京青工开一个大车床,心不在焉,没把大铁块固定好就开了机器,铁块飞出老远,把在场的人都吓呆了,南京青工吓得脸色惨白。幸亏工人不多(基本上都不上班),没有伤着人。

  我的女师傅看见我在别的床子上车零件，很不高兴，似乎是丢了她的面子。第二天上班，她说，你不是会车了吗，你来车吧。我推辞不过只好硬着头皮开机。她坐在一旁不再理我。我很紧张，怕出次活，想了一个主意，把车刀先对好零件，再开机器，这是违反操作规程的，可我不知道，师傅看见了也不说。机器一开，只听"叭"的一声，车刀的尖角就被打掉了。我知道打坏了一个车刀是闯了大祸，心里怕得不行。女师傅什么也没说，接过机器，换了车刀，自己干起来，再也不理我。她心里一定说，什么都不懂，还想一步登天了？

  真不知和这些工人能学到什么。

刘元的社交能力很强，很快认识了一些子弟学校的小孩子，他们很崇拜从北京来的刘元，有一个小女孩总是跟着她。刘元回京后，小女孩写了一封信给她，信封上只写了八个字："北京东寺陕道汪元"，竟然也寄到了我家，而我家的地址为：北京东四隆福寺崔府夹道16号。这件事成为邮递员工作负责的一段佳话，直到爸爸妈妈晚年还提起此事，赞叹不已。

在厂里唯一一次"娱乐"活动是听对歌。厂里有一些小学徒工，都是从农村招来的少数民族，绝大多数是布依族。刘元和他们混得烂熟，一个学徒告诉我们他们晚上从来不睡觉，唱一宿对歌。我只在《刘三姐》中听过对歌，十分好奇，和他约了去听歌。晚上学徒带我们去他的宿舍，里面有十几张上下床，床上就是光板，什么铺盖都没有。我十分惊奇他们是怎么生活的。屋子里男青年坐一边，女青年坐一边，推托了一下就开始唱起来。男的唱一段，女的唱一段，一点也听不懂他们唱的是什么。有人我解释都是些阿哥阿妹的情歌，以天上飞鸟地上走兽类比人间爱情，可是听上去很让我失望，曲调根本不像电影里那么优美，没腔没调如念经一般。我知道艺术是从生活中提炼出来的，但是艺术和现实有那么大的差距吗？我坐了一会就走了，那些年轻人还要唱整整一晚上。

第二天他们怎么干活呢？我奇怪。

　　矿山厂地处农村，每逢五逢十便有集市，当地人把赶集叫赶摆。赶摆也是我们生活中小小的乐趣，在工厂后面走一段泥泞的道路，有一块半个篮球场大小的地方就是集市了。那个年代物资乏匮不说，卖自产的东西还要扣上走资本主义道路的帽子。集上也就十来个摊，都是身穿黑衣头裹黑布的少数民族老乡，蹲在自己一小堆货物跟前。品种也很少，无非是些青菜辣椒玉米大蒜等最基本的食品，一点儿我们想吃的东西比如花生瓜子啦，都没有，但是我们总是抱点希望去赶摆，看能不能找到一点新鲜东西。

在工厂呆得尴尬，我就进城到省府路的三司联络站，看看文件、小报，了解一下北京及全国各地运动进展的情况，或者参加他们的会议，听听他们的战略部署。

离开三司联络站还不想回去，就在街上转。我喜欢在小巷子里头穿行。走着走着，突然间就有一个窗子的窗帘布跳入眼帘，花布的图案是抽象的，以冷色为基调，加以一点暖色的搭配，与火红的年代那么不相协调，让人感到了浮躁中的清流，喧嚣中的沉静，还有一种挑战式的自清自美。

更加动人的是在狭窄的巷子里，经过某个低矮的小屋子，里面传出来小提琴的声音，不知是柴可夫斯基还是拉赫玛尼诺夫，这都不重要，那曲子钻进了听惯铿锵歌曲的耳朵，简直让人晕眩，心醉，它带给我一种温暖，一种哀伤的感动。我的心灵立时召回了那年久荒疏的记忆，我仿佛又置身于五十年代到六十年代初的充溢着小资产阶级味道的生活环境中。

当然也有完全相反的音乐和完全相反的感受。一次我观看贵阳红卫兵大专司令部毛泽东思想宣传队的文艺演出。唱的是《长征组歌》，还有《希望寄托在你们身上》。听得我浑身热血沸腾，我深深地被他们的革命朝气所感染，心里汹涌着向上的冲动。

我在这两种感受中挣扎着，觉得自己不可救药。

　　进城还有一个最大的享受——打牙祭,在街上吃一碗红油面,一毛钱一碗,素的,撒上油盐酱醋葱花炸黄豆,再浇上满满一勺辣椒油,面的表层被红红的油盖住,吃起来辣得一把鼻涕一把眼泪。要不就是挑担小贩的糯米饭团,把一团糯米饭铺在一块布(脏得都变成棕色)上,撒上糖,手托着布一攥,饭团出来了,五分一团。然后再买一两斤饼干带回去给妹妹们吃,有吃的才是我们的节日。

　　工厂食堂的菜便宜的很难吃,贵的我们不敢买,生活费有限,但食堂有一种东西最好吃——千层大花卷,喧喧腾腾,二两一个,有手掌那么大,层如纸薄,层与层之间被猪油浸透,甜的,上面还点缀了红丝绿丝东西。捧在手上颤颤巍巍的,其形状和感觉都如脑髓,所以贵州人叫它"脑髓卷"。我们爱吃得不得了,有时吃完一个不过瘾,趁食堂没关门又跑回去再买一个。

贵阳人洗衣服很有意思，是用竹刷子在平台上刷。人说贵州的天气"天无三日晴"，确实如此，天天下雨，下得人心烦。在这里我真正明白了什么叫牛毛细雨，几乎看不到雨滴，一会儿身上就湿透了。天气又湿又冷，洗的衣服一个星期都晾不干，竟生了绿色的霉点。

1967年3月19日，中央发通知停止串连，家中来信催我们回去，妹妹们在贵州也呆烦了，饭菜又辣，克阳总是胃疼，毫不犹豫回了北京。我想起师院附中就讨厌，就独自留下了。

我不想再待在矿山厂，觉得待了二十多天一直也没表态，再表态弄得自己更被动。和工人师傅相处也没有什么好表现，干脆换个地方重打鼓另开张。我联系了贵阳橡胶厂，独自去那里搞"调查研究"。

在橡胶厂也是无所作为，和一群妇女一起干活，聊家长里短。

只有一件事忘不了，一个家属的小孩，人人嘴里称颂，简直被捧成了神童。这个孩子叫傅小兵，才八九岁，就已是厂里学毛著的标兵。他可以一字不落地背出"老三篇"及小"红宝书"上的任何语录，还到处做好事，讲像大人一样的话，有的时候跑到我在的车间讲一通革命道理。他是橡胶厂的一个骄傲，被带到各处开毛泽东思想讲用会。我却觉得不可思议，这么小的孩子，他的理解力从何而来？而那么大一个厂子，就心甘情愿地被一个小孩子代了表？

橡胶厂让我唯一满意的地方是伙食比矿山厂的好。

在橡胶厂我认识了一个战斗队叫"五湖四海",成员是广西的学生。他们正在准备去越南参加"抗美援越",他们说有很多人已经过去了,留在那里参加了解放军。

去越南打仗正是我一心向往的,文革前《像他那样生活——阮文追烈士》《南方来信》这些越南抗击美帝的书籍几乎人手一册。有一出大型歌舞剧《椰林怒火》里面的歌曲脍炙人口:"眼望着北方的天,北方的天空阳光灿,盼呦盼,红旗快快插遍全越南。"我们青年的心早已被煽乎得恨不能立即奔赴越南前线。文革是一个机会,很多年轻人用各种方法越过边境去了越南(多年后得知,只有极少数人留在越南打仗,多数人被遣返,还有一批误入缅甸国境的则加入了缅共游击队,打仗,升官,或牺牲。有一些人则身陷"金三角",再无返国之日)。

我决定和"五湖四海"一同去越南,但是顾虑我是一个老师,边防会让我过去吗?想来想去,决定给毛主席写一封信。我满怀豪情地提笔,用当时流行的文革语言:"最最敬爱的毛主席,我一千个请求,一万个请求,请批准我暂离教育战线,开赴越南前线!请批准我进入越南与英勇的越南人民战斗在一起胜利在一起!最最敬爱的毛主席,请您放心地让我去吧。我们一定让您的思想光辉照亮越南,照亮全世界各个角落。我一定把中国红卫兵的革命造反精神带到越南,带到全世界……"写了上千字,寄出去了。现在再看这封信(底稿在日记上),惭愧呀,怎么那么肉麻和愚蠢,而且谁会理你呀!

过了没两天,"五湖四海"中几个人打了退堂鼓,不去越南了。再过几天又有人退出,最后就剩下我和一个铁杆小女孩刘兰芳,可是和这个十四岁的孩子走一点安全感也没有。我想来想去,也只好不去了。再待下去已经没什么意思了,我搞了一张慢车票离开了贵阳。我走的是南线,即经广西到湖南再北上,我准备一路访问沿途各大城市,了解文革情况。

　　第一站是桂林。天正下雨，我住在一个小旅馆，听说七星岩就在附近，我冒雨去参观。南方的钟乳石洞早就闻名，但我的心思并不在此，岩洞里几乎没有什么人，我草草转了一圈，就算是到过全国闻名的七星岩了。

　　回到旅馆，看见一个十七八岁的男孩子手牵着一个十五六岁的女孩开了一个房间。他们穿的都是当时最流行的发白的军装，男的小寸头，女的梳着小短辫。两个人的气质一看就是干部子弟，傲岸，还带着一点玩世不恭的神气。两人因为有了那么一层关系，有一点暧昧和兴奋。我看着他们相拥走进房间的背影，心里有一股说不出的味道，羡慕？嫉妒？那时的青少年正在青春躁动期，没有学校的管束，又因父母失势而变得颓唐，和异性的随意交往成了他们生活中的最大安慰和乐趣，以我所受到的道德约束来看，这叫"乱搞"。我虽然不屑，却突然意识到我也是一个青春女孩，文革以来全忘记了，心被一阵强烈的孤独感紧紧攫住。

在桂林呆了两天继续北上，在车站遇到了几个原来在火车上认识的四川学生。他们要上京告状，买不起票就扒车，扒上哪辆车算哪辆，被赶下车就再扒下一辆，竟走到广西，又被赶下了火车。他们身上已经没钱没粮票，一天多没吃饭了，但还不打算回家。我留够了自己回程的饭钱和粮票，把剩下的都给了他们。

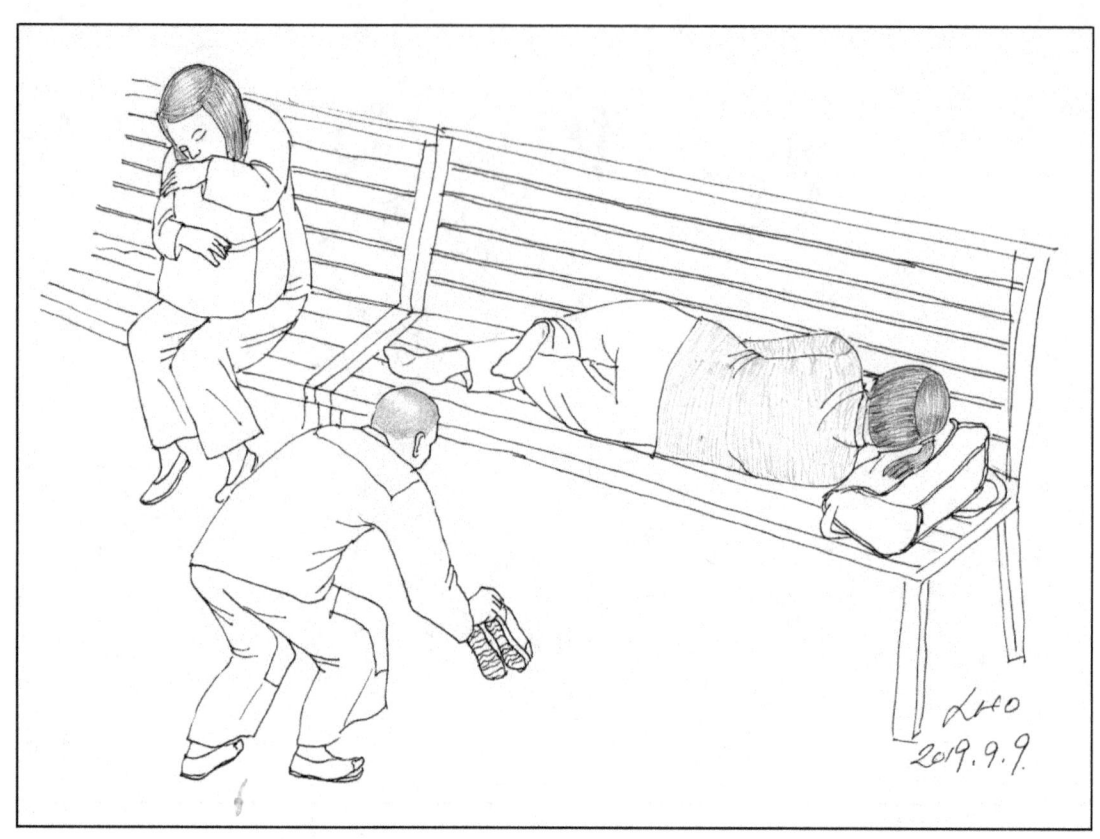

　　从衡阳转车到达长沙是中午时间,上街转转。鞋底已经穿了孔,先买了一双新解放鞋。一路走过,发现全城都被反对"三司驻长沙联络站"的大字报盖满,原因是三司支持反动组织"湘江风雷"(造反派组织),充当他们的"狗头军师",制造了一系列冲击军区的流血事件。

　　晚上就在长沙汽车站候车室里的长凳子上睡觉,打算第二天一早坐长途车去韶山朝拜。一觉醒来,放在地上的刚买的鞋不见了,幸亏旧的鞋子还没扔掉。

在湘潭韶山冲的毛泽东故居，一队队来自全国各地的红卫兵在毛家大院前庄严宣誓忠于伟大的毛主席，在毛泽东纪念馆中诚惶诚恐地抄录毛泽东的书信手迹。我也挤在人群中抄录了几千字毛主席在不同时期写的读书笔记、信件广告、题词、社论等。可是我的感受没有我觉得应该感受的那么强烈，比如应该"心潮澎湃，激动无比"，应该"浮想联翩，奋发昂扬"等等。没有。我反省自己对毛主席的感情还不像工人贫下中农那么深厚，应该在今后的日子里继续改造自己的资产阶级思想。

在当天的日记中我觉得应该写点什么来纪念这个"不平凡"的日子，但是竟然无话可写，只是空洞地写道："应该像毛主席那样从小就立有革命的大志，祝敬爱的毛主席万寿无疆，万寿无疆！"文化革命的实践和各地的见闻已经把我在运动初期对毛主席的感情化解了许多，我有点不安，我想我应该像保护火种一样保护这种感情。

从长沙到了武汉已是晚间，吃了一大碗馄饨挑子的馄饨，小贩要收挑回家，把所有剩下的馄饨都煮给了我，那是我一辈子吃到的最鲜美最足实的馄饨，比北京"馄饨侯"的不知强了多少倍。

第二天还是上街看大字报。武汉全城正在批判《二八声明》，这是被"造反派"接管了的《长江日报》在二月八日发表的声明，提出"全武汉、全湖北要大乱、特乱、乱深、乱透……"此声明遭到占大多数的反"造反派"群众的谴责，两派的对立各自在军队的支持下一触即发。

在郑州，也是同样的问题，军队介入，群众冲击军区。

想起贵阳"红卫军"，湖南的"湘江风雷"都有类似的情形，为什么毛主席扶植的"造反派"遭到如此强大的抵制？我觉得应该好好思考，但是想不出所以然来。

中央已经发出了革命大联合的号召，指出"现在革命不革命的标准是促成大联合还是制造分裂。有些地方党内走资本主义道路的当权派纠集社会上的牛鬼蛇神，利用左派内部的无政府主义思潮，挑动一些人冲击军区，打击真正的革命同志，从而达到他们炮打无产阶级司令部的目的。对于愿意回到毛主席革命路线上的保守派组织是应该欢迎的，而非持打击排斥的态度。"

我的心里十分不安。为什么没有人听从中央的号召呢？

几十年后再看这个中央关于大联合的号召，其本身就如一个大分裂的宣言书，蕴含着制造分裂的种种借口，以至"造反派"和"保守派"的斗争越演越烈，最后演化为全国大内战。所谓造反派就是拥毛派，发动文革的人就是煽起和利用人们的种种类型的狂热性，达到清除政敌，巩固自己手中权力的目的。

　　到达石家庄时,已是夜里十二点。坐车多日,不是在火车上睡,就是在火车站睡,脏得不行了。车站的路边有卖洗脸水的,一个洗脸盆,一桶凉水,一两暖瓶热水,还有刷牙缸牙刷。五分钱洗一次。我在油腻腻的脸盆里洗了脸,当然不敢用他们的东西刷牙。

　　洗罢脸趁着中间换车的一两个小时星夜谒拜白求恩墓，一路步行飞奔而去，陵园没有开门，心中惋惜。现在想起来，真是纯真虔诚。每到一地一定要访问革命烈士墓，汲取革命力量。

　　路上走了整整十天，清晨，终于回到了北京。

www.ingramcontent.com/pod-product-compliance
Lightning Source LLC
Chambersburg PA
CBHW081824230426
43668CB00017B/2365